国家出版基金项目
NATIONAL PUBLICATION FOUNDATION

"中国自贸试验区研究"丛书
沈四宝◇主编

谢 进◇著

中国自贸试验区多元化纠纷解决机制研究

海峡出版发行集团 | 鹭江出版社
THE STRAITS PUBLISHING & DISTRIBUTING GROUP | LUJIANG PUBLISHING HOUSE
2019年 · 厦门

图书在版编目（CIP）数据

中国自贸试验区多元化纠纷解决机制研究 / 谢进著. —厦门：鹭江出版社，2019.4
（中国自贸试验区研究丛书）
ISBN 978-7-5459-1564-8

Ⅰ.①中… Ⅱ.①谢… Ⅲ.①自由贸易区—经济纠纷—处理—研究—中国 Ⅳ.①D922.295.4

中国版本图书馆 CIP 数据核字（2019）第 065582 号

“中国自贸试验区研究”丛书
沈四宝 主编

ZHONGGUO ZIMAO SHIYANQU DUOYUANHUA JIUFEN JIEJUE JIZHI YANJIU
中国自贸试验区多元化纠纷解决机制研究
谢 进 著

出版发行： 鹭江出版社
地　　址： 厦门市湖明路 22 号　　**邮政编码：** 361004
印　　刷： 福建新华印刷有限责任公司
地　　址： 福州市福新中路 42 号　　**联系电话：** 0591—83661214
开　　本： 700mm×1000mm　1/16
插　　页： 3
印　　张： 19.25
字　　数： 285 千字
版　　次： 2019 年 4 月第 1 版　　2019 年 4 月第 1 次印刷
书　　号： ISBN 978-7-5459-1564-8
定　　价： 66.00 元

总 序

沈四宝

党的十九大报告指出："中国支持多边贸易体制，促进自由贸易区建设，推动建设开放型世界经济。"自贸试验区建设是我国立足国内、面向世界所做出的重大战略举措。从2013年9月第一个自贸试验区——中国（上海）自由贸易试验区挂牌以来，到2018年中国（海南）自由贸易试验区获批，五年时间里自贸试验区数量已达十二个，涉及东部沿海、中西部和东北地区的多个省（市）。五年来，自贸试验区建设的广度和深度得到全面拓展，并以制度创新为突破口，先后推出了大量见真章、出实效的对外开放新举措，积累了若干可复制可推广的宝贵经验，发挥了引领中国全面开放的"排头兵"作用。党的十九大决定赋予自贸试验区更大的改革自主权，在进一步开放的过程中，自贸试验区面临哪些法律挑战，有什么样的解决方案，这是目前相关领域应予以高度关注的问题之一。本套丛书聚焦上述问题，由相关领域的青年学者潜心研究、倾力打造而成，对学术界与实务界均具有一定借鉴参考价值。

本套丛书问题聚焦化。整套丛书采取了"背景分析＋重大制度创新＋纠纷解决机制"的体例，以分析我国进一步改革开放的国内国际经贸形势为切入点，聚焦自贸试验区建设所面临的国内国际法律挑战的问题，以自贸试验区的重大制度创新为主轴展开研究，深入剖析其金融制度创新、投资管理制度创新、贸易监管制度创新的相关内容，并对自贸试验区内的民商事纠纷解决机制、投资争端解决机制等问题进行了深入研究。丛书内的具体分册亦聚焦自贸试验区相关创新所面临的法律挑战，分析挑战的原因，提出应对的思路。如《中国自贸试验区多元化纠纷解决机制研究》从涉自贸区纠纷的特点出发，分别对自贸试验区仲裁制度，司法制度，调解制度，诉讼、仲裁与调解衔接制度以及投资争端解决机制的现状、创新、不足进行了分析，并在借鉴相关国际规则及别国成熟经验的基础上，指出相应的完善路径。

本套丛书角度专业化。丛书从国际经济法学的专业角度，将国际经济法学的相关理论运用到我国自贸试验区建设的实践之中，探讨自贸试验区建设的国内法治以及国际法治问题。比如：《中国自贸试验区贸易便利化研究》一书运用国际经济法学有关贸易便利化的相关理论与研究成果，着重探讨在我国法律框架下如何进行自贸试验区的贸易监管制度创新，同时也探讨在国际法治框架下如何使我国自贸试验区的制度创新能够与国际相关规则相衔接。又如：《中国自贸试验区金融创新制度研究》一书并未过多着眼于我国现阶段金融市场的全球化改革，而是从国际金融法的视角对以负面清单制度所实现的金融行业准入的开放、资本项目管制和汇率制度改革、人民币跨境使用等方面的问题进行分析，探讨自贸试验区金融制度的创新。

本套丛书视野国际化。丛书的一大特点是不仅仅局限于我国自贸试验区建设，而是大量借鉴、参考世界贸易组织（WTO）、美国、欧盟、世界银行、经济合作与发展组织（OECD）、联合国国际贸易法委员会（UNCITRAL）等的相关理论与实践做法，对自贸试验区的相关问题进行探讨。比如：《中国自贸试验区投资便利化研究》一书在探讨外资并购国家安全审查制度的构建时，将视野投向了诸多国家安全审查制度较为完善的国家与地区，如美国、澳大利亚等，在分析别国国家安全审查制度的优劣势的基础上，结合我国具体情况，提出我国自贸试验区外资国家安全审查机制的构建设想。又如：《中国自贸试验区多元化纠纷解决机制研究》一书亦大量借鉴国际上著名争议解决中心的相关规则，提出我国自贸试验区纠纷解决机制面临的法律挑战的解决路径。而该套丛书的“背景分析”——《中国自贸试验区建设与国际经济合作》一书更是从经济全球化与区域经济一体化的角度出发，分析我国自贸试验区与国际经贸形势之间的关系，完全可以说是用世界的眼光来审视我国的自贸试验区建设。

本套丛书对于解决自贸试验区建设与“一带一路”倡议中的重大理论与实践问题，对于促进我国自贸试验区健康发展及我国对外贸易、投资供给侧改革均具有重大的理论与实践意义。

目 录

---

* 《中国（上海）自由贸易试验区仲裁规则》，书中简称《上海自贸区仲裁规则》。

绪论

打造国际化、法治化的营商环境，是我国自贸试验区的建设目标之一，而自贸试验区建设进程中市场主体间各类纠纷的发生能否得到公正高效解决，在一定程度上折射出自贸试验区法治环境的规范程度。因此，作为“法治化”中不可或缺的角色，在自贸试验区“扩大开放”“制度创新”中，纠纷解决机制的创新程度直接影响着对自贸试验区建设的评价和导向。在某种程度上，现代化纠纷解决机制的完善与创新是我国自贸试验区建设成效的风向标。

一、涉自贸试验区纠纷概述

1. 涉自贸试验区纠纷的概念与范围

涉自贸试验区纠纷，顾名思义，是与我国自贸试验区相关的纠纷。具体而言，我们可以参考《最高人民法院关于适用〈中华人民共和国涉外民事关系法律适用法〉若干问题的解释（一）》中关于涉外案件定义的方式[①]，即从

① 参见《最高人民法院关于适用〈中华人民共和国涉外民事关系法律适用法〉若干问题的解释（一）》第一条，该条规定：“民事关系具有下列情形之一的，人民法院可以认定为涉外民事关系：（一）当事人一方或双方是外国公民、外国法人或者其他组织、无国籍人；（二）当事人一方或双方的经常居所地在中华人民共和国领域外；（三）标的物在中华人民共和国领域外；（四）产生、变更或者消灭民事关系的法律事实发生在中华人民共和国领域外；（五）可以认定为涉外民事关系的其他情形。”

法律关系的主体、客体、法律事实三要素进行考量，只要其中一个要素涉及自贸试验区，即可认定为涉自贸试验区纠纷。做出这样考量主要是因为上述三要素中，任一要素只要处在自贸试验区内，就可能会涉及上述要素如何适用自贸试验区新政策、新制度、新规则等问题，从而影响纠纷的解决。

2. 涉自贸试验区纠纷的特点

（1）涉外性。由于自贸试验区扩大开放，入驻自贸试验区的主体涉外因素增多，同时，自贸试验区内的经营业务也具有较多的涉外因素，使得自贸试验区的纠纷具有涉外性。

（2）专业性。从已有的涉自贸试验区纠纷来看，知识产权纠纷、金融纠纷呈现出大幅增加的趋势，上述两种纠纷均表现出较强的专业性。

（3）前端性。由于自贸试验区的任务是“改革创新”“先行先试”，诸多领域的创新也使得涉自贸试验区纠纷呈现出前端性的特点。比如：自贸试验区“互联网＋”等高科技的运用，简化了市场监管、检验检疫等程序，但同时也催生了这些领域不同于传统的纠纷。

二、涉自贸试验区争议解决机制

1. 涉自贸试验区争议解决机制的基本模式

一般认为，现代争议解决机制包括诉讼、仲裁、调解、和解、协商等等多种方式的集合。从诉讼的角度可分为两种：即诉讼和诉讼外争议解决方式，后者也常常被统称为“替代性纠纷解决方式”（Alternative Disputes Resolution，以下简称 ADR）。

（1）诉讼制度

诉讼是典型的规范性争议解决方式，作为公力救济取代私力救济的结果，它是人类对于争议解决方式的革命性创造。诉讼的出现使争议的解决能在和平、公正的环境下进行，有了公权力机关的主导，诉讼程序更加专业化，争议解决的结果也更加确定、执行更有保障。从国际民商事争议来看，在有管辖权的国内法院提起诉讼常常是当事人可寻求的最后救济，也是最具有权威性的救济方式。因此，无论一国的争议解决机制如何发展，诉讼制度总是占据着不可或缺的地位，在负责自行解决争议的同时，也为其他争议解决方式的运用提供协助，因而是争议解决机制中的基石性方式。

（2）替代性争议解决机制

替代性争议解决机制起源于美国，在1998年的《ADR法》中，ADR被宽泛地定义为任何主审法官宣判以外的程序和方法①。受到法系与社会文化等影响，不同国家对于ADR的认识存在不同。反映在ADR的定义上，有英国学者将它定义为被法律程序接受的，通过协议而非强制性的、有约束力的裁定解决争议的任何方法②。法国则将ADR界定为法院判决或仲裁裁决之外解决争议的各种方法的总称。③

自20世纪70年代起，西方各国开始提倡争议解决的非诉讼方式。在美国，ADR程序的形式和种类不断得到创新与发展，因而形成了一组对解决争议行之有效的ADR程序，每种ADR程序都是相对于诉讼的另一种解决争议的选择。其一是法院附设ADR。近年来美国一些州法院在法院内附设仲裁和调停等第三人解决纠纷的制度以及早期中立评估程序，实际上是把ADR作为诉讼程序的一环，但相对于以法院判决来解决争议的传统方法来说，ADR仍然被视为诉讼外的。其二是民间的ADR，主要有调解与仲裁。在加拿大，非正式的解决纠纷方式早已存在。人们总是愿意在审判系统以外解决争议。目前，ADR已经被大量的行政裁判所（Administrative Tribunals）或商事纠纷仲裁制度化，此外，大量的案件由律师在法院审理案件过程中的审前会议的帮助下通过谈判予以解决。加拿大的ADR方式包括协商、调解、早期中立评估、微型审理、仲裁、简易陪审团审判等。德国规定，在向法院寻求救济之前，可以通过律师达成庭外和解。为调动律师促成当事人在庭外和解的积极

---

① 范愉《非诉讼纠纷解决机制（ADR）与法治的可持续发展——纠纷解决与ADR研究的方法与理念》，《法制现代化研究》2004年第10期。

② 袁泉，郭玉军《ADR——西方盛行的解决民商事争议的热门制度》，《法学评论》1999年第1期。

③ 刘晓红《构建中国本土化ADR制度的思考》，《河北法学》2007年第2期。

性，对律师参与庭外和解规定了较高的收费标准，同时还规定，达成的和解协议具有强制执行力，并简化了相应的程序要求，以鼓励当事人达成和解。另外，还鼓励民间自发设立调解机构，这些调解机构的调解人员大多具有专门知识，调解机构在解决涉及特定标的物的技术性问题或其他相关问题时比诉讼程序更为简便快捷，当事人也具有较大的自主权。

可见，ADR 在现代社会争议解决中正日益发挥其重要的作用，成为法治社会争议解决中不可缺少的一种方式。

2. 涉自贸试验区争议对争议解决机制提出的特殊要求

作为我国自贸试验区，其“扩大开放”、“制度创新”等任务使得涉自贸试验区争议出现了不同于其他争议的特点，相对应的，其对争议解决机制也有不同的要求。一方面，多元化争议解决机制有利于案源分流，从而提高争议解决的效率，也能够利用自身天然具有的中立和友好等优势，使当事人得到更为满意的结果。另一方面，基于先行先试的事项中包含了一系列对外资开放的新领域、新模式、新业态，涉及投资、贸易、金融等领域的方方面面，运用多元化争议解决方式加以处理能够更为灵活和专业。

（1）知识产权争议对多元化争议解决机制的要求

如前所述，知识产权争议是涉自贸试验区争议中的重要一类。目前，我国知识产权争议的解决在较大程度上仅依赖单一的诉讼途径，导致司法不堪重负。在传统的法院诉讼之外，引入多元化解决机制不但可以帮助法院减少负担，而且各类 ADR 方式能以诉讼所不具有的独特价值很好地契合知识产权争议解决的特殊性需要，在救济诉讼能力不足、实现争议解决的实质正义以及维护知识产权法治秩序方面发挥着积极作用。通过多元化争议解决方式解决知识产权争议，可以从以下方面进行努力：强化知识产权调解的效力，发挥民间调解知识产权争议的作用；突破知识产权争议可仲裁性的限制，发挥仲裁在解决知识产权争议中的作用；改革行政处理机制，优化行政机关解决知识产权争议的职权等。

（2）金融争议对多元化争议解决机制的要求

随着金融创新的发展，各种新型衍生品层出不穷，金融交易变得越来越复杂化、专业化，自贸试验区内的变化发展更是如此，这给从事金融审判的法官的金融知识储备带来了严峻挑战。因此，构建适应当前国内国际发展趋势的金融争议解决机制是必不可少的。金融仲裁具有便捷、灵活、专业性强、隐私保护效果好等优势，因此加强和推广金融仲裁这一金融争议解决机制是必不可少的。同时，调解很好地契合了金融创新下证券纠纷的特点，将法律、法规、规章、其他规范性文件及自律规则并列表述，预示着调解依据更具灵活性。金融市场的许多创新都是在监管的压力下为突破法律障碍而产生的，其特点是在上层法律不完备的情况下突出行业规范的超前性。因此，在不违背上层法律禁止性规定的前提下，以规章、行业规范等作为调解依据，可以给当事人更大的意思自治空间。同时，调解队伍由高素质的专家和业内人士组成，能够高效、稳妥地处理创新中的复杂争议①。因此，金融调解制度是对金融诉讼、金融仲裁的一种有效的补充。

① 施明浩《金融创新下证券纠纷 ADR 模式法律问题研究——以调仲对接机制为角度》，《北京仲裁》2014 年第 1 期。

第一章
我国自贸试验区仲裁制度现状

第一节 仲裁概述

在现代社会，虽然诉讼一直被认为是社会矛盾冲突的最终救济手段，是公平和正义的象征。但是，随着社会和经济的发展以及市场经济的形成，各种民商事主体的商事交往日益频繁，人们在民商事活动方面的矛盾即私权利纠纷越来越多，“司法所扮演的社会角色越来越复杂，所承担的社会任务也越来越繁重。传统的司法体制面对日益增长的诉讼负荷，开始显得力不从心，难以满足现实生活的需要，由此引发了所谓的司法危机”[①]。“当前，困扰各国家民事司法运行的问题，归结起来主要是诉讼迟延和诉讼成本过高两个方面”[②]。为了重塑司法形象，便利民众通往“正义之路”，许多国家掀起了司法改革运动：一方面，改革并完善现有的诉讼程序制度；另一方面，重视并创设各种诉讼外纠纷解决的替代方式（简称 ADR)。仲裁是一种最重要的诉讼

① 张斌生《仲裁法新论》，厦门大学出版社，2002 年，第 1 页。
② 张斌生《仲裁法新论》，厦门大学出版社，2002 年，第 1 页。

替代方式。第二次世界大战以来，仲裁作为最重要的诉讼外纠纷解决机制逐渐得到各国政府和公众的认可，在国际商事领域和各国国内社会经济和民商事活动中起着越来越重要的作用。仲裁作为解决民事经济争议的“民间司法”方式，被世界各国普遍承认和采用。

一、仲裁的概念

仲裁亦称“公断”，是指在一个国家的法律许可或规定的范围内，双方当事人在纠纷发生前或纠纷发生后达成协议，自愿将纠纷交给第三者——仲裁机构，按照一定的程序对纠纷做出裁决的一种活动。从“仲裁”二字的字义上讲，“仲”字是地位居中的意思，“裁”字是决定、判断的意思。由此可见，“仲裁”二字的基本含义是“居中公断”①。仲裁作为解决当事人之间纠纷的一种民间方法，现已被世界大多数国家的法律予以确认，并成为诉讼外解决民商事纠纷最重要的一种法律手段。

二、仲裁的特征

仲裁作为一种重要的解决争议的方式，与其他争议解决方式特别是司法诉讼相比较，具有十分鲜明的特征。

1. 自愿性

当事人可自愿决定是否采用仲裁方式解决其纠纷，自愿决定以仲裁方式解决他们之间的哪些纠纷，以及自愿决定由哪个仲裁机构仲裁、哪些仲裁员仲裁他们之间的纠纷，甚至自愿决定仲裁适用的法律。诉讼不以当事人的自愿为基础。除非有仲裁协议排除法院的管辖权，否则当事人一方向法院起诉时，无须事先征得另一方当事人的同意。法院可以通过正当的司法程序传唤对方当事人到庭，接受法院对案件的审理和裁判。相对诉讼来说，当事人以

① 宋朝武《中国仲裁制度：问题与对策》，经济日报出版社，2002 年，第 1 页。

仲裁方式解决争议，必须出于双方的自愿，缔结书面的仲裁协议。仲裁庭作为独立的第三方审理当事人之间争议的权力，并非基于强制的法定管辖，而是来自双方当事人自愿的授权。若不存在仲裁协议，或者仲裁协议无效，当事人就不能将争议交付仲裁，仲裁庭也就无权受理争议案件。自愿原则不仅是世界各国仲裁的基本原则，而且是整个仲裁制度赖以存在的基石。当然，为了仲裁制度本身的需要，当事人的自愿选择要遵循某些规定，受到一定的限制。比如，有的仲裁机构规定当事人双方可以合意选择一个仲裁员独任仲裁，也可以各自选一个，由仲裁机构指定一个首席仲裁员。

2. 中立性

根据各国立法通例，仲裁机构属于民间组织，各仲裁机构之间不存在隶属关系，其对纠纷的仲裁权完全来自当事人双方的授权。双方当事人之所以同意把他们之间的纠纷提交共同选择的第三者居中进行公断，就是因为这种第三者能够公正裁决，不存在偏袒一方的行为，能够使纠纷的解决过程具有中立性。所以，许多重大的国际间的经济贸易纠纷发生后，为防止不当的裁判行为，双方当事人往往要求把纠纷提交给与双方都没有任何联系的国家的仲裁机构进行仲裁。

3. 终局性

根据各国立法和实践，如果当事人双方协议选择仲裁方式解决其争议，那么，仲裁机构依法作出的仲裁裁决即具有终局的法律效力。即该仲裁裁决对当事人双方具有等同于法院判决的约束力，当事人双方应自觉履行仲裁裁决所确定的义务，如果一方当事人不履行仲裁裁决确定的义务，另一方当事人有权向人民法院申请强制执行。

4. 专业性

仲裁的对象大多是民商事纠纷，往往涉及特殊的知识领域，会遇到许多专业性极强、极为复杂的法律、经济贸易和技术性问题，故仲裁强调专家裁判，仲裁员一般都是由精通专业、公正而有权威的人士担任，并且不以法律专业人士为限。专家仲裁由此成为民商事仲裁的重要特点之一。

三、仲裁的优势

仲裁作为一种令人普遍接受的处理民商事纠纷的重要方式，具有很多优点：

1. 费用较低

仲裁是一种快速解决争议的方式，一般来说费用也比较低，而以诉讼解决纠纷则通常较慢，而且费用往往偏高。民事活动发生纠纷要求尽快解决，当事人不愿在纠纷的处理上花很长时间。通过诉讼解决，由于受严格的程序的限制以及多审级的制约，纠纷解决通常要花较长时间，有些案件甚至久拖不决。而仲裁由于其程序较为灵活而且实行一裁终局制度，所以能够避免诉讼解决纠纷较慢的弊端。另外，仲裁收费从表面看与诉讼收费差不多，但仲裁解决纠纷是一次就最终解决完毕，不存在诉讼方式中一方上诉的可能，加之在诸如开庭审还是书面审等方面较诉讼更为灵活，从总体上看费用较低，比较经济。

2. 具有保密性

对案件不公开审理和裁决是仲裁的原则，可以说是国际的习惯做法，而诉讼则以公开审理为原则，即使案件因涉及国家机密或当事人隐私而不公开审理，判决也要公开。仲裁的这一特性有利于当事人保护自己的商业秘密和经营秘密，也有利于当事人和平地解决争议，缓和矛盾，为其下次合作留下可能。

3. 具有专业性

民商事纠纷往往涉及特殊知识领域，由相关领域的专家对纠纷作出判断和处理更为妥当。法院的法官虽然也可能有专门知识，但不可能事事精通，实际上也不能要求法官事事精通。当事人就争议事项求助精通专业、公正而有权威的人士解决成为更为妥当的选择。

4. 具有自主性

通过仲裁的方式解决争议，当事人可以选择仲裁地点、仲裁人，甚至可以选择仲裁程序及所适用的法律。世界各国的诉讼法中都存在法院专属管辖制度，但仲裁不存在专属管辖制度。当事人有权自由地选择仲裁地点和仲裁机构，即使从一国的诉讼管辖权制度考虑，这种选择与该国专属管辖权并不一致，当事人选择的合法性在很大程度上仍不受影响。而诉讼则存在管辖部题，当事人无权选择法院或者选择法院的权利有限。法官是由国家以法定程序任命或者选举产生。在诉讼程序中，当事人无权选择法官，更无权选择诉讼的程序，法庭必须严格依据本国的诉讼法主持审判活动，当事人几乎没有多少对程序的控制权。而在仲裁活动中，当事人有更大的自由处理的权利，从各方面讲对当事人更加方便。

5. 裁决易于得到外国法院承认和执行

仲裁得到国际社会的普遍承认，对终局裁决一般法院均可赋予强制力。由于法院都是执行各有关国家的法律，维护有关国家的社会公共利益，因而在承认与执行外国法院判决的问题上，各国都规定了严格的审查条件，在审查上往往也过于苛刻。

此外，由于各国诉讼制度存在较大的差异，因此，国际社会迄今为止还没有达成普遍性的承认及执行外国法院判决的国际公约。但就仲裁而言，由于世界上有包括各主要国家在内的一百多个国家参加了旨在承认和执行外国仲裁裁决的国际公约，仲裁裁决在外国更容易得到外国法院的承认和执行。

四、仲裁的局限性

1. 仲裁程序易被当事人利用

仲裁的自主性虽能充分地体现当事人的意思自治，但也较容易被当事人利用，拖延履行债务、逃避责任等，如当事人恶意利用程序权利，从而形成程序侵权，而仲裁机构乃至仲裁庭却难以采取强有力的对策。这种情况从仲裁程序一开始就可能出现。例如：在指定仲裁员阶段，故意指定仲裁机构很难联系到的、高龄或有其他情况特殊的仲裁员，甚至不得不让其几次指定仲裁员，这样仅组建仲裁庭的时间就可能耗去数月；被诉方利用程序规则的缺陷，不按时提交答辩，直到开庭前才提交各种材料，让仲裁庭和申请人措手不及，降低庭审效率；无论有无合法理由，直到可提出管辖权异议的期限的最后一天才提出异议以中断仲裁程序；仲裁程序中的任何一个期限，无论有无理由，均拖到最后一天，并找出种种理由要求延期等。可以说，如果一方当事人滥用程序，仲裁庭的效率就要大打折扣，另一方当事人必然会受到一些损失。

2. 易受个人水平影响

一些仲裁员在对争议进行判断时，主要依其自己的经验与认识水平进行，并不完全拘泥于法律规定。对于同类事件，不同的仲裁员可能做出不同的判断，有流于主观的危险。当事人错误选择仲裁员便可造成难以挽回的损失。法官对争议进行判断，必须严格遵照法律，亦可征求专家及有关部门的意见，同类案件所作判断大致相同，因此，所作判断较为客观。

3. 仲裁员的权利有限

仲裁员虽然享有履行其职责的足够权利，但和法官相比，仲裁员的权利又是有限的，如仲裁地法对仲裁的支持不够充分时，情况更是如此。通常，仲裁员不能强制证人出庭作证，某些证据须通过法院提取，一些国家也不允许仲裁庭自行采取保全措施等。如果仲裁地的仲裁法不尽人意，或者实践中法官对仲裁不是很支持，仲裁庭为避免仲裁裁决被撤销或不予执行，在处理案件时会非常谨慎，仲裁机构的秘书处在管理案件程序上也趋于保守，使本来以灵活见长的仲裁程序实际上变得僵化，以致有些仲裁员或仲裁机构认为程序是仲裁的生命。如果某个仲裁员或者仲裁机构在案件的程序处理上万无一失，但裁决结果却难以做到公正合理，仲裁员水平低下，或者仲裁效率低，这样，即使裁决不致被撤销或不予执行，但仲裁的信誉却令人担忧，长此以往，仲裁的生命力显然不容乐观。

4. 易产生代理意识

在仲裁程序中，某些仲裁员可能有意或无意地倾向选择其为仲裁员的一方当事人，产生一种代理意识，从而可能为争取该当事人的利益而失去公正立场。此外，仲裁员进行判断，可能倾向于调和当事人之间的争议而加以折中，不是针对案情是非曲直加以判断。

5. 仲裁裁决一裁终局，当事人无上诉机会

仲裁裁决一裁终局，裁决做出即发生法律效力，可快捷地解决当事人之间的纠纷，节省人力、物力。但与此同时，由于实行一裁终局，错误的裁决便难以得到及时纠正。仲裁程序简便灵活有利于快速结案，但同时也可能对全面、公正地解决争议带来影响。而诉讼则有上诉制度和审判监督程序，程序虽然复杂，却代表国家公正、合法地解决争议的必然要求，可成为公正、合理解决争议的保障。

五、仲裁制度的历史沿革

1. 国外仲裁制度的历史沿革

仲裁的起源

(1) 仲裁作为解决民商事争议的一种方法，有着非常悠久的历史。从某种意义上讲，寻求以仲裁方式解决纠纷是人类的天性①。因为纠纷的发生不可避免，完全依赖当事人自己的力量解决所有的纠纷显然也不可能，当事人自然便会考虑寻求第三方力量介入纠纷的解决，调解、仲裁、诉讼等方式便应运而生。仲裁方式，基于其在纠纷解决方面所具有的各种优越性而受到人们的青睐。作为一种处理民商事纠纷的制度，仲裁是随着商品经济的发展而产生和发展起来的。在公元前 6 世纪的古希腊、古罗马时代，地中海沿岸一带海上交通比较发达，简单商品经济有了一定的发展，商人以及商人社团之间的各种商事纠纷、海事纠纷也不断增多。为了及时便利地解决日益增多的纠纷，商人们自发地采用请中间人裁决的方法，双方在自愿协商的基础上，共同委托彼此都信赖、办事公道、素有声望、熟悉情况的第三人对纠纷居中做出裁决，并承诺自觉遵守裁决。著名的古罗马《十二铜表法》以及罗马法《民法大全》中就有多处关于仲裁的记载。仲裁因其简便、易行、灵活、公正

① 黄进，宋连斌，徐前权《仲裁法学》，中国政法大学出版社，2007 年，第 14 页。

而成为商人们的一种惯例，得到了比较广泛的应用。但是，早期的仲裁一般都在民间进行，并以道德规范来约束当事人。但并没有形成制度，不受法律调整，裁决的执行主要依靠当事人的自觉履行。

（2）仲裁的制度化、法律化

一般认为，仲裁成为一种法律制度始于中世纪。公元 11 世纪，随着地中海北部沿岸和意大利各城邦国家之间商事交易活动的日益频繁，产生了专门用来调整商事关系的商人习惯法，其中极为重要的一项内容就是商事仲裁。之后，随着航海贸易的发展，这种商事仲裁方式又逐步扩展到大西洋沿岸各主要国家。经过多年的经验积累，仲裁中的一些成熟做法逐步定型化，仲裁先后被许多国家认可并通过法律予以规定，实现了仲裁的制度化、法律化，并在实践中不断完善，最终形成体系完备的仲裁法律制度。

英国早在 1347 年的一部年鉴中就有关于仲裁的记载。1697 年，英国议会制定了第一个仲裁法案，正式承认仲裁制度；1889 年制定了《仲裁法》；1892 年成立了伦敦仲裁院。

法国在 1800 年《法院组织法》的第 3 条规定“公民有权选择将其争议交由仲裁员裁判，对此项权利不得加以限制。除另有明示规定外，仲裁员所做的决定不受任何审查。”1806 年的《法国民事诉讼法典》对仲裁虽然未作明确规定，但在 1877 年修订民事诉讼法时则对仲裁作了专篇规定。1923 年在巴黎成立了国际商会仲裁院。

瑞典在 14 世纪中叶，就有一些地方性法规对仲裁做了规定。1887 年瑞典正式制定了第一部专门的仲裁法令。1917 年成立斯德哥尔摩商会仲裁院。1919 年，瑞典对其 1887 年颁布的仲裁法令作了重要修改，1929 年通过了《瑞典仲裁法》和《瑞典关于外国仲裁协议和仲裁裁决的条例》。

德国在 1877 年制定公布的《民事诉讼法典》中，设专篇对仲裁做了规定。美国纽约州 1820 年通过了州的仲裁法。美国最高法院在 1854 年对仲裁予以认可。1922 年成立美国仲裁会，1925 年成立美国仲裁基金会。1925 年《美利坚合众国统一仲裁法案》颁布。1926 年仲裁会与仲裁基金会合并，成立美国仲裁协会。1955 年，制定了新的《美利坚合众国统一仲裁法案》，现为多数州采纳。

南美洲的阿根廷1880年颁布诉讼法典，对仲裁作了详细规定。亚洲的日本1890年颁布民事诉讼法，设专章规定了仲裁程序。

就这样，到了19世纪末20世纪初，许多国家都制定了有关仲裁的法律法规，承认仲裁的法律地位。仲裁制度普及世界各国。

(3) 国际商事仲裁的发展

最初的仲裁主要是解决国内的民商事争议。随着航运的日益发达，国际贸易的迅速发展，仲裁逐步成为解决国际经济贸易争议的重要方式。但是，由于各国国内法有关仲裁的规定不统一，仲裁立法的冲突阻碍了仲裁解决国际经济贸易争议作用的发挥，因此，亟须在国际上统一仲裁制度。

最早建立国际商事仲裁制度是从订立区域性国际公约开始的。1889年，南美一些国家在乌拉圭首都蒙得维的亚签署了《蒙得维的亚民事条约》，条约规定了承认与执行外国仲裁的条件和程序。1923年，在国际联盟主持下，一些国家在日内瓦签订了《仲裁条款议定书》，各缔约国承认当事人签订的仲裁协议之合意有效，当事人可以以仲裁协议排除法院管辖权，仲裁程序包括仲裁庭之组成，依当事人的意思及仲裁地国法律确定，缔约国负有义务使在其领域内做成的仲裁裁决得到强制执行。根据该议定书，1927年，有关国家在日内瓦又签订了《关于执行外国仲裁裁决的公约》，规定了承认和执行他国仲裁裁决的条件，并规定了仲裁裁决的拒绝承认与执行，以及撤销裁决的问题。1932年，国际商会（ICC）设立国际商会仲裁院，是当今世界上提供国际经济贸易仲裁服务较多和具有广泛影响的国际性商事争议的仲裁机构。1958年，在纽约由联合国主持订立的《承认及执行外国仲裁裁决公约》（又称《纽约公约》），是有关承认与执行外国仲裁裁决的一个主要国际公约。

1961年，在联合国欧洲经济委员会的主持下，一些欧洲国家在日内瓦签订了《国际商事仲裁欧洲公约》，主要解决东、西方贸易中有关组织仲裁庭和执行仲裁裁决程序方面遇到的一些困难问题。国际社会为了求得各国与其他国家国民之间的私人投资争议的适当、合理的解决，于1965年在华盛顿签署了《关于解决各国和其他国家国民之间的投资争议的公约》，并在世界银行的赞助下，成立了“解决投资争议国际中心”（ICSID）。1976 年，第三十一届联合国大会通过了《联合国国际贸易法委员会仲裁规则》，这套规则对各国不具有法律约束力，供当事人双方自愿选择使用。为推动各国仲裁立法的统一，1985 年联合国国际贸易法委员会主持制定了《国际商事仲裁示范法》，许多国家参照该示范法制定或修改了本国的仲裁法。

2. 中国仲裁制度的历史沿革

（1）1949 年以前的中国仲裁制度

仲裁，在我国传统上称为“公断”。仲裁作为民间公断争议的一种方式，在我国有着悠久的历史，但作为一项法律制度在我国确立的时间却远远滞后于其他国家。这与中国古代长期奉行“重农抑商”的政策有着直接的关系。直到近现代，商品经济在中国开始发展，解决民商事纠纷的仲裁制度才有了产生的社会基础。

现代意义上的仲裁制度在我国的建立，始于 20 世纪初。1904 年清政府颁行《商会简明章程》，正式承认商会对商事纠纷的裁决权，一些商会据此成立了专门的商事仲裁机构①。辛亥革命后，1912 年北洋政府颁布了《商事公断处章程》，这是我国历史上第一个关于仲裁的专门规定。1913 年又颁布了《商事公断处办事细则》。商事公断处在商会内设立，但对商事纠纷的裁判却没有强制性效力，实际上只相当于一个调解机构。1927 年南京国民政府成立后，暂准援用北洋政府时期的《商事公断处章程》和《商事公断处办事细则》。但由于奉行“以党治国”，政府权力加强，比较注重法制建设，商会在仲裁商事纠纷方面的地位和作用反而日益下降。

第二次国内革命战争时期和解放战争时期，在中国共产党领导下的革命根据地和解放区，也建立了仲裁制度。1933 年颁布了《中华苏维埃共和国劳动法》，其中有关于仲裁的规定。1943 年 2 月，晋察冀边区颁布了《晋察冀边区租佃债息条例》及其实施条例，同年 4 月，晋察冀边区行政委员会颁布《关于仲裁委员会工作指示》，对仲裁委员会的性质、任务和权限以及与政府、

① 郑成林《近代中国商事仲裁制度演变的历史轨迹》，《中州学刊》2002 年第 6 期。

专署等方面的关系作了规定。这些立法实践为新中国成立后仲裁制度的建立和发展积累了经验，奠定了基础。

(2) 新中国成立以后的仲裁制度

新中国建立后，我国的仲裁制度是分国内仲裁制度和涉外仲裁制度两种制度建立的，即实行国内仲裁和涉外仲裁双轨制。在 1995 年 9 月 1 日《中华人民共和国仲裁法》（以下简称《仲裁法》）施行之前，我国的国内仲裁，主要包括经济合同仲裁、技术合同仲裁、劳动争议仲裁和房地产仲裁等。经济合同仲裁是国内仲裁最主要的部分，也是历史最长、制度最完善的国内仲裁制度。经济合同仲裁制度的发展大体经历了以下几个阶段：

第一阶段：1950 年至 1966 年

这一阶段的经济合同仲裁可以将其特点概括为：只裁不审、两裁终局。新中国成立后，由于恢复国民经济以及大规模经济建设的需要，合同制得到普遍推广。1961 年 9 月中共中央《国营工业企业工作条例（草案）》、1962 年 8 月国家经济委员会《关于各级经委仲裁国营工业企业之间拖欠债款的意见（草案）》以及 1962 年 12 月中共中央、国务院《关于严格执行基本建设程序、严格执行经济合同的通知》等文件都明确规定，国有企业间的经济合同纠纷一律由各级经济委员会仲裁和处理，各级经委是经济合同仲裁的主管机关，人民法院对经济合同纠纷不予受理。经济合同纠纷经经济委员会仲裁后，当事人不服仲裁裁决的，可以向上一级经济委员会再申请仲裁。个别特殊的重大项目合同纠纷还实行三级仲裁。这个阶段的“仲裁”实际上并不是真正意义上的仲裁，而是以行政手段处理经济合同纠纷，是国家实行严格计划经济体制的产物。

第二阶段：1966 年至 1976 年

这一时期正是所谓的“文化大革命”期间，由于众所周知的政治原因，合同制度形同虚设，仲裁工作也名存实亡。

第三阶段：1978 年至 1982 年

这一阶段的经济合同仲裁可以将其特点概括为：多头仲裁、两级仲裁、又裁又审。1978 年中国共产党十一届三中全会以后，国家的工作重心转移到经济建设上来，强调尊重经济规律、用法律手段管理经济，合同制度以及仲裁制度得以恢复并加强。但这一时期对经济合同仲裁的规定仍不规范，体制混乱，仲裁机构分散，程序不统一，并实行多头仲裁，又裁又审。1978 年 9 月，国务院在《关于成立工商行政管理总局的通知》中，规定工商行政管理部门的主要任务之一是“管理全民和集体企业的购销合同、加工订货合同，调解仲裁纠纷”。1979 年 8 月，国家经委、工商行政管理总局、中国人民银行发出《关于管理经济合同若干问题的联合通知》，规定当事人对供货、产销加工、运输等经济合同发生争议，协商不成时，任何一方均可按照合同管理的分工，向对方所在地的县（市）和大中城市的区级经委或相应机关、工商行政管理局申请调解仲裁；如果一方对仲裁裁决不服，可向上一级合同管理机关申请复议；对复议不服的，可向人民法院起诉，诉讼仍采取两审终审制。这实际上是“两裁两审”制。可以看出，这一阶段的仲裁仍带有明显的强制性，仲裁是诉讼必经的前置程序。

第四阶段：1982 年至 1991 年

这一阶段经济合同仲裁的特点是：裁审自择、一级仲裁、又裁又审。1981 年 12 月《中华人民共和国经济合同法》颁布，规定经济合同纠纷可以向仲裁机关申请仲裁，也可以直接向人民法院起诉，即实行“裁审自择”，仲裁不再是诉讼的前置程序。1983 年国务院颁布《中华人民共和国经济合同仲裁条例》，统一了仲裁机关和仲裁程序，规定各级工商行政管理局设立经济合同仲裁委员会，作为经济合同的仲裁机关。经济合同仲裁的范围扩大，不仅适用于法人之间的经济合同纠纷，也适用于个体经营户、农村社员同法人之间参照经济合同法签订的经济合同纠纷。当事人在申请仲裁时，不需要事先签订仲裁协议，当事人也没有选择仲裁员的自由，仲裁员由仲裁机构指定。仲裁机构对当事人首先进行调解，调解不成时，再行仲裁。仲裁实行一级仲裁，当事人不服仲裁裁决的，不能再申请仲裁，但可以在规定期限内向人民法院起诉；期满不起诉的，仲裁裁决即发生法律效力。这实际上是一裁两审制。

第五阶段：1991 年至 1994 年

这一阶段经济合同仲裁制度的特点可以概括为：或裁或审，协议仲裁，一裁终局。1991年《中华人民共和国民事诉讼法》颁布实施，规定双方当事人对合同纠纷自愿达成书面仲裁协议的，应当向仲裁机构申请仲裁，不得向人民法院起诉；对仲裁机构做出的裁决，当事人不得再向人民法院起诉。上述规定实际上是对协议仲裁和一裁终局的肯定。1993年修订的《经济合同法》也确认了上述原则。

除了经济合同仲裁制度，20世纪80年代中后期建立起来的技术合同仲裁在国内仲裁制度中也是比较完备、成熟的仲裁制度。1987年6月，《中华人民共和国技术合同法》颁布。该法对协议仲裁作了明确规定。1988年国家科委发布的《技术合同管理暂行规定》及1989年国务院发布的《中华人民共和国技术合同法实施条例》，均对技术合同的仲裁进行了专门规定。1991年，国家科委先后发布《技术合同仲裁机构管理暂行规定》和《技术合同仲裁机构仲裁规则（试行）》，标志着我国的技术合同仲裁制度已渐趋成熟。依据该规定，技术合同仲裁机构是各级科委内设立的技术合同仲裁机构和经济合同仲裁机构；技术合同仲裁实行或裁或审制度，当事人提交仲裁，必须有仲裁协议，仲裁协议排除法院的管辖权；一裁终局，当事人对仲裁决定不得再向法院起诉。

第二节　我国自贸试验区仲裁业发展状况

党的十八届四中全会《决定》明确提出“完善仲裁制度，提高仲裁公信力”，为仲裁工作指明了方向。“十三五”规划纲要将仲裁纳入社会治理的总体布局，提出要完善包括仲裁在内的法定诉求表达机制和多元化纠纷解决机制。

在机构仲裁中，仅美国仲裁协会一家机构2002年受理仲裁案件达23万件，而据我国仲裁2016年工作年会公布，2015年全国一共244家仲裁委员会共受理案件136924件，该年度最高人民法院受理案件15985件，地方各级人民法院受理案件1951．1万件[①]。不管是从与国外仲裁机构受理案件的绝对数量来看，还是从占我国所有案件来源的比例来看，仲裁作为与诉讼、替代争议解决方式（ADR）相并列的纠纷解决机制，并未发挥出其应有的作用。究其原因，主要是我国的仲裁制度还存在诸多无法有效满足当事人需求、需要进一步完善的地方。所以，仲裁制度作为我国自贸试验区改革创新的一大制度，具有重要的探索与实践意义。同时，如上所述，仲裁相对于调解、诉讼而言，具有不可比拟的优势就自贸试验区的法治环境而言，仲裁更是满足了国际化、法治化的自贸试验区营商环境对于纠纷解决措施便利化的要求，契合了自贸试验区纠纷的新特点，故而，我国几大自贸试验区均在仲裁制度方面进行了较大创新。我国已有的仲裁机构也抓住自贸试验区发展的契机，大力发展仲裁业，如：中国贸仲以及海仲委均在四个自贸试验区成立了自由贸易试验区仲裁中心，等等。

一、中国自由贸易试验区仲裁合作联盟

2015年4月10日，由上海国际仲裁中心、天津仲裁委员会、福州仲裁委员会、深圳国际仲裁院、珠海仲裁委员会、南沙国际仲裁中心联合发起的中国自贸试验区仲裁合作联盟正式成立，该联盟旨在集聚优质仲裁资源，共同提升中国自贸试验区仲裁专业化和国际化服务水平。

该联盟的合作内容包括：一是联合在自贸试验区进行仲裁业务创新，提高中国自贸试验区仲裁的专业化形象；二是在自贸试验区合作推广仲裁，塑造以仲裁解决商事纠纷简便灵活专业整体形象，增进社会各界对仲裁的认识，发挥仲裁的独特作用，优化自贸试验区整体商事环境；三是与境外知名仲裁机构加强合作，共同提高自贸试验区仲裁专业化、国际化水平；四是加强联

① 东营仲裁委《2016年全国仲裁工作年会：年收案量从十三万余件到百万件》，2016年10月20日，http：//www. dyzcw. cn/zxdt/rdxx/20161020/14769337305205. html，2017年4月30日。

盟成员之间和仲裁员之间的合作和交流，实现仲裁员的互相推荐，联合举办仲裁论坛，联合开展仲裁培训和业务研讨，提高联盟成员的专业化水平。而且该联盟具有开放性，如果国家再增设自贸试验区，也可相应增加参加联盟的仲裁机构范围。经联盟特别邀请，中国其他沿海开放城市的仲裁机构也可以成为特邀成员。

二、中国（上海）自由贸易试验区仲裁院

2013 年 10 月 22 日，作为上海国际仲裁中心在自贸试验区设立的派出机构，中国（上海）自由贸易试验区仲裁院在上海外高桥揭牌成立。2014 年 4 月 8 日，上海国际仲裁中心发布了我国首部自贸试验区仲裁规则《中国（上海）自由贸易试验区仲裁规则》（以下简称《上海自贸试验区仲裁规则》），并根据自贸试验区创新实践，于 2015 年进行修订，目前实施的是《上海自贸试验区仲裁规则》（2015 年版）。该规则在仲裁第三人制度、临时措施、友好仲裁、名册外选任仲裁员等方面均具有较大创新。

三、上海国际航空仲裁院

2014 年 6 月，上海国际仲裁中心设立了上海国际航空仲裁院，其是上海国际仲裁中心为当事人提供国际航空仲裁服务的工作平台。2014 年 8 月 28 日，国际航空运输协会、中国航空运输协会及上海国际仲裁中心共同在上海市政府会议厅进行了战略合作签约仪式，并在仪式上为上海国际航空仲裁院揭牌。目前，上海国际航空仲裁院是国际上唯一一家专业航空仲裁院，受理包括航空运输、飞机制造、飞机销售、飞机融资租赁、航空保险、油料供应、通用航空托管、地面服务及票务代理等航空产业领域各类型航空争议案件。上海国际航空仲裁院自成立以来，为了吸纳更多优秀的法律人士，特别是航空法律专业人士成为上海国际仲裁中心仲裁员，上海国际仲裁中心于 2014 年 11 月增聘了航空领域的仲裁员专家，经甄选共吸纳 71 名中外航空、法律专

家,《仲裁员名册》中具有航空法律专长的仲裁员约为6%。

四、中非联合仲裁上海中心

上海国际仲裁中心与南部非洲仲裁基金会、南部非洲仲裁员协会、非洲替代性争议解决中心于2015年6月签署合作协议，创建中非联合争议解决机制，分别组建中非联合仲裁上海中心与中非联合仲裁约翰内斯堡中心。

上海国际仲裁中心设立中非联合仲裁上海中心。2015年11月26日，在南非约翰内斯堡举行的第六届“中非合作论坛一法律论坛”上，中非联合仲裁上海中心与中非联合仲裁约翰内斯堡中心同步揭牌。

中非联合仲裁上海中心是上海国际经济贸易仲裁委员会（上海国际仲裁中心）服务“一带一路”建设的国际平台，凭借丰富的仲裁程序管理经验以及熟悉中非经贸实践的法律专家，中非联合仲裁上海中心将为中国与非洲国家商事主体提供公平、高效、便捷、经济的仲裁服务。

五、金砖国家争议解决上海中心

上海国际仲裁中心在中国法学会和其他金砖国家法律界的支持下，设立了金砖国家争议解决上海中心，于2015年10月14日举行了揭牌典礼。金砖国家争议解决上海中心承接金砖国家商事主体间的仲裁案件、提供多元化争议解决服务，积极推动和促进金砖国家间金融、投资及贸易等领域的友好合作和良性发展。

六、上海国际仲裁中心产权交易仲裁中心

2016年2月1日上海国际仲裁中心产权交易仲裁中心在上海正式成立，这是国内首个产权交易仲裁争议解决平台。该产权交易仲裁中心由上海市产权交易管理办公室和上海市国际贸易促进委员会联合设立。前者发挥其对产

权交易市场监督管理的职责，为产权交易争议的解决提供专家资源和专业意见，引导产权交易各方在争议发生前或发生后选择调解或仲裁作为争议解决方式。上海市国际贸易促进委员会将凭借上海国际经济贸易仲裁委员会（上海国际仲裁中心）在股权、债权、知识产权交易及其他经济贸易案件方面争议解决经验以及调解员、仲裁员资源，在产权交易争议发生后，提供调解和仲裁服务。

七、厦门国际商事仲裁院与厦门国际商事调解中心

2015 年 6 月 6 日上午，厦门仲裁委员会国际商事仲裁院（简称“厦门国际商事仲裁院”）、厦门市仲裁员协会国际商事调解中心（简称“厦门国际商事调解中心”）在福建自由贸易试验区厦门片区内揭牌成立。为充分体现仲裁与调解的公平公正，厦门国际商事仲裁院和厦门国际商事调解中心的专业指导委员会将预留一定比例的成员名额给境外人士，仲裁员名册及调解员名册也将完全对境外专家开放。同时，该机构允许当事人选择适用国外仲裁机构和调解组织的规则来推进仲裁或调解程序，还允许当事人选择适用其他国家的法律来裁决纠纷。

第二章 我国自贸试验区仲裁制度的创新

第一节 仲裁第三人制度

一、仲裁第三人制度概述

传统的仲裁是争议当事方依据所签订的仲裁协议将争议提交给中立的第三者进行裁判的争议解决方式和制度。所以，传统的仲裁制度框架没有涉及仲裁第三人的问题。但是随着社会民商事交易的日益复杂以及仲裁制度的不断发展演变，仲裁第三人制度成为目前仲裁理论界与实务界均关注的焦点问题之一。

1. 仲裁第三人的概念

目前学术界对于仲裁第三人到底包含什么范围，并无一致的看法。主要有以下几种观点：一是认为仲裁第三人包括整个仲裁过程中出现的第三人，其包括三种类型：仲裁协议第三人、仲裁程序第三人以及仲裁裁决执行第三人①。二是参照民事诉讼中的第三人制度，认为仲裁第三人是指对当事人之间的争议标的有独立的请求权或虽无独立的请求权，但案件的处理结果同他有法律上的利害关系，为保护自己的合法权益而参加到仲裁程序中的人②。三是认为仲裁第三人不是仲裁协议的表面签订者，但是由于合同或其他财产关系，对仲裁标的或相关的财产权益有独立请求权，或虽无独立的请求权，但仲裁的结果与其有法律上的利害关系，而主动申请参加，或被仲裁当事人要求追加，或被仲裁庭通知，加入到即将开始或已经开始的仲裁程序中的当事人③。

上述几种观点从不同角度考察仲裁第三人，有其各自的合理性。本书为了论述的方便，结合《上海自贸区仲裁规则》的规定，将仲裁第三人分为两类：一类是其他协议方，这一般是指已经签署了正在进行的仲裁程序据以发生的仲裁协议，但因为各种原因并未从一开始就加入到仲裁协议中的情况；另一类是指其本身并不是仲裁协议的表面签订者，但因各种原因需要加入到仲裁程序中来的情况，此类情况相当于《上海自贸区仲裁规则》中的案外人以及国内外学者所称的仲裁协议未签字方。

2. 世界主要国家以及仲裁机构对于仲裁第三人制度的态度与实践

总体而言，国际商事仲裁理论界以及实务界对于仲裁第三人制度关注已

---

① 屈广清，周清华，吴莉靖《论仲裁制度中的第三人》，《中国海商法年刊》2000 年第 11 期。

Loukas A. Mistelis & Stavros L. Brekoulakis "International Commercial Arbitration: An Asian-Pacific Perspective", Cambridge University Press, 2011, p. 172.

② 谭兵，黄胜春《中国仲裁制度的改革与完善》，人民出版社，2005 年版，第 211 页。

刘传慕《对仲裁庭追加第三人的法律分析》，《人民司法》1998 年第 9 期。

乔欣，赵艳群《仲裁程序中不应存在仲裁第三人》，《法制日报》2000 年 11 月 19 日，第 3 版。

张磊《论商事仲裁的第三人制度》，《湖北函授大学学报》2005 年第 15 期。

谭兵《中国仲裁制度研究》，法律出版社，1995 年版，第 128—129 页。

③ 石育斌《国际商事仲裁第三人制度比较研究》，华东政法大学，博士学位论文，2007 年，第 24 页。

久，近年来各大主要的国际仲裁机构在修订仲裁规则时，均对此问题进行了一定的回应，国际贸易法委员会在 2016 年公布的《组织仲裁程序注意事项》中也将仲裁第三人制度纳入其中。但是，无论是在我国国内，还是在世界范围内，对于仲裁第三人制度是否具有存在的合理性与必要性至今仍是一个颇具争议和存在激烈交锋的课题。一方面，各国虽出现了诸如代理、禁止反言、第三人受益等相关理论对仲裁第三人制度进行论述与支持，但是在国内立法中对该制度予以明确承认的仍占少数，并且集中体现全球在国际仲裁实践方面达成各项重要共识的《国际仲裁示范法》也没有对仲裁第三人制度进行规定，可见，仲裁第三人制度在各国国内立法中并未得到普遍统一。另一方面，各主要国际仲裁机构的仲裁规则对仲裁第三人制度的相关规定也大相径庭。比如，何人可以申请第三人加入仲裁程序，第三人加入仲裁程序是否需双方当事人同意，第三人加入仲裁程序的最终决定权是赋予仲裁庭还是法院，等等相关问题在各主要国际仲裁机构的仲裁规则中规定均不一致，这在全球立法一体化程度较高的国际经贸领域确属少有，这一定程度地反映出仲裁界对于仲裁第三人制度认识的差异性。

3. 我国相关规定与实践

（1）立法与仲裁规则实践

我国《仲裁法》并没有对仲裁第三人进行规定。事实上，根据该法第四条的规定①，非仲裁协议当事人的第三人（即上述所指的第二类仲裁第三人）是不被允许加入仲裁程序的。

2006 年生效的《最高人民法院关于适用〈中华人民共和国仲裁法〉若干问题的解释》（以下简称“《仲裁法司法解释》”）第八条②与第九条③对仲裁第

① 该条规定：“当事人采用仲裁方式解决纠纷，应当双方自愿，达成仲裁协议。没有仲裁协议，一方申请仲裁的，仲裁委员会不予受理。”

② 该条规定：“当事人订立仲裁协议后合并、分立的，仲裁协议对其权利义务的继受人有效。“当事人订立仲裁协议后死亡的，仲裁协议对承继其仲裁事项中的权利义务的继承人有效。“前两款规定情形，当事人订立仲裁协议时另有约定的除外。”

③ 该条规定：“债权债务全部或者部分转让的，仲裁协议对受让人有效，但当事人另有约定、在受让债权债务时受让人明确反对或者不知有单独仲裁协议的除外。”

三人做出了规定。将这两条的内容与2004年7月2日发布的“最高人民法院关于适用《中华人民共和国仲裁法》若干问题的解释征求意见稿”（以下简称《仲裁法司法解释征求意见稿》）的“一、关于仲裁协议的效力”的第一条①规定进行比较可知：

第一，《仲裁法司法解释征求意见稿》实质上规定了两种仲裁第三人的情况：一是仲裁协议当事人变更引起的仲裁第三人的情况，这主要体现在前两款内容中；二是与仲裁协议所在的合同有牵连而产生的仲裁第三人的情况，这主要体现在第三款内容中。而《仲裁法司法解释》第八条和第九条则是对《仲裁法司法解释征求意见稿》中规定的上述第一种仲裁第三人的情形予以了保留。其中，第八条针对当事人合并、分立、死亡产生的仲裁协议当事人变更的情况，此时，权利义务继受人仍然应受仲裁协议的约束，但增加了一个例外情形：“当事人另有约定的除外”。第九条则规定了仲裁协议当事人变更的主要情形，即债权债务转让时，受让人应受仲裁协议的约束，其实质还是在重复《仲裁法司法解释征求意见稿》第一条前两款的内容，将后者规定的“订立仲裁协议的当事人因合并、分立、终止、撤销等发生变更的”情形进一步归纳为“因债权债务全部或部分转让”而引起的仲裁协议当事人变更，只是同第八条一样，增加了例外情形，即：“当事人另有约定、在受让债权债务时受让人明确反对或者不知有单独仲裁协议的除外”。

第二，《仲裁法司法解释》删除了《仲裁法司法解释征求意见稿》第一条第三款的内容，即删除了案外第三人与仲裁协议所在合同有牵连的情况。

第三，从上述《仲裁法司法解释》相较于《仲裁法司法解释征求意见稿》的区别可以看出，我国理论界与立法机构对于仲裁第三人制度存在较大的分歧，在经历博弈后，最终保守派胜出。因仲裁协议当事人变更而引起的仲裁第三人的情形，在理论上容易解释，实践上也易操作，容易得到广泛的认可。

---

① 该条规定：“订立仲裁协议的当事人因合并、分立、终止、撤销等发生变更的，仲裁协议对其权利义务的继受者有效。

“订立仲裁协议的当事人死亡的，仲裁协议对其继承人有效。

“第三人行使订立仲裁协议的一方在仲裁事项中的权利的，仲裁协议对第三人有效。”

而对于与仲裁协议所在的合同存在牵连而产生的第三人类别，由于理论上存在与传统制度的冲突，实践上难以把握，所以必然容易遭到人们的质疑，甚至激烈的反对①。

另外，随着我国经济活动的日益丰富与复杂，我国一些仲裁机构开始探索仲裁第三人制度。《中国国际经济贸易仲裁委员会仲裁规则》（2015 版）第十八条②、《中国海事仲裁委员会仲裁规则》（2004 年版）第五十条③、《天津

---

① 石育斌《国际商事仲裁第三人制度比较研究》，华东政法大学博士学位论文，2007 年。

② 该条规定："（一）在仲裁程序中，一方当事人依据表面上约束被追加当事人的案涉仲裁协议可以向仲裁委员会申请追加当事人。在仲裁庭组成后申请追加当事人的，如果仲裁庭认为确有必要，应在征求包括被追加当事人在内的各方当事人的意见后，由仲裁委员会作出决定。

仲裁委员会仲裁院收到追加当事人申请之日视为针对该被追加当事人的仲裁开始之日。

（二）追加当事人申请书应包含现有仲裁案件的案号，涉及被追加当事人在内的所有当事人的名称、住所及通讯方式，追加当事人所依据的仲裁协议、事实和理由，以及仲裁请求。

当事人在提交追加当事人申请书时，应附具其申请所依据的证据材料以及其他证明文件。

（三）任何一方当事人就追加当事人程序提出仲裁协议及/或仲裁案件管辖权异议的，仲裁委员会有权基于仲裁协议及相关证据作出是否具有管辖权的决定。

（四）追加当事人程序开始后，在仲裁庭组成之前，由仲裁委员会仲裁院就仲裁程序的进行作出决定；在仲裁庭组成之后，由仲裁庭就仲裁程序的进行作出决定。

（五）在仲裁庭组成之前追加当事人的，本规则有关当事人选定或委托仲裁委员会主任指定仲裁员的规定适用于被追加当事人。仲裁庭的组成应按照本规则第二十九条的规定进行。

在仲裁庭组成后决定追加当事人的，仲裁庭应就已经进行的包括仲裁庭组成在内的仲裁程序征求被追加当事人的意见。被追加当事人要求选定或委托仲裁委员会主任指定仲裁员的，双方当事人应重新选定或委托仲裁委员会主任指定仲裁员。仲裁庭的组成应按照本规则第二十九条的规定进行。

（六）本规则有关当事人提交答辩及反请求的规定适用于被追加当事人。被追加当事人提交答辩及反请求的期限自收到追加当事人仲裁通知后起算。

（七）案涉仲裁协议表面上不能约束被追加当事人或存在其他任何不宜追加当事人的情形的，仲裁委员会有权决定不予追加。"

③ 该条规定："对当事人的仲裁请求或反请求，当事人以外的利害关系人如认为案件处理结果同其有利害关系，经申请并与双方当事人达成协议，经仲裁庭同意后，可以作为当事人参加仲裁。"

仲裁委员会仲裁规则》（2004 年版）第三十七条[①]、《烟台仲裁委员会仲裁规则》（2006 年版）第十九条[②]与第二十条[③]、《贵阳仲裁委员会仲裁暂行规则》（2004 年版）第四章均对仲裁第三人制度进行了规定。但是，《天津仲裁委员会仲裁暂行规则》（2010 年版）删除了上述 2004 年版关于仲裁第三人制度的规定，该规则 2014 年版承继了 2010 年版的做法，依旧没有涉及仲裁第三人的内容。《烟台仲裁委员会仲裁规则》（2016 年版）也取消了对仲裁第三人制度的规定。《中国海事仲裁委员会仲裁规则》（2015 年版）以及《贵阳仲裁委员会仲裁暂行规则》（2015 年版）虽保留了对仲裁第三人制度的规定[④]，

---

① 该条规定："对当事人的仲裁请求或反请求，第三人认为案件处理结果与其有法律上的利害关系，经与当事人达成仲裁协议，可以申请参加仲裁，是否同意，由本委员会决定。"

② 该条规定："对当事人双方请求的仲裁标的，第三人认为有独立请求权的，经征得以方当事人的书面同意后，可以参与到已经进行的仲裁程序中成为当事人。"

③ 该条规定："当事人双方的仲裁标的，第三人虽然没有独产请求权，但案件处理结果同他有法律上的利害关系的，双方当事人要求追加其作为第三人参加仲裁的，可以征得第三人书面同意后，予以追加。"

④ 《中国海事仲裁委员会仲裁规则》（2015 年版）第十八条规定："（一）在仲裁程序中，一方当事人依据表面上约束被追加当事人的案涉仲裁协议可以向仲裁委员会申请追加当事人。在仲裁庭组成后申请追加当事人的，如果仲裁庭认为确有必要，应在征求包括被追加当事人在内的各方当事人的意见后，由仲裁委员会作出决定。

"仲裁委员会仲裁院收到追加当事人申请之日视为针对该被追加当事人的仲裁开始之日。

"（二）追加当事人申请书应包含现有仲裁案件的案号，涉及被追加当事人在内的所有当事人的名称、住所及通讯方式，追加当事人所依据的仲裁协议、事实和理由，以及仲裁请求。

"当事人在提交追加当事人申请书时，应附具其申请所依据的证据材料以及其他证明文件。

"（三）任何一方当事人就追加当事人程序提出仲裁协议及/或仲裁案件管辖权异议的，仲裁委员会有权基于仲裁协议及相关证据作出是否具有管辖权的决定。

"（四）追加当事人程序开始后，在仲裁庭组成之前，由仲裁委员会仲裁院就仲裁程序的进行作出决定；在仲裁庭组成之后，由仲裁庭就仲裁程序的进行作出决定。

"（五）在仲裁庭组成之前追加当事人的，本规则有关当事人选定或委托仲裁委员会主任指定仲裁员的规定适用于被追加当事人。仲裁庭的组成应按照本规则第三十三条的规定进行。

"在仲裁庭组成后决定追加当事人的，仲裁庭应就已经进行的包括仲裁庭组成在内的仲裁程序征求被追加当事人的意见。被追加当事人要求选定或委托仲裁委员会主任指定仲裁员的，双方当事人应重新选定或委托仲裁委员会主任指定仲裁员。仲裁庭的组成应按照本规则第三十三条的规定进行。

（转下页）

但是，均在该方面的探索往后退了一步。比如：《中国海事仲裁委员会仲裁规则》（2004年版）第五十条在规定仲裁第三人制度时，该仲裁第三人既包括仲裁协议其他协议方，也包括仲裁协议未签字方，只要双方当事人与第三人达成一致且经仲裁庭同意，第三人即可加入仲裁程序，而该规则2015年版则借鉴了《贸仲规则》（2015年版）的相关规定，放弃当事人以及第三人一致同意的要求，主要针对仲裁协议方做出规定，对于仲裁协议未签字方，该版规则将其与“存在其他任何不宜追加当事人的情形”相并列，似乎并不赞成将仲裁协议未签字方作为第三人加入仲裁程序。如果说该规则2004年版还为仲裁协议未签字方加入仲裁程序开了一扇窗的话，那么，该规则2015年版则几乎关掉了这扇窗。

（2）司法实践

从我国法院的司法实践来看，我国法院秉承了《仲裁法司法解释》的精神，只承认因仲裁协议当事人变更而引起的仲裁第三人加入仲裁程序，并不允许因与仲裁协议所在的合同存在牵连关系而产生的仲裁第三人进入仲裁程序。

比如：在“联泰光电元件（苏州）有限公司与西班牙博比特电子有限公司买卖合同纠纷案”中，江苏省高级人民法院指出，“菲利普公司与博比特公司间达成了商业转让协议，博比特公司受让菲利普公司在与联泰公司合作生产协议中的全部权利义务，联泰公司对该合同转让书面明确表示认可，故博比特公司与联泰公司间履行合作生产协议所产生的纠纷同样受仲裁条款约束，

（接上页）

“（六）本规则有关当事人提交答辩及反请求的规定适用于被追加当事人。被追加当事人提交答辩及反请求的期限自收到追加当事人仲裁通知后起算。

“（七）案涉仲裁协议表面上不能约束被追加当事人或存在其他任何不宜追加当事人的情形的，仲裁委员会有权决定不予追加。”

《贵阳仲裁委员会仲裁规则》（2015年版）第二十一条规定：

“仲裁庭组成前，经本会同意，当事人可以依据仲裁协议在案件中申请追加当事人。

“申请追加当事人应当提交追加当事人申请书，申请书的内容及受理、答辩、选定仲裁员等事项，参照本规则第十八条、第十九条、第二十三条、第二十九条的规定办理。

“仲裁庭组成后，申请人、被申请人及被追加的当事人均同意且认可该仲裁庭的，仲裁庭可以接受追加当事人的申请。”

本案纠纷系博比特公司与联泰公司间履行合作生产协议所产生的纠纷，故本案所涉纠纷应提交仲裁解决，不应由人民法院受理。”① 可见，在本案中，江苏省高级人民法院对于因仲裁协议当事人变更而引起的仲裁第三人——博比特公司加入仲裁程序是首肯的。

在“江苏省物资集团轻工纺织总公司诉香港裕亿集团有限公司、加拿大太子发展有限公司侵权损害赔偿纠纷上诉案”中，最高人民法院明确指出“本案当事人均应受该合同条款的约束；即使本案涉及第三人，在仲裁庭不能追究第三人责任的情况下，轻纺公司可以以第三人为被告向人民法院另行提起诉讼，当事人的合法权益仍然可以得到维护。”② 该案虽是解决仲裁是否适用于侵权案件，但从上述最高人民法院的论述中可以看出，最高人民法院认为“仲裁庭不能追究第三人责任”，不承认仲裁第三人。又如在“东方国际集团上海市对外贸易有限公司与兰州金城旅游服务集团有限责任公司保证合同关系确认纠纷上诉案”中，最高人民法院明确指出，“本案涉及上海外贸与豪克公司以及上海外贸与金城公司之间两个不同法律关系。关于上海外贸与豪克公司之间的国际货物买卖合同纠纷，业经上海仲裁分会做出 97 沪贸仲字第（505）号裁决，豪克公司应承担给付上海外贸货款及赔偿损失的民事责任，即主合同债务人债务范围已经确定。因上海仲裁分会的裁决不能涉及仲裁协议之外的当事人，即从合同中的保证人金城公司。上海外贸有权以金城公司为被告，单独就本案保证合同关系向原审法院提起诉讼，要求确认上海外贸与金城公司之间存在保证合同关系并判令金城公司对主债务人豪克公司的债务承担赔偿责任。”③ 该案中，最高人民法院明确不同意与主合同有牵连的保证人作为仲裁第三人加入仲裁程序。

---

① 《联泰光电元件（苏州）有限公司与西班牙博比特电子有限公司买卖合同纠纷一案民事裁定书》，2010 年 8 月 3 日，http：//www. ccmt. org. cn/showws. php? id＝5135（中国涉外海事商事审判网），2016 年 4 月 13 日。

② “江苏省物资集团轻工纺织总公司诉香港裕亿集团有限公司诉香港裕亿集团有限公司、加拿大太子发展有限公司侵权损害赔偿纠纷上诉案”，《最高人民法院公报》1998 年第 3 期（总 55 期）.

③ 《最高人民法院公报》1999 年第 3 期（总 59 期）

综上，我国《仲裁法》不承认仲裁第三人制度，《仲裁法司法解释》与司法实践均只承认因仲裁协议当事人变更引起的仲裁第三人，将案外的与仲裁协议所在合同有牵连的仲裁第三人排除在外，这体现了我国对于仲裁第三人制度的保守态度。

二、《上海自贸区仲裁规则》关于仲裁第三人制度的规定

《上海自贸区仲裁规则》将仲裁第三人区分为仲裁协议的“其他协议方”和“案外人”，分别由第三十七条①、第三十八条②进行规定。

针对仲裁协议的“其他协议方”，第三十七条根据其他协议方加入仲裁程序的时间区分了两种情况：一是在仲裁庭组成之前加入，二是在仲裁庭组成之后加入。对于第一种情况，由仲裁程序的一方当事人提出书面申请，由仲裁机构的秘书处决定是否增加该第三人，同时还规定了增加第三人后仲裁员的指定问题。对于第二种情况，由仲裁程序的一方当事人提出申请，第三人得以加入仲裁程序的条件是该第三人放弃选定仲裁员的权利并认可已经进行的仲裁程序。

针对“案外人”，第三十八条进行了规定。该条指出，提出案外人加入仲裁程序的主体可以是仲裁程序的当事人，也可以是案外人。申请的形式必须为书面形式。案外人进入仲裁程序的条件是仲裁程序当事人与案外人的一致同意。决定是否允许案外人加入仲裁程序的主体是仲裁机构秘书处（仲裁庭

---

① 该条规定：“（一）在仲裁庭组成前，申请人或被申请人请求增加同一仲裁协议下其他协议方为申请人或被申请人的，应当提交书面申请。由秘书处决定是否同意。秘书处作出同意决定的，多方申请人及/或多方被申请人不能共同选定该方仲裁员的，则该案仲裁员全部由仲裁委员会主任指定，即使当事人之前已选定仲裁员。（二）仲裁庭已组成的，申请人及/或被申请人请求增加同一仲裁协议下其他协议方为被申请人，且该协议方放弃重新选定仲裁员并认可已进行的仲裁程序的，仲裁庭可以决定是否同意。”

② 该条规定：“在仲裁程序中，双方当事人可经案外人同意后，书面申请增加其为仲裁当事人，案外人也可经双方当事人同意后书面申请作为仲裁当事人。案外人加入仲裁的申请是否同意，由仲裁庭决定；仲裁庭尚未组成的，由秘书处决定。”

组成之前）或者仲裁庭（仲裁庭组成以后）。

三、对《上海自贸区仲裁规则》仲裁第三人制度的评析

1.《上海自贸区仲裁规则》仲裁第三人制度相较于我国已有的仲裁第三人制度的创新之处

从以上的分析可知，《上海自贸区仲裁规则》是我国目前为止在仲裁第三人制度中走得最远的一部仲裁规则。它不仅对仲裁协议的“其他协议方”进行了规定，也对仲裁协议非签字方即“案外人”进行了规定。在对“案外人”进行规定时，并未区分是因为仲裁协议当事人的变更而产生的案外人，还是因为与仲裁协议所在的合同有牵连而产生的案外人。从字面上理解，此处的“案外人”应已囊括了上述两类案外人。在这一点上，是超越我国现有的所有立法、司法实践以及仲裁机构的仲裁规则的。

2.《上海自贸区仲裁规则》引入仲裁第三人制度的必要性与合理性

在此部分内容里，我们需要回答两个问题，一是，是否应该引入仲裁第三人尤其是引入与仲裁协议所在合同有牵连但未在仲裁协议上签字的仲裁第三人的制度，即引入仲裁第三人制度的必要性何在？二是，在引入仲裁第三人制度方面，我国到底应该走多远？也即《上海自贸区仲裁规则》引入仲裁第三人制度是否合理？

首先回答第一个问题。如前所述，本书中的仲裁第三人包括两种类型，即仲裁协议的其他协议方与案外人，对于仲裁协议的其他协议方，因其本身是仲裁协议的签字方，不存在对仲裁的契约性、自治性等构成威胁，所以，基本上大多数的国家立法与主要的仲裁规则均对这类第三人予以承认。而对于第二类仲裁第三人，即案外人是否应被允许加入仲裁程序这一问题，无论是国内还是国际学术界均存在严重分歧。

反对案外人加入仲裁程序的理由主要有：第一，仲裁协议的未签字方，即“案外人”加入仲裁程序的制度违反了仲裁的契约性及意思自治原则。在传统的仲裁法理论中，意思自治是仲裁赖以存在的基础，仲裁来源于当事人

的意思自治，是当事人意思表示一致将争议提交给独立的第三方进行解决的一种制度①。而案外人并未在仲裁协议上签字，即并未与仲裁当事人达成合意，如果允许案外人加入仲裁程序，则违反了仲裁的契约性以及意思自治原则。第二，案外人加入仲裁程序破坏了仲裁的私密性。由于许多商事纠纷涉及商业秘密，而商事主体不希望在解决纠纷的同时泄露商业秘密，所以，大多数仲裁立法以及仲裁规则均要求仲裁案件不公开审理，以防泄密②。如果允许案外人加入仲裁程序，势必会破坏仲裁的私密性。第三，破坏仲裁的效率性。仲裁一直以来以一裁终局的程序简便的特点吸引当事方，如果允许案外人加入已经进行的仲裁程序，则势必会使仲裁程序发生变化，变得更加复杂，从而影响仲裁解决争议的效率③。第四，破坏了仲裁的民间性。仲裁是当事人将争议提交给民间的独立第三人解决的一种方式和制度，仲裁员对争议的仲裁权来源于当事人的授权，这是其区别于诉讼的一大特征④。如果仲裁庭有权在仲裁程序中追加案外人，那么仲裁就被打上了诉讼的烙印，从而失去民间性。

相反，国际商事仲裁界也有一些国家和地区支持案外人加入仲裁程序，其理由主要有：第一，针对“案外人加入仲裁程序违反仲裁的契约性与意思自治”提出，仲裁虽然最初属于私力救济，但仲裁同时也会影响国家的社会、经济秩序，而且仲裁裁决的执行最终需要国家的强制力，所以，仲裁是具有一定司法性的，从这个角度上说，允许案外人加入仲裁程序只是仲裁制度具有司法性的一个表现；第二，针对“案外人加入仲裁程序破坏仲裁的私密性”

---

① James M. Hosking, “The Third Party Non-Signatory's Ability to Compel International Commercial Arbitration: Doing Justice Without Destroying Consent”, *Pepperdine Dispute Resolution Law Journal*, 2004 (4), p. 476.

② Gary B. Born, “International Commercial Arbitration in the United States: Commentary and Material”, Kluwer Law and Taxation Publishers, 1994, p. 676.

③ 林一飞《论仲裁与第三人》,《法学评论》2000 年第 1 期。

④ Tibor S. Varady, John J. Barcelo III, Arthur T. von Mehren, “International Commercial Arbitration: A Transnational Perspective,” *Thomson Reuters Business*, 2012, p. 61.

问题，支持者认为，既然案外人与仲裁争议有相关性，那么即使不让案外人加入仲裁程序，案外人仍然会寻求除仲裁以外的其他争议解决机制，这一定程度上仍然会造成所谓的“泄密”；第三，针对“案外人加入仲裁程序破坏仲裁的效率性”问题，支持者认为，案外人加入仲裁程序不但没有破坏仲裁的效率性，反而会增强其效率。因为如果将仲裁的效率从仲裁协议的当事人的角度放大到整个社会的角度，允许案外人进入仲裁程序会避免其寻求其他法律程序，从而避免法律资源的浪费，也避免矛盾裁判的产生，从而增强仲裁的效率。第四，针对“破坏仲裁的民间性”问题，如上所述，仲裁实质上具有司法性，案外人加入仲裁程序只是其司法性的表现之一。

由此可见，关于支持还是反对案外人加入仲裁程序归根结底是对仲裁的本质特性以及仲裁的终极价值的争论。

对于仲裁的本质特性问题，主要有四种观点：契约说、司法权说、自治说以及混合说。契约说认为，仲裁本质上契约，仲裁员对争议的仲裁权来源于争议当事人之间签订的仲裁协议，而非任何的公共机构，事实上可以将仲裁员看作是当事人的代理人，而仲裁裁决是代理人代理当事人所订立的契约，所以仲裁协议与仲裁裁决构成了一个合同共同体，此为仲裁存在的基础①。司法权说认为，一国对于其境内进行的任何活动都具有监督和控制的权力，仲裁活动也不例外。仲裁本质上是一种法律制度，“只有国家才能行使审判权，因此，如果法律允许当事人提交仲裁，那么仲裁机构只能是执行公共职能。由此得到的逻辑上的结论就是，仲裁裁决是具有与法院所出判决同等意义的决定。”② 自治说认为，仲裁制度纯粹是商人们自发创建和发展完善的体系，是商人们为了更高效地解决争议而精心设计的，与法院诉讼、国家司法权是完全分离的。混合说则是契约说与司法权说的结合，其认为仲裁是契约与国

---

① Morris Stone “A Paradox in the Theory of Commercial Arbitration”, *Arbitration Journal*. 1966, (21), p. 156.

② 全国人大常委会法制工作委员会民法室，中国经济贸易仲裁委员会秘书局《中华人民共和国仲裁法全书》，法律出版社，1995 年版，第 4 页。

家司法权的综合的产物①。一般而言，反对案外人加入仲裁程序的学者与机构持契约说或自治说，而支持案外人加入仲裁程序的学者与机构一般持司法权说或混合说。

此处，笔者无意于探讨上述哪一种学说更为合理，值得注意的是，上述四种学说有一个共同点，即均强调或者承认意思自治是仲裁的重要特征。比如：在契约说里，不可否认的是，“契约制度成为现代商事仲裁制度基石的重要关节是契约中所天然蕴含的意思自治理念”，② 在自治说里，强调的就是当事方的意思自治，意思自治本是其应有之义，在司法权说里，虽然强调仲裁具有司法性的一面，但该学说也并没有否定仲裁的意思自治，混合说是契约说与司法权说的混合体，自然含有意思自治的内容。事实上，几乎所有研究仲裁以及国际商事仲裁的学者均认为，意思自治原则是商事仲裁首要的特征，它不仅贯穿于仲裁程序的始终，渗透在仲裁制度的方方面面，并且在本质上决定着仲裁程序事项方面的各种制度③。所以，笔者认为，尊重包括被追加的第三人在内的当事人的意思自治，不失为案外人进入仲裁程序的一条途径。

在仲裁的终极价值方面，效率与公平一直是仲裁界乃至整个法学界艰难探讨的一组命题④。上述支持抑或反对案外人加入仲裁程序的争论中，焦点之一就是如何权衡仲裁协议当事人与案外人的个人效益及社会效益，如何权衡纠纷的有效解决与当事人权益的保护。这实质上就是对于仲裁的效率与公平的价值评判。笔者认为，任何法律制度都同时追求公平与效率这两个似乎矛盾的目标，区别在于，不同的法律制度在权衡二者之间的关系上各有侧重，

① 乔欣《比较商事仲裁》，法律出版社，2004 年版，第 11 页。

② 林一《仲裁第三人引入模式及理论重思——兼论偶合的单独行为理论》，《武大国际法评论》2014 年第 1 期。

③ 陈桂明《仲裁法论》，中国政法大学出版社，1993 年版，第 2 页。[英] 施米托夫著. 赵秀文译《国际贸易法文选》，中国大百科全书出版社，1993 年版，第 211 页。丁伟，陈治东《冲突法论》，法律出版社，1996 年版，第 318 页。张建华《仲裁新论》，中国法制出版社，2002 年版，第 2 页。

④ [美] 约翰·罗尔斯著，何怀宏等译《正义论》，中国社会科学出版社，2001 年版，第 342－378 页。[美] 波斯纳著，蒋兆康译《法律的经济分析》，法律出版社，2012 年版，第 245－287 页。

有的更加侧重于公平，而有的则更加侧重于效率，同样，讨论仲裁制度的终极价值并不能成为接受或拒绝仲裁第三人制度的理由，在这个问题上，我们需要研究的是，如何设计仲裁第三人制度能够做到公平与效率之间的平衡，事实上这也是目前各主要仲裁规则所努力追求的目标，比如：斯德哥尔摩国际商会仲裁院（SCC）仲裁规则（2017 年版）规定要求案外人加入仲裁程序的申请应尽可能早地提出①，国际商会（ICC）仲裁院仲裁规则②、美国仲裁协会（AAA）国际争端仲裁程序③等均对案外人在仲裁庭组成前与仲裁庭组成后加入仲裁程序进行不同的规定，之所以进行这样规定，是为了避免因为案外人加入仲裁程序，使仲裁程序受到拖延，以达到以牺牲较少的公平换取最大限度的效率，做到公平与效率之间的平衡。所以，在这方面，留待我们解决的其实是前述的第二个问题：即我国应多大程度地接受仲裁第三人制度，在公平与效率这座天平上应该倾向于哪一方，以及倾向的幅度如何。

事实上，允许案外人加入仲裁程序有其现实的需求性。众所周知，仲裁最初源于只有两方当事人的争议解决，随着现代商事交易的发展与日趋复杂化，尤其是在建筑合同④、保险合同⑤、知识产权合同⑥等领域。立法与实践针对这样的实践需求创设出了案外人加入仲裁程序的替代性解决制度，如仲裁中止、仲裁终止、仲裁中第三人取证制度、仲裁裁决的撤销、仲裁裁决执行异议等。当正在仲裁的案件需以案外人的案件审理结果作为依据时，此时在不允许案外人加入仲裁程序的情况下，中止仲裁程序等待案外人案件审理结果，此为替代仲裁案外人加入仲裁程序的仲裁中止。这种替代方式只适用

---

① 参见 Art. 13（2）。

② 参见第七条。

③ 参见 Art. 7。

④ Karl-Heinz Böckstiegel “Practical Problems in Resolving Disputes in an International Construction and Infrastructure Project”，26 *Int'l Bus. Lawyer* 196，(May 1999).

⑤ Stephen W. Schwab “Caught Between Rocks and Hard Places：The Plight of Reinsurance Intermediaries Under U. S. and English Law”，16 *Mich. J. Int'l. L.* 485 (1985).

⑥ ProCD，Inc. v. Zeidenberg，86 F. 3d 1447（7th Cir. 1976)；Hill v. Gateway 2000，Inc.，105 F. 3d 1147（7th Cir. 1997).

于案外人事实上寻求了其他争议解决程序，且这种寻求的行为发生在本仲裁程序开始以后结束以前，同时，本仲裁程序当事人或仲裁员知晓案外人另行解决争议这一事实，故仲裁中止在替代案外人加入仲裁程序方面是有限的。当仲裁案件碰到利害关系第三人，导致案件无法审理，仲裁庭可以裁定终止仲裁①。但是这种替代方式最终导致争议无法通过仲裁的方式解决，且仲裁庭在终止仲裁方面应谨慎，所以无法完全替代案外人加入仲裁程序。如果仲裁案件的某些证据由仲裁第三人掌握，仲裁机构可以通过一定程序向该第三人调取证据，此为仲裁中第三人取证制度。这一制度一定程度上解决了因掌握证据的案外人未参与仲裁程序可能对仲裁协议当事人造成不公平的问题，但并不能解决与仲裁协议所在合同有牵连的案外人的权益保护问题。撤销仲裁裁决是指当仲裁裁决发生特定情形时，仲裁当事人可以向法院提起撤销该裁决的制度，值得注意的是，当前各国立法以及各主要仲裁规则均认为，撤销仲裁裁决是仲裁当事人所享有的权利，而非案外人。比如《最高人民法院关于对崇正国际联盟集团有限公司申请撤销仲裁裁决人民法院应否受理的复函》（[2001] 民立他字第 36 号）中，最高人民法院认为崇正国际联盟集团有限公司不是仲裁当事人，不具备申请撤销该裁决的主体资格，故对该申请人民法院不予受理。所以，当案外人认为其利益受到仲裁裁决损害时，并不能通过撤销仲裁裁决来解决。当仲裁裁决进入执行阶段后，案外人可依据执行异议的程序对该裁决的执行提出异议，这在一定程度上保护了案外人的利益，但是这毕竟是一种事后救济方式，不能从源起阶段对案外人的利益予以保护，这种保护是不完全的，故仲裁裁决执行的异议也不能完全取代案外人加入仲裁程序。

综上，无论是从仲裁的本质特性、终极价值追求还是现实的商事实践需求以及已有的制度体系，案外人加入仲裁程序都有存在的必要性与可行性。

---

① 联合国国际贸易法委员会《商事仲裁示范法》第三十二条第二款规定："仲裁庭在下列情况下应当发出终止仲裁程序的裁定：……（c）仲裁庭认定仲裁程序因其他任何理由均无必要或不可能继续进行。"

这就回答了笔者前述的第一个问题："是否应该引入包括与仲裁协议所在合同有牵连而产生的仲裁第三人的制度，即引入仲裁第三人制度的必要性何在?"

接下来，分析第二个问题："在引入仲裁第三人制度方面，我国到底应该走多远？也即《上海自贸区仲裁规则》引入仲裁第三人制度是否合理?"由于在允许仲裁协议其他协议方加入仲裁程序方面，国际社会基本持赞同态度，且我国部分仲裁规则也已做出类似规定，故本问题着重讨论在允许案外人加入仲裁程序方面，我国到底应该走多远。

从上述仲裁的本质特性和终极价值追求方面的分析来看，在允许案外人加入仲裁程序时，应着重关注意思自治原则在仲裁中的重要地位，方不至于损害仲裁的根本。进一步的问题是，此处的"意思自治原则"是仅指仲裁当事一方的"意思自治"，或者仲裁当事双方的"意思自治"，或是仅指案外人的"意思自治"，抑或是既指仲裁当事方也指案外人的"意思自治"？在这个问题上，各主要国家与主要仲裁规则的做法存在较大差异。

下文将考察新加坡国际仲裁中心（SIAC）仲裁规则（2016 年版）、联合国国际贸易法委员会（UNCITRAL）仲裁规则（2013 年版）、国际商会（ICC）仲裁规则（2012 年版）、伦敦国际仲裁院（LCIA）仲裁规则（2014 年版）、中国国际贸易仲裁委员会（CIETAC）仲裁规则（2015 年版）、上海自贸试验区仲裁规则（2015 年版）、日本商事仲裁协会商事仲裁规则（2015 年版）、瑞士仲裁规则（2012 年版）、荷兰仲裁协会仲裁规则（2015 年版）、美国仲裁协会（AAA）国际争端仲裁程序（2014 年版）、斯德哥尔摩商会仲裁院（SCC）仲裁规则（2017 年版）等国际主要仲裁机构的仲裁规则对这一问题的规定。(见表一)

表一 国际主要仲裁规则对于案外人加入仲裁程序的规定

仲裁规则	是否允许案外人加入仲裁程序	发起申请的主体	需要谁的同意	仲裁庭（或仲裁机构）的作用
SIAC 规则（2016）〔一〕	是	一方当事人或第三人	双方当事人与第三人共同同意	仲裁庭（仲裁院）决定（考虑各方当事人的意见，以及案件的情况）
UNCITRAL 规则（2013）〔二〕	否（只允许仲裁协议其他协议方加入仲裁程序）	—	—	—
ICC 规则（2012）〔三〕	是	一方当事人或第三人	仲裁庭成立前：提出申请的一方当事人与第三人之间存在仲裁协议 仲裁庭成立后：双方当事人与第三人共同同意	秘书处决定
LCIA 规则（2014）〔四〕	是	一方当事人	提出申请的一方当事人与第三人共同书面同意	仲裁庭决定
CIETAC 规则（2015）〔五〕	否（只允许仲裁协议其他协议方加入仲裁程序）	—	—	—
上海自贸试验区规则（2015）〔六〕	是	当事人或案外人	双方当事人与案外人共同同意	仲裁庭或秘书处决定

（续表）

仲裁规则	是否允许案外人加入仲裁程序	发起申请的主体	需要谁的同意	仲裁庭（或仲裁机构）的作用
瑞士仲裁规则(2012)〔七〕	是	当事人或第三人	无须当事人或第三人同意，由仲裁庭咨询当事人以及第三人的意见，并结合所有相关情况予以考虑	仲裁庭咨询当事人及第三人的意见后，结合所有相关情况进行考虑
日本商事仲裁协会商事仲裁规则(2015)〔八〕	是	当事人（第三人为被申请人）或第三人（第三人为申请人）	①双方当事人与第三人共同书面同意； 或者 ②所有的诉求都是基于同一份仲裁协议提起； 或者 ③仲裁庭组成以后第三人以被申请人的身份进入仲裁程序，所有诉求均基于同一份仲裁协议提起，则需第三人书面同意	仲裁庭决定，享有否决权（即使满足前述条件，只要仲裁庭认为允许案外人加入仲裁会延误仲裁程序或基于其他合理理由，均可拒绝案外人加入仲裁庭）
荷兰仲裁协会仲裁规则(2015)〔九〕	否（只允许仲裁协议其他协议方加入仲裁程序）	—	—	—

（续表）

仲裁规则	是否允许案外人加入仲裁程序	发起申请的主体	需要谁的同意	仲裁庭（或仲裁机构）的作用
AAA 国际争端仲裁程序（2014）[十]	是	一方当事人	①仲裁庭组成以前：提起申请的当事人与第三人有仲裁协议 ②仲裁庭组成以后：双方当事人与第三人共同同意	无须仲裁庭决定
SCC 仲裁规则（2017）[十一]	是	一方当事人	①原仲裁程序在提交答辩状之前：提起申请的当事人与第三人有仲裁协议 ②原仲裁程序在提交答辩状之后：不允许加入，除非理事会（Board）做出相反决定	理事会决定（需咨询当事人的意见，并考虑程序的效率便捷等一系列因素）

注〔一〕：Art. 7 Joinder of Additional Parties

7.1 Prior to the constitution of the Tribunal，a party or non-party to the arbitration may file an application with the Registrar for one or more additional parties to be joined in an arbitration pending under these Rules as a Claimant or a Respondent，provided that any of the following criteria is satisfied：

a. the additional party to be joined is prima facie bound by the arbitration agreement；or

b. all parties，including the additional party to be joined，have consented to the joinder of the additional party.

7.2 An application for joinder under Rule 7.1 shall include：

a. the case reference number of the pending arbitration；

b. the names，addresses，telephone numbers，facsimile numbers and electronic mail addresses，if known，of all parties，including the additional party to be joined，and their representatives, if any, and any arbitrators who have been nominated or appointed in the pending arbitration;

c. whether the additional party is to be joined as a Claimant or a Respondent;

d. the information specified in Rule 3. 1 (c) and Rule 3. 1 (d);

e. if the application is being made under Rule 7. 1 (b), identification of the relevant agreement and, where possible, a copy of such agreement; and

f. a brief statement of the facts and legal basis supporting the application.

The application for joinder is deemed to be complete when all the requirements of this Rule 7. 2 are fulfilled or when the Registrar determines that there has been substantial compliance with such requirements. SIAC shall notify all parties, including the additional party to be joined, when the application for joinder is complete.

7. 3 The party or non-party applying for joinder under Rule 7. 1 shall, at the same time as it files an application for joinder with the Registrar, send a copy of the application to all parties, including the additional party to be joined, and shall notify the Registrar that it has done so, specifying the mode of service employed and the date of service.

7. 4 The Court shall, after considering the views of all parties, including the additional party to be joined, and having regard to the circumstances of the case, decide whether to grant, in whole or in part, any application for joinder under Rule 7. 1. The Court's decision to grant an application for joinder under this Rule 7. 4 is without prejudice to the Tribunal's power to subsequently decide any question as to its jurisdiction arising from such decision. The Court's decision to reject an application for joinder under this Rule 7. 4, in whole or in part, is without prejudice to any party's or non-party's right to apply to the Tribunal for joinder pursuant to Rule 7. 8.

7. 5 Where an application for joinder is granted under Rule 7. 4, the date of receipt of the complete application for joinder shall be deemed to be the date of commencement of the arbitration in respect of the additional party.

7. 6 Where an application for joinder is granted under Rule 7. 4, the Court may revoke the appointment of any arbitrators appointed prior to the decision on joinder. Unless otherwise agreed by all parties, including the additional party joined, Rule 9 to Rule 12 shall apply as appropriate, and the respective timelines thereunder shall run from the date of receipt of the Court's decision under Rule 7. 4.

7. 7 The Court's decision to revoke the appointment of any arbitrator under Rule 7. 6 is without prejudice to the validity of any act done or order or Award made by the arbitrator before his appointment was revoked.

7. 8 After the constitution of the Tribunal, a party or non-party to the arbitration may apply to the Tribunal for one or more additional parties to be joined in an arbitration pending under these Rules as a Claimant or a Respondent, provided that any of the following criteria is satisfied:

a. the additional party to be joined is prima facie bound by the arbitration agreement；or

b. all parties，including the additional party to be joined，have consented to the joinder of the additional party.

Where appropriate，an application to the Tribunal under this Rule 7. 8 may be filed with the Registrar.

7. 9 Subject to any specific directions of the Tribunal，the provisions of Rule 7. 2 shall apply，mutatis mutandis，to an application for joinder under Rule 7. 8.

7. 10 The Tribunal shall，after giving all parties，including the additional party to be joined，the opportunity to be heard，and having regard to the circumstances of the case，decide whether to grant，in whole or in part，any application for joinder under Rule 7. 8. The Tribunal's decision to grant an application for joinder under this Rule is without prejudice to its power to subsequently decide any question as to its jurisdiction arising from such decision.

7. 11 Where an application for joinder is granted under Rule 7. 10，the date of receipt by the Tribunal or the Registrar，as the case may be，of the complete application for joinder shall be deemed to be the date of commencement of the arbitration in respect of the additional party.

7. 12 Where an application for joinder is granted under Rule 7. 4 or Rule 7. 10，any party who has not nominated an arbitrator or otherwise participated in the constitution of the Tribunal shall be deemed to have waived its right to nominate an arbitrator or otherwise participate in the constitution of the Tribunal，without prejudice to the right of such party to challenge an arbitrator pursuant to Rule 14.

7. 13 Where an application for joinder is granted under Rule 7. 4 or Rule 7. 10，the requisite filing fee under these Rules shall be payable for any additional claims or counterclaims.

注〔二〕第十七条　第 5 款规定："仲裁庭可根据任何一方当事人的请求，允许将一个或多个第三人作为一方当事人并入仲裁程序，前提是此种人是仲裁协议的一方当事人，除非仲裁庭在给予各方当事人，包括拟被并入仲裁程序的一人或多人陈述意见的机会后认定，由于并入仲裁程序会对其中任何一方当事人造成损害而不应准许此种并入。对于仲裁程序如此涉及到的所有当事人，仲裁庭可作出单项裁决，也可作出若干项裁决。"

注〔三〕第七条　追加当事人的加入

1）如果任何当事人希望追加仲裁当事人，应向秘书处提交针对该追加当事人的仲裁申请书（"追加仲裁当事人申请"）。秘书处收到追加仲裁当事人申请之日在各种意义上均应视为针对该追加当事人的仲裁开始之日。追加当事人应遵守第 6 条第（3）款至第（7）款和第 9 条。确认或任命任何仲裁员之后，不得再追加仲裁当事人，除非包括追加当事人在内的全体当事人另行同意。提交追加仲裁当事人申请的期限，可由秘书处确定。

2）追加仲裁当事人申请应包含以下内容：

a）现有仲裁案的案号；

b）包括追加当事人在内的每一方当事人的名称全称、基本情况、地址及其他联系信息；以及

c）第4条第（3）款第c）、d）、e）和f）项中所规定的信息。

当事人可以在提交追加当事人申请时，一并提交其认为适宜的或可能有助于有效解决争议的其他文件或信息。

3）第4条第（4）款和第（5）款的规定在细节上作必要修正后适用于追加仲裁当事人申请。

4）追加当事人应在细节上作必要修正后按照第5条第（1）款至第（4）款的规定，提交答辩书。追加当事人可按照第8条的规定，针对任何其他当事人提出仲裁请求。

注〔四〕22.1 The Arbitral Tribunal shall have the power, upon the application of any party or (save for sub-paragraphs (viii), (ix) and (x) below) upon its own initiative, but in either case only after giving the parties a reasonable opportunity to state their views and upon such terms (as to costs and otherwise) as the Arbitral Tribunal may decide: (viii) to allow one or more third persons to be joined in the arbitration as a party provided any such third person and the applicant party have consented to such joinder in writing following the Commencement Date or (if earlier) in the Arbitration Agreement; and thereafter to make a single final award, or separate awards, in respect of all parties so implicated in the arbitration.

注〔五〕第18条　追加当事人

（一）在仲裁程序中，一方当事人依据表面上约束被追加当事人的案涉仲裁协议可以向仲裁委员会申请追加当事人。在仲裁庭组成后申请追加当事人的，如果仲裁庭认为确有必要，应在征求包括被追加当事人在内的各方当事人的意见后，由仲裁委员会作出决定。

仲裁委员会仲裁院收到追加当事人申请之日视为针对该被追加当事人的仲裁开始之日。

（二）追加当事人申请书应包含现有仲裁案件的案号，涉及被追加当事人在内的所有当事人的名称、住所及通讯方式，追加当事人所依据的仲裁协议、事实和理由，以及仲裁请求。

当事人在提交追加当事人申请书时，应附具其申请所依据的证据材料以及其他证明文件。

（三）任何一方当事人就追加当事人程序提出仲裁协议及/或仲裁案件管辖权异议的，仲裁委员会有权基于仲裁协议及相关证据作出是否具有管辖权的决定。（四）追加当事人程序开始后，在仲裁庭组成之前，由仲裁委员会仲裁院就仲裁程序的进行作出决定；在仲裁庭组成之后，由仲裁庭就仲裁程序的进行作出决定。

（五）在仲裁庭组成之前追加当事人的，本规则有关当事人选定或委托仲裁委员会主任指定仲裁员的规定适用于被追加当事人。仲裁庭的组成应按照本规则第二十九条的规定进行。

在仲裁庭组成后决定追加当事人的，仲裁庭应就已经进行的包括仲裁庭组成在内的仲裁程序征求被追加当事人的意见。被追加当事人要求选定或委托仲裁委员会主任指定仲裁

员的，双方当事人应重新选定或委托仲裁委员会主任指定仲裁员。仲裁庭的组成应按照本规则第二十九条的规定进行。

（六）本规则有关当事人提交答辩及反请求的规定适用于被追加当事人。被追加当事人提交答辩及反请求的期限自收到追加当事人仲裁通知后起算。

（七）案涉仲裁协议表面上不能约束被追加当事人或存在其他任何不宜追加当事人的情形的，仲裁委员会有权决定不予追加。

注〔六〕第三十七条 其他协议方加入仲裁程序

（一）在仲裁庭组成前，申请人或被申请人请求增加同一仲裁协议下其他协议方为申请人或被申请人的，应当提交书面申请。由秘书处决定是否同意。秘书处作出同意决定的，多方申请人及/或多方被申请人不能共同选定该方仲裁员的，则该案仲裁员全部由仲裁委员会主任指定，即使当事人之前已选定仲裁员。

（二）仲裁庭已组成的，申请人及/或被申请人请求增加同一仲裁协议下其他协议方为被申请人，且该协议方放弃重新选定仲裁员并认可已进行的仲裁程序的，仲裁庭可以决定是否同意。

第三十八条 案外人加入仲裁程序

在仲裁程序中，双方当事人可经案外人同意后，书面申请增加其为仲裁当事人，案外人也可经双方当事人同意后书面申请作为仲裁当事人。案外人加入仲裁的申请是否同意，由仲裁庭决定；仲裁庭尚未组成的，由秘书处决定。

注〔七〕Article 4（2）Where one or more third persons request to participate in arbitral proceedings already pending under these Rules or where a party to pending arbitral proceedings under these Rules requests that one or more third persons participate in the arbitration，the arbitral tribunal shall decide on such request，after consulting with all of the parties，including the person or persons to be joined，taking into account all relevant circumstances.

注〔八〕1 A third party may join in the arbitral proceedings as a Claimant or a Party may request a third party to join in the

arbitral proceedings as a respondent，if：

（1）all Parties and the third party have agreed in writing about the joinder；or

（2）all claims are made under the same Arbitration Agreement；provided，however，the third party's consent in writing to such joinder is necessary when the third party is requested to join as respondent after the constitution of the arbitral tribunal.

2 If the third party joins in the arbitral proceedings before the arbitral tribunal is constituted，the arbitrators shall be appointed under Rules 25 through 27，29 and 30. Calculation of periods of time under Rules 26，27. 1 and 29. 2 shall be determined based on the date that the respondent against whom the claim is made in the application for joinder receives the notice of the application for joinder.

3 If the third party joins in the arbitral proceedings after the arbitral tribunal is constituted，the arbitral tribunal shall remain the same.

4 Even when the requirement under Rule 52. 1 is satisfied, the arbitral tribunal may deny joinder if it finds that such joinder will delay the arbitral proceedings or it finds any other reasonable grounds.

5 Rules 14, 15. 2 and 16. 1 shall apply mutatis mutandis to an application for joinder; provided that "the respondent" under Rules 15. 2, 16. 1 and 42. 3 shall be read as "the Party other than the Party that has submitted an application for joinder, and the third party who has been requested to join as respondent."

6 Rule 18, 19 or 20 shall apply mutatis mutandis to an answer, counterclaim or set-off defense to the claim made in the application for joinder.

注〔九〕Article 37-Joinder and intervention

1. At the written request of a third person who has an interest in arbitral proceedings to which these Rules apply, the arbitral tribunal may allow that person to join or intervene in the proceedings, provided that the same arbitration agreement as between the original parties applies or enters into force between the parties and the third person. By the allowance of the joinder or intervention, the third person shall become a party to the arbitral proceedings.

2. The request shall be submitted to the administrator. The administrator shall send a copy of the request to the parties and to the arbitral tribunal as soon as possible.

3. The arbitral tribunal shall give the parties the opportunity to make their opinions on the request known. The arbitral tribunal may give the third person the opportunity to make its opinion on the request known.

4. The arbitral tribunal may suspend the proceedings after receipt of a request as referred to in paragraph 1. After the lifting of the suspension or allowance of a joinder or an intervention, the arbitral tribunal shall arrange the further course of the proceedings, unless the parties have made provision for this by agreement.

5. Regardless of whether the same arbitration agreement as between the original parties applies or enters into force between the parties and the third person, by submitting the request for joinder or intervention, the third person agrees that the provisions of Section Six and Article 61 shall apply.

注〔十〕Article 7 Joinder

1. A party wishing to join an additional party to the arbitration shall submit to the Administrator a Notice of Arbitration against the additional party. No additional party may be joined after the appointment of any arbitrator, unless all parties, including the additional party, otherwise agree. The party wishing to join the additional party shall, at that same time, submit the Notice of Arbitration to the additional party and all other parties. The date on which such Notice of Arbitration is received by the Administrator shall be deemed to be the date of the commencement of arbitration against the additional party. Any joinder shall be subject to the provisions of Articles 12 and 19.

2. The request for joinder shall contain the same information required of a Notice of Ar-

bitration under Article 2 (3) and shall be accompanied by the appropriate filing fee.

3. The additional party shall submit an Answer in accordance with the provisions of Article 3.

4. The additional party may make claims, counterclaims, or assert setoffs against any other party in accordance with the provisions of Article 3.

注〔十一〕 Article 13 Joinder of additional parties

(1) A party to the arbitration may request that the Board join one or more additional parties to the arbitration.

(2) The Request for Joinder shall be made as early as possible. A Request for Joinder made after the submission of the Answer will be not be considered, unless the Board decides otherwise. Articles 6 and 7 shall apply mutatis mutandis to the Request for Joinder.

(3) Arbitration against the additional party shall be deemed to commence on the date the SCC receives the Request for Joinder.

(4) The Secretariat shall set a time period within which the additional party shall submit an Answer to the Request for Joinder. Article 9 shall apply mutatis mutandis to the Answer to the Request for Joinder.

(5) The Board may decide to join one or more additional parties provided that the SCC does not manifestly lack jurisdiction over the dispute between the parties, including any additional party requested to be joined to the Arbitration, pursuant to Article 12 (i).

(6) In deciding whether to grant the Request for Joinder where claims are made under more than one arbitration agreement, the Board shall consult with the parties and shall have regard to subparagraphs (i) - (iv) in Article 14 (3).

(7) In all cases where the Board decides to grant the Request for Joinder any decision as to the Arbitral Tribunal's jurisdiction over any party joined to the arbitration shall be made by the Arbitral Tribunal.

(8) Where the Board decides to grant the Request for Joinder and the additional party does not agree to any arbitrator already appointed, the Board may release the arbitrators and appoint the entire Arbitral Tribunal, unless all parties, including the additional party, agree on a different procedure for the appointment of the Arbitral Tribunal.

从上表可以看出，在是否允许案外人加入仲裁程序方面，各主要仲裁规则表现出的态度不一，其考虑的焦点仍然集中在两个方面，即多大程度上遵循仲裁意思自治的本质特性，以及如何权衡效率与公平这两大价值追求。

最保守的规定是不允许案外人加入仲裁程序，在仲裁第三人制度方面，只允许仲裁协议其他协议方加入仲裁程序，比如：联合国国际贸易法委员会（UNCITRAL）仲裁规则（2013 年版）、荷兰仲裁协会仲裁规则（2015）、中国国际贸易仲裁委员会（CIETAC）仲裁规则（2015年版）。做出此种规定的原因是仲裁协议的其他协议方本身已与仲裁程序中的当事方存在仲裁协议，只是因为各种主客观原因未能及时加入到仲裁程序中，此时，将其纳入已经开始的仲裁程序合情合理，这无论在理论上还是在实践中都容易令人接受。此种做法完全尊重当事方以及第三人的意志，在效率与公平的选择上更倾向于公平。我国少有的接受仲裁第三人制度的仲裁机构中，多持这个层级的态度，比如：CIETAC、海峡两岸仲裁中心、中国海事仲裁委员会。

较之更进一步的是虽接受案外人加入仲裁程序，但需要取得双方当事人与案外人的共同同意，比如：上海自贸试验区仲裁规则（2015年版）。这一层级虽较上一层级更进一步，但在遵循仲裁意思自治的本质特性方面与第一层级并无太大差别。双方当事人与案外人共同同意可以被视作他们之间达成了新的仲裁协议，所以这种规定与上一层级一样，均是完全尊重当事方以及第三人的意志，在效率与公平的选择上更倾向于公平。

再次是案外人加入仲裁程序，需提出申请的一方当事人与案外人同意。比如：伦敦国际仲裁院（LCIA）仲裁规则（2014年版），又如：美国仲裁协会（AAA）国际争端仲裁程序（2014年版）以及国际商会（ICC）仲裁院仲裁规则均规定案外人在仲裁庭组成以前加入仲裁程序，均需提出申请的一方当事人与案外人之间存在仲裁协议。斯德哥尔摩商事仲裁院（SCC）仲裁规则也有类似规定。此种规定忽略了未提起申请的另一方当事人的意志，故较上述两个层级在突破仲裁意思自治的本质特性方面往前迈了一步，以牺牲对另一方当事人的公平，换取了更多的效率。

第四层级虽然要求提出申请的一方当事人与案外人之间须存在仲裁协议或者双方当事人与案外人共同同意，但这些共同意思表示并不是案外人加入仲裁程序的决定因素，而是仲裁机构或仲裁庭在做出相关决定时应予以考虑的因素之一，仲裁机构或仲裁庭可以其他理由拒绝案外人加入仲裁程序。比如：日本商事仲裁协会商事仲裁规则（2015年版）、新加坡国际仲裁中心（SIAC）仲裁规则（2016年版）、斯德哥尔摩商事仲裁院仲裁规则（2017年版）。这一层级较上一层级更加倾向了效率，斯德哥尔摩商事仲裁院仲裁规则

（2017 年版）甚至将仲裁程序的效率和便捷性与当事人的意志并列，共同成为仲裁院理事会在决定是否允许案外人加入仲裁程序时应考虑的因素。

走得最远的做法是不需要取得当事人与案外人的同意，他们的意志只是仲裁机构或者仲裁庭在决定是否允许案外人加入仲裁程序时应考虑的因素，比如：瑞士仲裁规则（2012）。这种做法最大程度的突破了仲裁意思自治的本质特性，在公平与效率的天平上几乎完全倒向了效率。并且这种做法赋予了仲裁机构和仲裁庭过大的权力，对仲裁员素质的要求较高，对于目前我国商事仲裁发展现状来说并不适宜。那么，我国应采取前述另外四个层级的哪一个层级呢?

上述除第五层级外，前面四个层级都不约而同地选择尊重案外人的意志。第一层级与第二层级需要得到双方当事人与案外人的一致同意，固然是尊重案外人意志的。第三层级虽忽略未提起申请的另一方当事人的意志，却依然重视案外人的意思表示，需案外人与提起申请的一方当事人一致同意。在第四层级中，仲裁庭或仲裁机构做出让案外人加入仲裁程序的决定有一个前提，即案外人与提起申请的一方当事人对于加入仲裁程序达成了一致，不存在强迫不愿意加入仲裁程序的案外人加入仲裁程序的情况，从这个角度上看，第四层级也一定程度上重视了案外人的意志。那么，为什么上述大部分仲裁规则均重视案外人的意志呢?甚至有的仲裁规则宁愿牺牲一方当事人的意志从而在突破仲裁意思自治方面向前迈一大步，也要保全案外人的意志呢?这仍然可以从遵循仲裁的意思自治的本质特性以及权衡公平与效率两大价值目标方面进行分析。

在遵循仲裁的意思自治的本质特性方面，重视案外人的意志平等地尊重了原仲裁程序当事人与案外人的自由意志。原仲裁程序当事人在仲裁协议中已经明确表示其愿意将相关争议提交仲裁管辖，这样的意思表示可以推定为其同意在仲裁程序中解决与争议事项相关的事实与法律问题，在没有证据证明特定当事人的身份是仲裁的基础或者特定仲裁程序参与方参与仲裁有害于当事人程序性权益的实现或严重损害当事人的其他权益的情况下，仲裁程序参与方是谁并不重要，其做出这样意思表示的目的是希望以仲裁的方式解决所涉争议。这与案外人做出同意加入仲裁程序的目的形成合致①。

在权衡公平与效率两大价值目标方面，重视案外人的意志以牺牲较小的公平，换取了较大的效率。如果放弃对案外人的意志的尊重，转而以原仲裁程序当事人的意志为准，那么就可能出现案外人的意志与原当事人的意志相比，没有得到平等对待：原当事人可以不经案外人的同意而强迫其进入仲裁程序，这就会造成，在是否进入仲裁程序方面，原当事人的意志得到尊重，案外人的意志受到违背，这是不公平的。相反，如果尊重案外人的意志，忽略原仲裁程序当事人的意志却不会造成二者之间的不公平，理由是："第一，原当事人显然清楚地知道他们选择的仲裁制度可能带给他们程序不利的风险，他们必须承受这种风险；第二，原当事人有机会选择其他争议解决方式回避这种风险，他们没有回避这种风险"②。

综上，笔者认为，尊重案外人的意志，既较好地遵循了仲裁的意思自治的本质特性，又较合理地平衡了对公平与效率的追求。我国自贸试验区仲裁规则可以考虑在引入仲裁第三人制度方面更进一步，采取上述第三层级的做法。

3.《上海自贸区仲裁规则》仲裁第三人制度需进一步完善的细节

如上所述，虽然《上海自贸区仲裁规则》关于仲裁第三人制度相较于我国已有的仲裁规则是一大进步，该制度的设计有其必要性与一定的合理性，但其相关规定仍显粗糙。主要表现在以下几方面：

第一，未明确案外人的范围。《上海自贸区仲裁规则》将仲裁第三人区分为"其他协议方"与"案外人"，却未对案外人的范围予以明确。到底多大程度地纳入案外人，是与仲裁争议事项有"密切联系"，或是与仲裁结果有"利害关系"，抑或只是与仲裁协议所在的合同有"牵连关系"，这些需要予以进一步明确。

第二，未规定案外人加入仲裁程序后的权利义务以及对已有仲裁程序的

---

① 林一《仲裁第三人引入模式及理论重思——兼论偶合的单独行为理论》，《武大国际法评论》2014 年第 1 期。

② 同前注。

影响。比如：案外人加入仲裁程序以后，是否享有指定仲裁员的权利；案外人加入仲裁程序以后，是否有权不认可之前已经进行的仲裁程序；案外人是否承担仲裁费用；如果案外人是在仲裁庭组成以后加入仲裁程序的，案外人不同意已有的仲裁庭组成，仲裁庭应如何处理；等等这些问题《上海自贸区仲裁规则》均未予以回应，这必然会对仲裁第三人制度的施行产生不利影响。

第三，未对案外人加入仲裁程序相关的配套程序进行规定。比如：要求案外人加入仲裁程序的申请应列明什么内容；该申请应通知的对象；如果仲裁程序原当事人或案外人在仲裁庭成立以前已经按规定向秘书处提起案外人加入仲裁程序的申请但未获批准，那么仲裁庭成立以后，当事人或案外人是否可以再次提起申请，仲裁庭是否有权不顾秘书处的否定裁决从而对该申请予以同意；案外人加入仲裁程序的时间起算点如何计算等问题均没有进行相关规定，这势必会使仲裁第三人制度在实践中产生一定的不确定性。

第二节　友好仲裁制度

一、友好仲裁制度概述

友好仲裁（amiable composition），也称友谊仲裁，是指仲裁庭经双方当事人授权，在认为适用严格的法律规则会导致不公平结果的情况下，不依据严格的法律规则，而依据其认为公平善意的标准进行仲裁并做出对争议当事人有约束力的裁决。[①] 学者们常常把“友好仲裁”、“仲裁员作为友好公断人处理案件（decide as amiable compositeur）”和“仲裁员依公平善良处理案件（decide ex aequo et bono）”结合起来使用，不作严格的区分。正如有些学者

① 韩健《现代国际商事仲裁法的理论与实践》，法律出版社，2000年，第26页。

指出的那样，“大多数国家似乎没有区分公平善良与友好公断人这两个概念，虽然不同的法律制度可能赋予他们各自不同的含义”①，许多国家、国际条约乃至国际仲裁机构的仲裁规则均将三者混同使用。比如，法国法就把友好公断人解释为依公平善良原则处理案件。2006 年《联合国国际贸易法委员会国际商事仲裁示范法》也同时使用了这几个概念。② 本书也不对上述几个概念作严格区分，而是将其作为互换的概念使用。

友好仲裁制度作为一种与依法仲裁相对立的一种仲裁方式，虽然曾一度被冷落，但随着国际商事活动的日益频繁，重新受到了商人们的青睐，甚至在投资者—东道国争端仲裁中也得到了承认③。总体而言，友好仲裁制度具有如下优点：

第一，友好仲裁制度尊重当事人的意思自治，是仲裁制度意思自治原则的体现。如前所述，意思自治原则是商事仲裁的首要特征。在友好仲裁制度下，当事人可以合意决定仲裁庭不依据严格的法律规则裁决案件，而是以公平善良的原则对争议进行处理，从而使当事人双方的争议摆脱特定国家的国内法的约束。所以，承认友好仲裁，就是赋予商事案件当事人更大的选择争议解决方法的自由，是意思自治原则在仲裁法律适用方面的具体体现。

第二，友好仲裁制度可以弥补依法仲裁的不足。法律具有地域性、滞后性的特点，依其裁决案件并不能一定导致公平公正的结果，正如有学者指出：“法律是普遍性的，是针对大多数情况的，它并不能涵盖所有的情况，适应一切情况，但这并不是法律或立法的过错，而在于事物本身的性质。因此，纠正法律的过于简单或补充法律的漏缺就是正确的。”④ 另外，在国际商事仲裁中，依当事人选择的或仲裁庭依据法律冲突规范所确定的某个国家的国内法

---

① Craig，Park，Paulsson “International Chamber of Commercial Arbitration”，2nd ed.，1990，p. 310.

② Seventh Secretariat Note，A/CN. 9/264.

③ 参见《华盛顿公约》第 42 条第（3）款的规定：“第 1 款和第 2 款的规定不得损害仲裁庭在双方同意时依据公平善良原则解决争端的权力。”

④ 李双元，谢石松《国际民事诉讼法概论》，武汉大学出版社，2001 年，第 519 页。

做出裁决，往往还会产生法律冲突的问题。而友好仲裁制度以公平善良原则裁判案件，可以弥补现有法律规则的漏洞，解决法律之间的冲突，纠正严格适用法律所带来的不公正。尤其是在某些特定类型的仲裁中适用友好仲裁具有不可比拟的优势。比如：在投资者一东道国争端投资仲裁中，在涉及发展中国家的大项目投资方面，时间跨度较大，要达成在整个协议期间都被认为是公平的条件是一件很困难的事，即使双方当事人都本着善意并做出了有诚意的努力也不能改变这一状况。①

第三，友好仲裁既具有调解的优势，即有利于保持当事方之间的“友好”气氛，同时依此做出的裁决可以依《纽约公约》在别的国家得到承认与执行。因为友好仲裁做出的裁决并不是依严格的法律规则，不存在是否“违法”的问题，即使是败诉的一方也不会因此而背上违反法律规定的“罪名”，这有利于维持当事人之间的友好的氛围，为未来继续合作提供了较大的可能，在这一点上友好仲裁具有调解的优势，同时，友好仲裁作为仲裁的一种，裁决符合《纽约公约》的适用对象，在国外的承认与执行问题上较调解更胜一筹。

二、世界主要国家及仲裁机构对友好仲裁制度的态度与实践

1. 大陆法系国家

友好仲裁制度起源于法国，在大陆法系国家获得了普遍承认。依据友好仲裁与依法仲裁的关系，大致可以分为两类，一类是规定依法仲裁是原则，友好仲裁为补充，大部分国家均属于此类。比如《法国民事诉讼法典》对友好仲裁制度予以了明确规定。根据该法典，一般情况下，仲裁庭应当依法仲裁，但是如果有仲裁协议的授权，仲裁庭就可以作为友好公断人对案件进行裁决②，且依此做出的仲裁裁决具有终局性，不得向上诉法院提出异议，除非

---

① Aron Broches “the Convention on the Settlement of Investment Disputes between States and National of Other States”, *Hague Academy*, 136 recueil des Cours, 1972, pp. 393—395.

② 法国 1981 年《民事诉讼法典》第 1474 条、1497 条。

当事人对该种权利予以了明确的保留①。又如1998年《德国民事诉讼法》第1051条第3款也规定："只有在当事人明示授权的情况下，仲裁庭才能按照公平合理或作为公断人解决争议。当事人应当在仲裁庭做出其裁决之前予以授权。"瑞士②、荷兰③等国均有类似规定。另一类则是以友好仲裁为主，依法仲裁为辅。比如西班牙规定，仲裁员有权依公平善良原则裁决，除非当事人明确表示必须依法仲裁。

2. 英美法系国家

在英美法系国家，尤其是英国，友好仲裁制度的确认经历了一个相对漫长曲折的过程。直到1996年才在《仲裁法》中对友好仲裁予以了承认，该法第46条第（1）（b）规定，在当事人同意的条件下，仲裁庭应按照当事人同意的或者仲裁庭决定的其他考虑来处理当事人之间争议。该条虽未明确使用友好仲裁等用词，但是该条中"其他考虑"应包括公平善良原则，故实际上该条承认了友好仲裁制度。④ 在美国，承认友好仲裁制度则顺利得多，传统上，美国就认为仲裁协议是当事人之间的合同，仲裁员是当事人选择的解决他们之间争议的"法官"，当事人当然也可以共同协商确定适用于他们之间的"法律"，所以，应该说，美国仲裁制度的土壤本身就能够孕育友好仲裁制度。在美国的成文法中没有相关的明确规定，但是在美国的仲裁机构仲裁规则中却对这一制度予以了明确规定⑤，并得到了美国法院的认可。

3. 国际条约以及国际仲裁机构仲裁规则

最早对友好仲裁制度予以确认的国际条约是1961年《欧洲国际商事仲裁

① 法国1981年《民事诉讼法典》第1482条。

② 瑞士1987年《联邦国际私法典》第187条。

③ 荷兰1986年《民事诉讼法典》第1054条。

④ Martin Hunter and Toby Laudau "The English Arbitration Act 1996: Text and Notes."

⑤ 比如美国《仲裁协会国际争端仲裁程序》Article 31 "Applicable Laws and Remedies": 3. The tribunal shall not decide as amiable compositeur or ex aequo et bono unless the parties have expressly authorized it to do so.

公约》①，另外1965年《华盛顿公约》②、2006年《联合国国际贸易法委员会国际商事仲裁示范法》③、联合国国际贸易法委员会（UNCITRAL）仲裁规则（2013年版）④、国际商会（ICC）仲裁规则（2012年版）⑤ 等均对友好仲裁制度进行了规定。

4. 国外法律、条约、仲裁规则关于友好仲裁制度规定的小结

由上述分析可知，在国际上友好仲裁制度已经取得了较为广泛的认可。在确定该制度时，各国规定和实践有如下特点：一是，均规定必须要有当事方的明示授权方可依公平善良原则予以裁决，其中英国甚至规定必须书面授权。二是，仲裁庭依公平善良原则进行友好仲裁时，不能违反有关国家强制性法律规定或公共秩序。比如，国际商会（ICC）在1975年第1677号仲裁案中，就明确指出："根据双方之间缔结的有效合同，该法律问题应该根据瑞士法予以解决。然而与此同时，在双方当事人的授权下，根据《国际商事仲裁与调解规则》第19条的规定，仲裁庭被授权为友好调解人，即根据公平善意的原则进行裁决。但是，根据一般的普遍性原则，尽管当事人授权仲裁庭进行友好仲裁，但是在此种情况下并未授权仲裁庭做出一个绝对违反强行法

---

① 该公约第七条第二款规定："如当事人作出此种决定，而且仲裁员依照仲裁所适用的法律可以进行'友谊仲裁'时，仲裁员可即进行'友谊仲裁'"。

② Article 42 (3) The provisions of paragraphs (1) and (2) shall not prejudice the power of the Tribunal to decide a dispute ex aequo et bono if the parties so agree.

③ Article 28. Rules applicable to substance of dispute:

……

(3) The arbitral tribunal shall decide ex aequo et bono or as amiable compositeur only if the parties have expressly authorized it to do so.

(4) In all cases, the arbitral tribunal shall decide in accordance with the terms of the contract and shall take into account the usages of the trade applicable to the transaction.

④ 第三十五条规定："……2. 只有在各方当事人明确授权仲裁庭的情况下，仲裁庭才应作为友好和解人或按照公平合理的原则作出裁决。3. 所有案件中，仲裁庭均应按照所订立的合同条款作出裁决，并应考虑到适用于有关交易的任何商业惯例。"

⑤ Article 21 Applicable Rules of law: "…… 2. The arbitral tribunal shall take account of the provisions of the contract, if any, between the parties and of any relevant trade usages. 3. The arbitral tribunal shall assume the powers of an amiable compositeur or decide ex aequo et bono only if the parties have agreed to give it such powers.

——特别是涉及公共秩序或道德规则的裁决”①。三是，有的仲裁规则规定友好仲裁时仲裁庭须依照合同条款并考虑可适用的贸易惯例。友好仲裁本身就是基于当事人之间的合意而衍生出来的，合同就是当事人之间的法律，仲裁庭得以不依严格的法律规则裁判案件，合同条款是其基础，所以，友好仲裁时必须符合合同条款。事实上，在这一点上，国际商事仲裁实践已经予以了确认。比如：2006 年《联合国国际贸易法委员会国际商事仲裁示范法》、联合国国际贸易法委员会（UNCITRAL）仲裁规则（2013 年版）、国际商会（ICC）仲裁规则（2012 年版）均做出了相应规定。法国法也禁止仲裁庭在进行友好仲裁时变更争议事项或修改当事人之间的合同。1985 年《联合国国际贸易法委员会国际商事仲裁示范法》在起草过程中，有代表对于“援引合同条款”以及“援引贸易惯例”提出异议：援引合同条款，在这些合同条款与法律的强制性规定相抵触或在未能明确表明当事人真实意图的场合，可能会使人误入歧途；援引惯例，则既重复又危险。但最终文本依然保留了这一规定。而且 2006 年在修订的过程中也仍然保留了这一文本，UNCITRAL 在立法说明中特意强调，即使是友好仲裁的案件，也须依照合同条款并考虑可以适用的贸易惯例②。

三、我国对友好仲裁的态度与实践

1.《仲裁法》和《CIETAC 规则》(2015 年版)

我国《仲裁法》第七条规定：“仲裁应当根据事实，符合法律规定，公平合理地解决纠纷”。《CIETAC 规则》（2015 年版）第四十九条第一款也规定：“仲裁庭应当根据事实和合同约定，依照法律规定，参考国际惯例，公平合理、独立公正地做出裁决。”由于这两条规定均使用了“公平合理”的措辞，故有学者认为此处的“公平合理”等同于友好仲裁的“公平善良”，表明我国

---

① ICC Case No. 1677，(1978) 3 Y. Comm. Arb.，p. 217.

② Para. 40，Explanatory Note by the UNCITRAL secretariat on the 1985 Model Law on International Commercial Arbitration as amended in 2006.

已承认友好仲裁制度。同时，持该观点的学者还列举了《仲裁法》第五十四条关于“当事人不愿写明争议事实和裁决理由的，可以不写”的规定，认定该条是我国为配合友好仲裁的实施而做出的规定。笔者不同意上述观点。上述《仲裁法》以及《CIETAC规则》(2015年版)中的“公平合理”与友好仲裁的“公平善良”并不等同。如前所述，友好仲裁是指在适用严格的法律规则可能导致不公平时，当事人授权仲裁庭可以不依该法律规则，而直接依“公平善良”原则对案件进行裁判。此处的“公平善良”与严格的法律规则是不一致的，也就是说，“公平善良”可以突破已有法律规则的规定。而我国《仲裁法》以及《CIETAC规则》(2015年版)中的“公平合理”裁决案件的前提是依据法律，换句话说，是在依法仲裁的大框架下，公平合理地裁决案件，“公平合理”不但不能突破法律的规定，还必须依据法律，事实上，这也是友好仲裁区别于依法仲裁的最大区别。而且我国其他法律的规定以及司法实践也可以佐证笔者的观点。我国2006年的《刑法修正案(六)》规定在第三百九十九条下新增一款：“依法承担仲裁职责的人员，在仲裁活动中故意违背事实和法律作枉法裁决，情节严重的，处三年以下有期徒刑或者拘役；情节特别严重的，处三年以上七年以下有期徒刑”，此即“枉法仲裁罪”。尽管对于何为“违背事实和法律”尚且存疑，该条规定对于仲裁员而言至少存在因不依法裁决而受刑事处罚的风险①。而且实践中，我国浙江②、山西③、深圳④等地已经有仲裁员因枉法仲裁而被课以刑事处罚。所以，综合《刑法修正案(六)》以及相关司法实践可以证实我国《仲裁法》以及《CIETAC规则》(2015年版)并未认可友好仲裁制度。

2.《天津仲裁委员会友好仲裁暂行规则》

《天津仲裁委员会友好仲裁暂行规则》是天津仲裁委员会于2005年7月

---

① 杨玲《晚近中国仲裁制度的变革与发展趋势》，《南通大学学报(社会科学版)》2016年第2期。

② 比如：梁江涛枉法仲裁案，(2013)浙台刑二终字第104号。

③ 比如：令狐某某滥用职权、枉法仲裁案，(2014)运中刑二终字第14号。

④ 《我市判决首例枉法仲裁罪》，《深圳特区报》(深圳)2008年1月9日，第A6版。

21日通过，并于当年9月1日开始施行的。虽然该规则冠以“友好仲裁”之名，但实质上此“友好仲裁”并没有本书讨论的“友好仲裁”之实。如前所述，真正的友好仲裁的本质特征在于运用“公平善良”原则突破严格的法律规则，可以实现对法律的变通。而该规则却明确规定规则中的“友好仲裁”应当“不违反法律法规”①。而且规则中关于“报价”的规定，以及其对友好仲裁效力的规定②均使得其所谓的“友好仲裁”更多的类似于第三方调解。而规则中关于当事人之间的争议应“以互谅互让的方式解决”的规定，更让人感受到此处的“友好仲裁”更多的是指当事人之间在友好的氛围内解决争议，而非国际上所通行的“友好仲裁”的概念。

3.《上海自贸区仲裁规则》

（1）相关规定

《上海自贸区仲裁规则》第五十六条规定：“当事人在仲裁协议中约定，或在仲裁程序中经协商一致书面提出请求的，仲裁庭可以进行友好仲裁。仲裁庭可仅依据公允善良的原则做出裁决，但不得违反法律的强制性规定和社会公共利益。”从该条可以看出，当事人可以授权仲裁庭不依据法律规则而只依据公允善良原则裁判案件，可见，《上海自贸区仲裁规则》开创了我国认可友好仲裁的先河。此外，上海市第二中级人民法院在《关于适用〈中国（上海）自由贸易试验区仲裁规则〉仲裁案件司法审查和执行的若干意见》中也指出：“仲裁庭依据友好仲裁方式进行仲裁的，若适用友好仲裁方式系经各方当事人书面同意，不违反我国法律的强制性规定，且仲裁裁决符合《上海自贸区仲裁规则》的规定，在司法审查时，可予以认可”，对友好仲裁给予司法认可，可谓在友好仲裁方面迈出了宝贵的一步。

依据《上海自贸区仲裁规则》，友好仲裁必须符合三个条件：第一，当事人须书面授权仲裁庭进行友好仲裁。该书面形式可以是仲裁协议，也可以是

---

① 参见《天津仲裁委员会友好仲裁暂行规则》第四条。

② 该规则第三十二条规定：“友好仲裁不成的，当事人不得在以后的仲裁或者诉讼程序中援引对方当事人的陈述或者仲裁员在友好仲裁过程中的意见、观点和建议。”

书面请求；第二，友好仲裁的裁决依据是公允善良；第三，友好仲裁不得违反法律的强制性规定以及社会公共利益。

（2）评析《上海自贸区仲裁规则》关于“友好仲裁”的规定

《上海自贸区仲裁规则》是我国第一个明确认可友好仲裁的仲裁规则，使我国在友好仲裁制度方面向前迈出了重要的一步。如上所述，很多国家陆续接受了友好仲裁制度，且各国对该制度的规制具有较大的统一性，但是该制度远没有成为全球所公认的制度。对于我国而言，我国是应该“随大流”接受该制度，还是坚守传统的做法拒绝该制度呢？换言之，我国现阶段接受友好仲裁制度是否具有必要性与可行性呢？下文笔者将围绕这一问题展开论述。

事实上，这一问题在学术界也具有争议①。认为我国不必引进友好仲裁制度的理由主要有二：第一，仲裁员的素质问题。由于友好仲裁的依据是“公平善良”原则，该原则的具体含义模糊，完全依靠仲裁员自由心证进行裁决，授予了仲裁员极大的自由裁量权。在我国目前仲裁员素质还未达到这样高水平的情况下，去除“依法仲裁”的限制，让其仅依据内涵不清晰的“公平善良”原则进行裁决，并不能达到友好仲裁所追求的“实质公平”的目标。第二，由于“公平善良”原则含义不清，不同文化水平、社会地位、专业背景的仲裁员均对这一原则有不同理解，即使各方面相当的不同的仲裁员也可能理解不一致，这就会导致对同一案件事实做出可能完全不同的裁决结果。

笔者认为，在分析我国是否有必要引入友好仲裁制度时，可以借鉴发源于美国的“效益一成本分析法”，即当一项制度能为社会带来的效益远大于实施该项制度所付出的成本时，这项制度就具有存在的合理性②。根据波斯纳（Posner）大法官的理论，如果友好仲裁制度可以为我们带来的社会效益远大于为了实施该制度所付出的成本，那么我国就有必要引入该制度。如上文所述，友好仲裁制度本身具有不可否认的优点，另外，其对于我国而言还具有特定的效益：由于1987年《纽约公约》第五条禁止缔约国对其他国家的仲裁

---

① 马育红《“友好仲裁”制度在我国的借鉴与完善》，《法学杂志》2010年第1期。

② 参见 Richard A. Posner “Economic Analysis of Law”，Wolters Kluwer，2014，p. 38。

裁决进行实体审查即对外国裁决中的法律适用与事实认定问题进行审查，因此，我国实际上负有承认与执行《纽约公约》其他成员方友好仲裁裁决的义务，也即对待国外仲裁，我国间接承认友好仲裁制度①，这会使在我国进行仲裁的当事人处于相对不利的地位，这实际上也促使当事人选择国外仲裁机构。如果我国承认友好仲裁将会使我国的仲裁机构与国际仲裁发展趋势更加接轨，增强我国仲裁机构的竞争力，为我国的自贸试验区建设以及“一带一路”战略提供有益的法治保障。而为了获取上述效益，我们付出的代价即为上述反对引进友好仲裁制度的两个理由。而事实上上述第一个反对理由，有关仲裁员的素质问题，诚然我国目前仲裁机构名册内的仲裁员素质确实有待提高，但是这一问题并非可以通过拒绝引进友好仲裁制度就能得以解决，相反，我们看到的是，即使要求严格适用法律规则仲裁，仲裁员素质问题依然凸显。事实上，有关仲裁员素质的问题完全可以通过其他配套制度予以缓解甚至解决，比如：名册外选任仲裁员制度，制定《仲裁员行为守则》等等。针对第二个反对理由，友好仲裁制度中的“公平善良”原则内涵过于模糊，有可能导致裁决不一致的结果，事实上在我国商事仲裁实践中，即使严格依据法律规则进行仲裁同样有出现类似案件事实，不同裁决结果的现象出现。而且，依据当事人“自担风险”原则，当事人决定授权仲裁庭进行友好仲裁时，已经预见到或者应当预见到上述不良后果，但是当事人依然决定授权仲裁庭依“公平善良”原则裁决案件，所以，此种情况下，法律要求当事人承担由此带来的不利后果并不违反立法的一般原则。同时，不管是具体规则还是基本原则方面，国际商事领域都是全球统一化程度最高的领域，在该领域对“公平善良”原则的理解较其他领域（如国际法领域）更为一致，所以完全可以借鉴其他国家以及国际上主要仲裁机构的做法，对适用“公平善良”原则裁决予以一定限制，从而减少其不确定性。综上，上述两方面的负面效果可以在科学完善的制度设计的情况下减少到最小，而获取更多的社会效益，故我国吸纳友好仲裁制度是必要的，《上海自贸区仲裁规则》认可该制度具有不可否

---

① 马育红《“友好仲裁”制度在我国的借鉴与完善》，《法学杂志》，2010 年第 1 期。

认的积极意义，但笔者认为，还需要做出以下完善：

第一，关于当事人达成友好仲裁合意的形式的规定。目前在商事交易中，当事人之间的合同形式已经扩展到除书面形式以外的多种形式①，我国可考虑规定友好仲裁合意的形式限制在明示同意的前提下做同样的扩展②。

第二，对仲裁庭依据“公平善良”原则裁决案件的适用标准进行适度限制。《上海自贸区仲裁规则》已经做出了一定限制：不得违反法律的强制性规定以及社会的公共利益。笔者建议，我国还可借鉴国际上一些国家的做法，进一步对“公平善良”原则的范围予以限制，如：必须符合合同的规定、必须考虑贸易惯例等。

第三，加强对友好仲裁程序正当性的保障。由于友好仲裁授权仲裁庭在裁判案件时可以不依法律规则，其淡化的是实体方面的要求，而为了保证裁判结果能够真正达到实质意义上的“公平正义”，则必须加强程序方面的保障。比如：有关仲裁员的独立性与公正性问题，在案件裁判过程中争议当事人在程序的每一个环节都有充分表达各自意见的机会，等等，都能较大程度地防止仲裁庭在友好仲裁时滥用其自由裁量权。

第三节 仲裁员选任制度

一、仲裁员选任制度概述

“仲裁员是仲裁程序的必备条件，没有合格的仲裁员，仲裁程序将无法进

① 参见国际统一私法协会（UNIDROIT）《国际商事合同通则》（2010 版）第 1.2 条。

② 由于我国《仲裁法》规定仲裁协议必须以书面的形式作出，故此点完善建议须以修改《仲裁法》为前提。

行”①，仲裁员是否能够独立、公正、专业地裁决案件，常常决定着整个仲裁程序的成败。所以，几乎所有的仲裁规则都对当事人如何选任仲裁员进行了规定，并且为了让当事人更有效、更方便地选任仲裁员，大部分仲裁机构都为当事人准备了一份仲裁员名单。根据当事人或者仲裁机构主任是否必须从这份仲裁机构准备的名单选定或指定仲裁员，可以将选任仲裁员的制度分为开放名册制与强制名册制。开放名册制是指当事人或仲裁机构主任既可以从仲裁机构提供的仲裁员名册中选定或指定仲裁员，也可以从该名册外选定或指定仲裁员。而强制名册制就是指当事人或仲裁机构主任只能从仲裁机构提供的仲裁员名册中选定或指定仲裁员。

二、国际上主要仲裁机构的做法

目前国际上主要的仲裁机构在仲裁员选任制度方面，均采用开放名册制，具体而言主要有两种做法：一种是推荐名册制，即虽然制定了本仲裁机构的仲裁员名册，但并不限制当事人或仲裁机构主任必须从该名册中选定或指定仲裁员，该名册仅为当事人或仲裁机构主任的选择提供参考和辅助作用。采取这种做法的有香港国际仲裁中心、新加坡国际仲裁中心、美国仲裁协会等等。比如，美国仲裁协会区分行业以及仲裁员专业设置仲裁员名册，供当事人选择使用。它并不要求当事人一定从名册中选择仲裁员，甚至不将名册发送给当事人，该名册的作用在于提供“中立仲裁员”候选人。当双方当事人既没有指定仲裁员，也没有协议确定仲裁员产生方式的情况下，这份名册就将发挥作用，仲裁协会将借助该名册帮助当事人选择仲裁员。具体过程比较复杂，大致包括以下几步：一是由美国仲裁协会从该名册中确定 10 到 15 位候选仲裁员，二是当事人从候选仲裁员中排除各自不同意的人选，三是双方当事人就剩余人选按照希望选择的程度排序，最后由仲裁协会根据双方的排

---

① Vor Mehren “Concluding Remarks [A].” ICC. *The Status of the Arbitration*, p. 129.

序综合确定仲裁庭组成人员①。

另一种做法是根本不制定仲裁员名册，但是在个案中如果当事人确有需要，仲裁机构也会为当事人拟定相应的仲裁员推荐名单。采取这种做法的有伦敦国际仲裁院、国际商会仲裁院等知名仲裁机构。

三、我国的相关规定、实践做法及其评析

我国《仲裁法》中相关立法主要有第十三条、第二十五条。该法第十三条规定："仲裁委员会按照不同专业设仲裁员名册。"同时该法第二十五条规定："仲裁委员会受理仲裁申请后，应当在仲裁规则规定的期限内将仲裁规则和仲裁员名册送达申请人。"由此可见，我国《仲裁法》并没有明确要求实行强制名册制，但是从我国大部分仲裁机构的仲裁规则以及仲裁实践来看，尽管最近几年我国部分比较重视与国际接轨的仲裁机构在突破强制名册制方面有所进益，但总体而言我国主要实行强制名册制②。实行强制名册制有其一定的意义与优势：保障仲裁员的素质与专业水平，从而保障仲裁的质量；可以简化当事人对仲裁员的了解和筛选过程，缩短指定仲裁员的时间，同时由于名册上的仲裁员均是由仲裁机构经过审核符合仲裁员任职资格的，故不会出现对方当事人抗辩仲裁员的资格的情况，从而避免了仲裁程序的延误，提高仲裁效率③。但是同时，强制名册制也具有无法弥补的缺陷：第一，强制名册制束缚了仲裁当事人的意思自治。如前所述，意思自治是仲裁的本质特性，自由地选择符合自身要求、值得自身信任的仲裁员是仲裁意思自治的重要体现，而强制名册制不允许当事人在名册外选择仲裁员，大大缩小了当事人选任仲裁员的范围，妨碍了当事人意思自治的实现。这种阻碍作用在我国国内

① Article 12，AAA ICDR International Arbitration Rules (2014).

② 比如：《厦门仲裁委员会仲裁规则》(2007 年版）第十六条"仲裁员的组成"第三款规定："……（三）仲裁员应当从本会设置的仲裁员名册中选定或指定"。又如：《广州仲裁委员会仲裁规则》第六条第四款规定："当事人应从本会的仲裁员名册中选定仲裁员"。

③ 黄进等《仲裁法学》，中国政法大学出版社，2008 年版，第 56 页。

仲裁机构进行的国际商事仲裁中更为突出。国际商事仲裁中的非中国籍当事人往往更加倾向于愿意选任与其同国籍或非中国籍的仲裁员，而我国国内仲裁机构所提供的仲裁员名册中囊括的外籍仲裁员极少，而且分布的国家与地区也不合理。比如：贸仲 2016 年仲裁员名册中，总共有 1235 名仲裁员，其中中国大陆籍仲裁员 900 名，占了总人数的 73%左右，中国港澳台籍仲裁员 76 名，占了总人数的 6%左右，剩余约 20%的仲裁员为外籍仲裁员，而这 20%的外籍仲裁员中，约 18%的仲裁员分布在美、英、法、德等发达国家，来自“一带一路”的国家与地区籍的仲裁员仅有 31 名，占总数的 2%左右，并且这 31 名中来自新加坡籍的仲裁员就占了 14 名，其余如马来西亚、印度尼西亚、俄罗斯等国家籍的仲裁员根本没有。

此次自贸试验区建设要为“一带一路”战略提供重要平台与支持①，而作为在我国国际商事仲裁领域领军的贸仲，已在四个自由贸易试验区设立国际仲裁中心或自贸试验区仲裁中心以此大力支持自贸试验区的仲裁业发展，但是，上述仲裁员的数量和分布情况实在难以满足自贸试验区商事交易当事人的需求。第二，仲裁员名册蕴含的仲裁员信息太少，难以为当事人选任仲裁员提供有效参考。比如：贸仲 2016 年仲裁员名册提供的仲裁员信息仅包括：姓名、专长、城市和国籍，在专长一栏也仅简单地表述为：“合同法、公司法”之类笼统的描述。这样的仲裁员信息缺乏一些对当事人选任仲裁员有重要影响的信息，如仲裁员详细的专业特长、职业简历、教育背景、住址以及联系电话等信息。做出此种仲裁员名册的设计的初衷可能是为防止当事人与仲裁员私下不当接触而故意设置了一定障碍，也为仲裁机构能在指定和约束仲裁员，控制仲裁程序的进行创造一定条件②，但是如此简单的信息却难以让

① 比如：《中国（福建）自由贸易试验区总体方案》规定，福建自贸试验区的指导思想为：“……加强与 21 世纪海上丝绸之路沿线国家和地区的交流合作拓展新途径，……”，战略定位为：“……，建设 21 世纪海上丝绸之路核心区，打造面向 21 世纪海上丝绸之路沿线国家和地区开放合作新高地，……”，发展目标之一为：“拓展与 21 世纪海上丝绸之路沿线国家和地区交流合作的深度和广度”。《中国（福建）自由贸易试验区条例》也有类似的规定。

② 周丽《当前仲裁员制度的不足与完善》，《人民论坛》2016 年第 6 期。

当事人在短时间内了解仲裁员的道德品质、实际仲裁能力以及主要经历，从而很难选出公道、正派以及令自己信任的仲裁员。一旦当事人对我国仲裁机构的强制名册制以及仲裁机构提供的仲裁员名册做出上述判断，就会丧失对我国国内仲裁机构的信任，尽量避免在这些机构进行仲裁，这将直接影响我国仲裁机构在国际仲裁领域的声誉与竞争能力。第三，强制名册制还与仲裁机构的行政化问题交织在一起。在我国，长期以来存在仲裁机构行政化的问题，即仲裁机构由行政机关进行管理，人、财、物均与行政主管机关存在或多或少的瓜葛，作为独立裁判的第三人其独立性与民间性不够，这一问题亦是仲裁学界长期致力于解决的我国仲裁的“顽疾”之一①。在强制名册制下，相关人士是否能够进入名册完全由仲裁委员会决定，鉴于仲裁机构的行政化，在实践中，部分列入名册中的仲裁员甚至由仲裁机构的上级主管部门指定，地方化与行政化严重。据调查，有的仲裁员甚至根本不符合法律所规定的仲裁员资格。这就会形成一个“怪象”：即名册上的仲裁员难以真正在仲裁案件中当选，而当事人希望选任的仲裁员又不在名册上，从而进一步限制了当事人的意思自治。第四，强制名册制下，正如国外学者的批评：“尽管中国国际经济贸易仲裁委员会名册中有许多中外技术方面的专家组成，但这个名册绝对不可能包括所有方面的专家”②，事实上，由于各仲裁机构缺乏有效的仲裁员退出名册的制度，实践中名册中的仲裁员往往实行“终身制”，而部分实行“终身制”的仲裁员思维和知识结构严重老化，无法及时了解和适应世界经济贸易的各种新兴发展动态和潮流。另一方面，一批年轻有为的最佳仲裁员候选人不断出现，相比于老一代的仲裁员们，后起之秀更能适应仲裁工作的需要，更能适应当代经济，技术的发展，但是限于仲裁名册人数的限制，新兴人才没有办法加入到仲裁名册中，这就会使得仲裁人员逐步成为一滩毫无生机的死水，仲裁制度就无法保持和社会共同发展的活力，而仲裁的质量和水

---

① 比如：蔡元培《仲裁机构“去行政化”的两种模式》，《北京仲裁》2015 年第 1 期。罗楚湘《仲裁行政化及其克服》，《江西社会科学》2012 年第 3 期。

② Russul Thirgood “A Critique of Foreign Arbitration in China [J]”, J. Int’l Arb, 2000.

平也会相对应的逐步倒退。所以，仲裁学界对我国应采用商事仲裁员推荐名册制而非强制性名册制度问题已取得普通共识①。甚至有学者指出，商事仲裁员强制名册制是我国商事仲裁员制度中最具中国特色的制度②。

3. 新近我国仲裁机构对强制名册制的突破及其评析

如上所述，我国仲裁界普遍认为国内仲裁机构采取强制名册制不合时宜，所以，实践中我国也有小部分仲裁机构改革仲裁规则，对强制名册制进行了突破。华南国际经济贸易仲裁委员会仲裁规则、贸仲 2005 年版③、2012 年版④以及 2015 年版⑤仲裁规则、上海国际经济贸易仲裁委员会 2013 年版⑥、2014 年版⑦以及 2015 年版⑧仲裁规则、《上海自贸区仲裁规则》2014 年版以

---

① 乔欣《比较商事仲裁》，法律出版社，2004 年版，第 94 页。
黄进等《仲裁法学》，中国政法大学出版社，2008 年版，第 56 页。

② 乔欣《比较商事仲裁》，法律出版社，2004 年版，第 65 页。

③ 该仲裁规则第二十一条第二款规定："当事人约定在仲裁委员会仲裁员名册之外选定仲裁员的，当事人选定的或根据当事人之间的协议指定的人士经仲裁委员会主任依法确认后可以担任仲裁员、首席仲裁员或独任仲裁员。"

④ 该仲裁规则第二十四条"仲裁员的选定或指定"第二款规定："当事人约定在仲裁委员会仲裁员名册之外选定仲裁员的，当事人选定的或根据当事人之间的协议指定的人士经仲裁委员会主任依法确认后可以担任仲裁员。"

⑤ 该仲裁规则第二十六条"仲裁员的选定或指定"第二款规定："当事人约定在仲裁委员会仲裁员名册之外选定仲裁员的，当事人选定的或根据当事人约定指定的人士经仲裁委员会主任确认后可以担任仲裁员。"

⑥ 该仲裁规则第二十一条"仲裁员名册"第二款规定："当事人约定在本会仲裁员名册之外选定仲裁员的，当事人选定的或根据当事人之间的协议指定的人士经本会主任依法确认后可以担任该案件的仲裁员、首席仲裁员或独任仲裁员。"

⑦ 该仲裁规则第二十一条"仲裁员的人选"第二款规定："当事人约定在仲裁员名册之外选定仲裁员的，当事人选定的或根据当事人之间的协议指定的人士经仲裁委员会主任依法确认后可以担任该案件的仲裁员、首席仲裁员或独任仲裁员。"

⑧ 该仲裁规则第二十一条"仲裁员的人选"第二款规定："当事人约定在仲裁员名册之外选定仲裁员的，当事人选定的或根据当事人之间的协议指定的人士经仲裁委员会主任依法确认后可以担任该案件的仲裁员、首席仲裁员或独任仲裁员。"

及2015年版①、《中国南沙国际仲裁中心仲裁规则》② 均对强制名册制进行了突破。值得一提的是，2015年版的贸仲仲裁规则在第六章“香港仲裁的特别规定”中对贸仲香港仲裁中心接受仲裁申请并管理的仲裁案件进行了特别规

① 该两版仲裁规则第二十八条第二款和第五款均规定：“当事人可在仲裁员名册内各自选定仲裁员，也可以各自推荐一名仲裁员名册外的人士担任仲裁员。当事人推荐仲裁员名册外的人士担任仲裁员的，应在本条第（一）款规定的期限内将该名人士的信息提交至秘书处。经仲裁委员会主任依法确认后同意的，该名人士可以担任案件的仲裁员；不同意的，推荐该名人士的一方当事人应在收到不同意决定之日起5日内，仲裁员名册内选定或委托仲裁委员会主任指定仲裁员。当事人未能按照前述规定选定或委托仲裁委员会主任指定仲裁员的，由仲裁委员会主任指定。……双方当事人可以约定共同推荐一名仲裁委员会仲裁员名册外的人士担任首席仲裁员，并应在本条第（三）款规定的期限内将共同推荐的该名人士信息交至秘处。经仲裁委员会主任依法确认后同意的，该名人士可以担任案件的首席仲裁员；不同意的，双方当事人应在收到不同意决定之日起5日内，在仲裁员名册内按照本条第（三）款规定共同选定或共同委托仲裁委员会主任指定首席仲裁员。双方当事人未能按照前述规定共同选定或共同委托仲裁委员会主任指定首席仲裁员的，由仲裁委员会主任指定。”

② 该规则规定：

第8条 仲裁员的条件及构成

8.1 仲裁员必须独立公正、专业高效、勤勉尽责。

8.2 以下人员均可成为本中心仲裁员：

8.2.1 广州仲裁委员会现行仲裁员名册上的仲裁员；

8.2.2 符合香港或澳门仲裁法律规定，具备仲裁员资格的法律、经济、贸易、科技等资深专业人士；

8.2.3 中国内地其他仲裁机构现行仲裁员名册上的仲裁员；

8.2.4 符合《中华人民共和国仲裁法》规定的国外法律、经济、贸易、科技等资深专业人士。

第9条 仲裁庭的组成

9.1 仲裁庭由一名或三名仲裁员组成，仲裁庭的组成人数由当事人约定。当事人未作约定的，仲裁庭由三名仲裁员组成，但本中心主席也可以根据案件的复杂性、争议金额或者其他情形决定由一名独任仲裁员组成仲裁庭。

9.2 仲裁庭的组成人员由当事人按本通则第8.2条的规定选定。当事人在广州仲裁委员会仲裁员名册和香港、澳门仲裁员名单之外选定仲裁员的，应当提供所选定仲裁员的身份及其他相关资料供本中心审查，是否成为仲裁庭组成人员由本中心主席决定。

9.3 当事人就首席仲裁员或独任仲裁员的选定未能达成一致，或对仲裁庭的组成人员没有作出任何选定的，由本中心主席从广州仲裁委员会仲裁员名册或香港、澳门仲裁员名单中指定。

定，凡属此类案件，以香港仲裁法为程序适用法①，关于仲裁员的选定或指定问题，推荐仲裁当事人使用现行仲裁员名册，当事人可在贸仲委仲裁员名册外选定仲裁员，被选定的仲裁员由仲裁委员会主任依据香港仲裁法确认②。

上述突破中，除 2015 年版的贸仲仲裁规则关于香港仲裁的特别规定、《中国南沙国际仲裁中心仲裁规则》以及《上海自贸区仲裁规则》（2015 年版）走得最远，故下文着重对这三部仲裁规则在突破强制名册制方面进行评析。

（1）三部仲裁规则的创新之处

第一，降低仲裁员任职资格。比如：根据《中国南沙国际仲裁中心仲裁规则》，只要符合我国香港、澳门仲裁法律规定的资深专业人士即可。上述大部分突破强制名册制的仲裁规则均要求当事人从名册外选任仲裁员须符合我国法律，由于香港、澳门仲裁法律对仲裁员的任职门槛较大陆低，故应该说，该规则更加尊重当事人的意思自治。又如，2015 年版贸仲仲裁规则“关于香港仲裁的特别规定”规定，当事人选定的名册外仲裁员只要符合香港仲裁法的规定即可被仲裁委员会主任确认。同样，由于香港仲裁法律规定的仲裁员任职资格门槛更低，只有关于仲裁员民事行为能力以及竞业禁止的规定③，所以相较于其他适用中国仲裁程序法的仲裁规则而言，对当事人从名册外选择仲裁员的限制更少。

第二，《中国南沙国际仲裁中心仲裁规则》规定仲裁员名册不再局限于本仲裁机构，而是包括香港、澳门仲裁员名单。仲裁员名册范围的扩大无疑给当事人提供了更为广阔的选择空间。

第三，明确了当事人在名册外选任仲裁员的相关程序。比如：我国大部分对强制性名册进行突破的仲裁规则仅规定，当事人可以约定在名册外选任

---

① 该仲裁规则第七十四条“仲裁地及程序适用法”规定：“除非当事人另有约定，仲裁委员会香港仲裁中心管理的案件的仲裁地为香港，仲裁程序适用法为香港仲裁法，仲裁裁决为香港裁决。”

② 该仲裁规则第七十六条“仲裁员的选定或指定”规定：“仲裁委员会现行仲裁员名册在仲裁委员会香港仲裁中心管理的案件中推荐使用，当事人可以在仲裁委员会仲裁员名册外选定仲裁员。被选定的仲裁员应经仲裁委员会主任确认。”

③ 《香港仲裁条例》第 13a 的规定。

仲裁员，当事人选任的该名册外仲裁员经仲裁委员会主任（或秘书处等）依法确认即可当选，并未具体规定相关程序。而《上海自贸区仲裁规则》则规定了当事人推荐名册外的人士担任仲裁员（或首席仲裁员）时应向秘书处提交该人士的信息，明确了提交此种信息的期限，同时，还规定了如果出现仲裁委员会主任不同意当事人推荐的名册外人士担任仲裁员的情况应如何处理。这些程序的具体化有助于开放名册制在实践中顺利运行。

第四，取消名册外选任仲裁员需要当事人事先约定的规定。比如：《上海自贸区仲裁规则》区分在名册外选任首席仲裁员与非首席仲裁员，在对非首席仲裁员的选任方面，当事人无须事先特别约定，而直接在仲裁员选任程序中推荐名册外的人士担任仲裁员。《中国南沙国际仲裁中心仲裁规则》则更进一步，无论在名册外选任的是首席仲裁员、独任仲裁员还是普通仲裁员，当事人均无须事先约定。应该说，这样的规定与之前的国内仲裁机构规则相比较，更加接近开放名册制的实践，值得肯定。

第五，条文在一些具体措辞上，更加注重对当事人意思自治的尊重。比如：《上海自贸区仲裁规则》在赋予当事人名册外选任仲裁员时，条文增加“可以”一词，更加体现出条文尽量赋予当事人意思自治的意图。又如：《中国南沙国际仲裁中心仲裁规则》在规定当事人选任仲裁员的范围时，采用将名册内与名册外人士并列的方式列举，同时使用“均可成为”的用语，表达出进一步放松对当事人意志的限制。

（2）三部规则的不足之处

如上所述，三部仲裁规则在突破强制名册制方面较国内大部分仲裁规则更加创新大胆，值得肯定。但是，仍然存在以下不足：

第一，有关程序规定太粗糙，在实践中难以落实。比如：《上海自贸区仲裁规则》规定，当事人在名册外选任仲裁员的，应在规定期限内向秘收处提交该人士的信息。此处，相关规定并未明确应提交该人士的什么信息，该信息是只限于该人士的姓名、国籍、专业等基本信息还是包括该人士的任职情况、仲裁经验以及选择该人士的理由等能够更深层次了解该人士的信息内容，我们不得而知。如果是前项，那么可能造成对方当事人无法就该人士是否与本案或本案当事人存在利害关系，是否应当回避等做出判断；如果是后者，那么选任该人士的一方当事人势必为了获取相关信息而被迫与该人士进行私下接触，这又与仲裁员的独立性和公正性相违背①，也违背了仲裁员的基本职业道德②。可见，在没有完善的仲裁员自身披露程序配套下的开放名册制，要求当事人一方面不能主动与欲选任为仲裁员的人士接触以获取仲裁机构所要求的信息，另一方面又无法要求仲裁委员会主动搜集信息，如此，很可能导致仲裁庭的组成久拖未决或者当事人为图便利干脆选择名册内仲裁员。

第二，缺乏相应的配套程序改革，有可能导致仲裁程序的拖延。比如：由于我国《仲裁法》规定，仲裁员应由仲裁委员会聘任。根据此条规定，上述除 2015 年版贸仲“关于香港仲裁的特别规定”外，其他两部仲裁规则下的当事人选任的名册外仲裁员均需遵守我国《仲裁法》的上述要求，所以，当事人在名册外选任了仲裁员以后，还需依上述法律规定，由仲裁委员会聘任。《上海自贸区仲裁规则》并无聘任仲裁员的规定，但是上海国际仲裁中心下设“仲裁员资格审查委员会”负责仲裁员聘任事宜，如果依该委员会聘任名册内仲裁员的工作程序聘任当事人选任的名册外人士为仲裁员，则无形中会导致仲裁员确认的滞后，延误仲裁程序。由于仲裁机构仲裁规则无法实现对国家仲裁基本法律的突破，所以，目前较为可行的办法是仲裁机构针对当事人在名册外选任的人士担任仲裁员规定一套简便易行的聘任程序，避免因此聘任程序影响仲裁效率。

---

① 张圣翠，张心泉《我国仲裁员独立性和公正性及其保障制度的完善》，《法学》2009 年第 7 期。

② 萧凯《从富士施乐仲裁案看仲裁员的操守与责任》，《法学》2006 年第 10 期。

第四节 临时仲裁制度

一、临时仲裁的概念

临时仲裁即 ad hoc arbitration，意为专门的、特别的、服务于某种特别目的的仲裁[①]。狭义的临时仲裁指完全没有仲裁机构参与的仲裁，不管这种参与是进行程序上的全面管理还是只是提供辅助性的帮助。广义的临时仲裁则可以有仲裁机构的参与，只要这种参与是仅提供辅助性的帮助而非进行程序上的全面管理即可。一般来说，早期的临时仲裁通常指狭义的临时仲裁，目前国际上通行的概念则是指上述广义的临时仲裁，本书在讨论过程中亦采取这种广义的概念。

二、临时仲裁与机构仲裁的优势

1. 机构仲裁的优势

(1) 具有规范的仲裁规则

仲裁机构均制定有自己的仲裁规则，一些国际性的仲裁机构甚至还颁布多种语言的仲裁规则，以方便国际商事交易的当事人使用。一般而言，只要当事人选择了仲裁机构进行仲裁，同时就选择了该仲裁机构的仲裁规则，这些仲裁规则由专业人员制定，经过无数次实践检验，且仲裁机构还会随着国际商事活动的发展不断更新其仲裁规则，具有较高的科学性与实用性，这就

① 康明《临时仲裁及其在我国的现状和发展前景》，《国际商法论丛》（第 3 卷），法律出版社，2001 年，第 680 页。

免去了临时仲裁中当事人就具体仲裁事项商讨仲裁规则的麻烦，节省时间，也避免了临时仲裁中可能因为仲裁规则无法达成一致而导致的僵局。

（2）在仲裁员素质方面的优势

如前所述，仲裁员在整个仲裁过程中扮演了极其重要的角色。多数仲裁机构均设置有仲裁员名册，名册中的仲裁员均是仲裁机构进行一定条件的筛选后列入的，且仲裁机构还会定期或不定期对其仲裁员进行培训，同时，一些仲裁机构还设置有专门的仲裁员行为守则，对于仲裁员严重违反程序或者枉法裁判的行为可以予以撤换。这就避免了临时仲裁中仲裁员由于违反法律和程序的成本低，从而出现一方指定的仲裁员甚至是首席仲裁员偏袒一方的可能性。

（3）提供专业化的管理与服务

仲裁机构作为一个固定的组织，具有系统的监管规定，以此保证仲裁机构和仲裁程序的有效运行。比如，有的仲裁机构要对仲裁庭做出的裁决进行进一步严格审查，以确保裁决公平公正。同时，仲裁机构还为仲裁活动的顺利进行提供必要的服务。比如，仲裁进行过程中，一般都会涉及需要提交材料、发出通知等程序事项。在机构仲裁中，各国仲裁机构一般会设有专门部门，如秘书处等，为当事人提供所需服务，使当事人无后顾之忧。在案件结束后的仲裁裁决的承认与执行阶段，仲裁机构还可以就仲裁裁决在各国的承认与行的条件提供帮助①。

（4）裁决更易被执行

由于机构仲裁拥有专业的仲裁员、科学的仲裁规则以及仲裁机构提供的专业化管理，使得法院对其赋予了更多的信任②。另外，各国对机构仲裁的认可程度高于临时仲裁，比如我国的《仲裁法》就没有相关规定临时仲裁，这就导致机构仲裁的裁决更易得到司法机关的认可与执行。

---

① Hoellering，M. F. “Managing International Commercial Arbitration：The Institutions’s Role”，*Dispute Resolution Journal*，volume 49（2），June 1994，p. 15.

② Joseph L. Daly “Arbitration：The Basics”，*Journal of American Arbitration*，2006，p. 20.

2. 临时仲裁的优势

仲裁在早期发展阶段主要形式为临时仲裁，且多为狭义的临时仲裁，随着国际商事活动的发展，逐渐产生了机构仲裁以及机构仲裁的蓬勃发展，但是随之而来的并不是临时仲裁的衰落，而是进一步发展。在当今国际社会，临时仲裁得到世界各国国内法的广泛认可，欧洲如英国、意大利、德国、匈牙利，美洲如美国、巴西，亚洲如日本、香港、台湾等国家和地区，都是既承认机构仲裁也承认临时仲裁制度的，甚至在一些国家，临时仲裁是仲裁的主流形式，比如在瑞典的国内仲裁中，约 50%是临时仲裁，而在瑞典的国内仲裁中，有 40%是以临时仲裁方式进行的，希腊更曾一度只实行临时仲裁而不采用机构仲裁①。此外，在《欧洲国际商事仲裁公约》等相关国际公约中临时仲裁也得到普遍认可②。

（1）强调当事人的意思自治

如前所述，意思自治是仲裁的根本属性。在临时仲裁中，所依托的仲裁机构一般仅在当事人无法对仲裁员指定达成一致、仲裁员回避等问题上提供辅助性服务，当事人对仲裁庭的组成、适用的仲裁规则、仲裁地点等几乎所有的仲裁程序均掌握在自己手里，所以，临时仲裁将仲裁的意思自治属性发挥到了极致。

（2）灵活的仲裁规则

正如英国仲裁专家 D. A. Redfern 指出："如果此种合作是很快就能达成的，那么临时仲裁与机构仲裁之间的差别就如同量体裁衣和买现成服装之间的差别。"③ 在临时仲裁案件中，当事人可以不必拘泥于某个特定的仲裁规则，而是依据自身案件的特点以及双方当事人的喜好协商需要共同遵守的仲裁程序，无须如机构仲裁一般必须遵守仲裁机构事先预定的仲裁规则，虽然仲裁

---

① 谭兵《中国仲裁制度研究》，法律出版社，1995 年，第 68 页。

② 《欧洲国际商事仲裁公约》第 1 条第 2 款规定："仲裁"不仅指每个案件指定仲裁员解决争议，且包括由常设机构解决争议。

③ 兰阳译《临时仲裁和机构仲裁》，程德钧主编《涉外仲裁与法律》第一辑，中国人民大学出版社，1992 年，第 187 页。

机构提供的仲裁规则具有相当的科学性与实用性，但这些仲裁规则并不一定适合每一个具体的案件。比如，规定当事人只能在仲裁员名册内选择仲裁员，而事实上可能名册内的仲裁员并不具备裁判该案件所需的专业知识。又如：规定必须在特定的地点举行庭审，而事实上这一地点对于仲裁双方当事人而言并不便利，甚至可能增加额外的高额的交通费，从而增加仲裁的成本。事实上，也不可能有一套符合所有案件、所有当事人的仲裁规则，缺乏弹性的仲裁规则禁锢了当事人的意思自治，使其利益受损。再如：通常情况下，仲裁机构为了仲裁程序能够不受拖延、顺利进行，对相关行为的时限进行了明确规定。但是，这种时限的限制有时会给被申请人带来不利的影响，比如在一些取证难度较大的案件或者当证据资料需要经过官方渠道才能获得的案件中，完全固定的时限限制容易使被申请人无法在规定时限内提交所需证据，从而不利于案件的公平解决。而临时仲裁由于其程序的灵活性，可以根据事项的难易程度自主确定相应的时限，较好地解决上述问题。

（3）节约成本

在经济成本方面，临时仲裁只需支付仲裁员的工资，而机构仲裁则不同，除了要支付仲裁员的工资外，还需要支付保证仲裁程序运行的仲裁机构的管理费用，所以，通常情况下，临时仲裁较机构仲裁的费用更低。

在时间成本方面，相对于机构仲裁而言，临时仲裁可以减少机构仲裁中一些非必须的程序，从而缩短裁决过程，保证裁决的连续和高效，程序更为方便快捷，“一位著名的伦敦仲裁员戴维斯（Donald Davies）先生向外界公布了他亲手处理的一起仲裁案的速度：第一天早上七点整，有人问他，如果双方当事人都同意他作为独任仲裁员，能否在第二天开庭审理此案。第二天早九点他被告之，双方当事人已同意他作为一起有关船舶航线争议案件的独任仲裁员，当天下午便开庭审理了此案，并于四点三十分结束了开庭。五点三十分，他便通过电传的方式，将其裁决分别发给当事双方。”① 这也是国际商事领域临时仲裁始终具有生命力的一大原因。

---

① 赵秀文《香港仲裁制度》，河南人民出版社，1997 年，第 41 页。

正是由于临时仲裁具有上述优势，所以在一些特别领域临时仲裁受到当事人的青睐。比如：在海事仲裁方面，由于发生在航海途中的纠纷对时间要求极高，如果诉诸诉讼或机构仲裁，均无法满足其在快捷方面的特殊要求，同时海事领域争端多是有关船舶的问题，对仲裁员的专业性要求极高，这一要求可以在临时仲裁中得以满足，所以历届国际海事仲裁员大会都认为仲裁制度的机构化与海事仲裁的特点背道而驰①，临时仲裁在这一领域备受当事人的推崇。又如：在电子商务领域，随着电子商务的发展，在线仲裁（on－line arbitration）也应运而生。在线仲裁是指完全数字化的仲裁，将网络技术运用于仲裁程序的各个环节和步骤②。临时仲裁契合了在线仲裁的需求，这也是临时仲裁大展宏图的一个领域。

三、我国对临时仲裁的态度与实践

1. 立法方面

我国《仲裁法》第 16 条第二款规定：“仲裁协议应当具有下列内容：（一）请求仲裁的意思表示；（二）仲裁事项；（三）选定的仲裁委员会。”同时，该法第 18 条规定：“仲裁协议对仲裁事项或者仲裁委员会没有约定或者约定不明确的，当事人可以补充协议；达不成补充协议的，仲裁协议无效。”可见，我国《仲裁法》将“选定的仲裁委员会”作为仲裁协议生效的必备条件，不承认临时仲裁。

最高人民法院 2006 年颁布的《关于适用〈中华人民共和国仲裁法〉若干

① 宋连斌《国际商事仲裁管辖权研究》，法律出版社，2000 年，第 42 页。
② 邓杰《商事仲裁法》，清华大学出版社，2008 年，第 37 页。

问题的解释》第三条[①]、第四条[②]、第五条[③]以及第六条[④]对约定仲裁机构的确定进行了从宽解释，对于约定仲裁机构的名称不准确，但能够确定具体的仲裁机构的，约定由某个仲裁机构仲裁且该地仅有一个仲裁机构的，等等情况均认定仲裁协议有效。尽管上述司法解释对《仲裁法》中须有明确的仲裁机构的限制进行了从宽解释，但是仍然没有偏离机构仲裁的价值取向。

2. 司法实践方面

在司法实践方面，我国区分国内仲裁与国际仲裁。在国际仲裁方面，由于我国是《纽约公约》成员国，根据《纽约公约》的规定，对于临时仲裁裁决应如机构仲裁裁决一样得到同等的承认与执行，而我国在加入该公约时并未对临时仲裁进行保留，所以，依据国际法优先的原则，我国对国外的临时仲裁裁决是予以认可的。在广州远洋运输公司和美国 Marships Connection 公司争议一案中，广州远洋运输公司因 Marships Connection 公司拖欠租金，遂向英国伦敦提请临时仲裁，裁决要求后者支付租金及利息，但后者在执行过程中仅支付了部分租金后又继续拖欠，此时广州远洋运输公司得知中国对外贸易运输总公司拖欠 Marships Connection 公司运费和滞期费，所以广州远洋运输公司申请广州海事法院承认和执行英国伦敦仲裁裁决，并将中国对外贸易运输总公司应支付给 Marships Connection 公司的费用划拨给自己，作为其偿债的一部分[⑤]。我国根据《纽约公约》的相关规定，对该临时仲裁裁决予以了承认与执行。又如，最高人民法院在 1995 年 10 月 20 日《关于福建省生产

---

① 该条规定："仲裁协议约定的仲裁机构的名称不准确，但能够确定具体的仲裁机构的，应当认定选定了仲裁机构"。

② 该条规定："仲裁协议仅约定纠纷适用的仲裁规则的，视为未约定仲裁机构，但当事人达成补充协议或者按照约定的仲裁规则能够确定仲裁机构的除外"。

③ 该条规定："仲裁协议约定两个以上仲裁机构的，当事人可以协议选择其中的一个仲裁机构申请仲裁；当事人不能就仲裁机构选择达成一致的，仲裁协议无效"。

④ 该条规定："仲裁协议约定由某地的仲裁机构仲裁且该地仅有一个仲裁机构的，该仲裁机构视为约定的仲裁机构。该地有两个以上仲裁机构的，当事人可以协议选择其中的一个仲裁机构申请仲裁；当事人不能就仲裁机构选择达成一致的，仲裁协议无效"。

⑤ 陆炯《对临时仲裁制度的法律思考》，《仲裁研究》第 3 辑，法律出版社，2005 年，第 74 页。

资料总公司与金鸽航运有限公司国际海运纠纷一案中提单仲裁条款效力问题的对广东省高级人民法院的复函》中指出："涉外案件当事人事先在合同中约定或争议发生后约定由国外的临时仲裁机构或非常设仲裁机构仲裁的，原则上应当承认该仲裁条款的效力，法院不再受理当事人的起诉。"[①] 可见，在国外临时仲裁做出的裁决可以得到我国的承认与执行。

在国内仲裁方面，我国却不承认临时仲裁。比较典型的案例如：在中国外运北京公司大连分公司与海南东大海洋运输公司租船合同纠纷一案中，外运公司与东大公司在争议发生之前只约定了北京作为仲裁地点，没有约定具体的仲裁机构。发生纠纷以后，因双方的业务员与大连海事大学的胡正良教授熟悉，同时又在大连海事大学所在地的大连市中山区拥有良好的商业关系，故双方一致同意由胡正良教授在大连对该案进行裁决。之后胡正良教授出具了一份意见书，随后双方执行了意见书，纠纷得到圆满解决。值得注意的是，由于我国国内法并不承认临时仲裁，所以，胡正良教授在这份意见书中明确指出，自己所做的工作并非仲裁，而是调解[②]。然而该案却被业界定性为实实在在的临时仲裁：一方面，在纠纷发生以前，双方约定在北京仲裁，此为双方将纠纷提交仲裁的合意，另一方面，纠纷发生以后，双方对责任的划分及损失的确定有明确的诉争，双方请胡正良教授以事实为基础，依据交通部有关规定以及航运惯例进行裁决，而胡正良教授的行为也符合仲裁行为特征，其并未利用与双方当事人之间的私人关系进行说和，而是根据专业知识、专家意见以及相关法律法规的规定对该案做出最后裁决，同时在意见书中的表述也采用法言法语。任中国海事仲裁委员会委员多年的胡正良教授之所以明示意见书为调解而非仲裁，正因其熟知国际仲裁通例及我国不认可临时仲裁的现实。[③]

综上，我国立法与实践对临时仲裁的效力问题实行国内国际双重标准，

---

① 宋连斌，林一飞《国际商事仲裁资料精选》，知识产权出版社，2004年，第464页。

② 康明《临时仲裁的成功实践以及相应的思考》，沈四宝《国际商法论丛》第5卷，法律出版社，2003年，第509－514页。

③ 李昌超《论我国临时仲裁制度之建构》，《湖北经济学院学报》2014年第1期。

区别对待。这会形成我国与承认临时仲裁的缔约国之间的不对等。如果当事人依据临时仲裁的仲裁协议在外国进行临时仲裁，所获得的裁决在一定条件下可以得到我国人民法院的认可与执行，但是相反，如果当事人依据该协议在我国国内进行仲裁，则可能无法获得裁决，即使获得裁决，在我国境内也不能进行强制执行，同时，外国法院亦可能依据《纽约公约》第5条第1款第4项关于“仲裁庭的组成或仲裁程序……同仲裁地国的法律不符”的规定为理由而拒绝执行。临时仲裁裁决不能得到执行的客观现实可能会迫使当事人放弃临时仲裁，而直接将纠纷诉诸诉讼，由法院对纠纷做出判决。但是法院判决如若需要到国外予以执行，则相较于仲裁裁决而言要困难得多，主要是因为专门针对仲裁裁决的认可与执行的国际公约《纽约公约》目前已有140多个成员国，而相互间签订了司法互助协定的国家却较之少很多，因此，我国对国内仲裁不承认临时仲裁的规定与做法实难以有效保障我国当事人的利益。

四、我国自贸试验区关于临时仲裁的探索

1.《上海自贸区仲裁规则》的探索

《上海自贸区仲裁规则》并未对临时仲裁做出明确突破，但是，有学者认为，其关于名册外仲裁员制度的规定实质上为机构仲裁与临时仲裁之间搭建了桥梁①。在实行名册外仲裁员制度的前提下②，当事人可以不再拘泥于仲裁机构提供的仲裁员名册选任仲裁员，同时，《上海自贸区仲裁规则》在仲裁规则方面的开放性使得当事人在获得选任仲裁员的自由同时还取得了自行决定仲裁规则的自由③，所以只需要在仲裁机构进行登记，披上机构仲裁的外衣即可获得国家法律的认可，即行临时仲裁之实。

---

① 杨玲《晚近中国仲裁制度的变革与发展趋势》，《南通大学学报》（社会科学版）2016年第2期。

② 参见《上海自贸区仲裁规则》第二十七条的规定。

③ 参见《上海自贸区仲裁规则》第三条的规定。

2. 深圳国际仲裁院的探索

深圳国际仲裁院制定了《深圳国际仲裁院关于适用联合国国际贸易法委员会仲裁规则的程序指引》（以下简称《深圳国仲程序指引》），规定如果当事人约定适用《贸法会仲裁规则》的仲裁案件或仲裁院受理的一国政府与他国投资者之间的投资争议仲裁案件均适用《深圳国仲程序指引》①。而依据《深圳国仲程序指引》第四条的规定，在适用《贸法会仲裁规则》的案件中，深圳国际仲裁院仅就仲裁员指定、仲裁员回避以及仲裁案件的财务事项进行管理，可见，在深圳国际仲裁院依据《贸法会仲裁规则》进行的仲裁“挂机构仲裁之名，行临时仲裁之实”。

3.《最高人民法院关于为自由贸易试验区建设提供司法保障的意见》的探索

2016 年 12 月 30 日，最高人民法院颁布了《最高人民法院关于为自由贸易试验区建设提供司法保障的意见》（法发［2016］34 号，以下简称《最高院关于为自贸试验区提供司法保障的意见》）中指出：“在自贸试验区内注册的企业相互之间约定在内地特定地点、按照特定仲裁规则、由特定人员对有关争议进行仲裁的，可以认定该仲裁协议有效。人民法院认为该仲裁协议无效的，应报请上一级法院进行审查。上级法院同意下级法院意见的，应将其审查意见层报最高人民法院，待最高人民法院答复后做出裁定”。在最高人民法院 2017 年 1 月 9 日举行的新闻发布会上，有记者问上述规定是否意味着中国已允许进行临时仲裁，最高人民法院民四庭庭长张勇健答复说：“临时仲裁是国际上普遍使用的一种商事纠纷解决手段，目前，我国法院对于符合法律规定的外国临时仲裁裁决均依照《纽约公约》予以承认和执行，而我国仲裁法尚未规定临时仲裁这种形式。根据自贸试验区先行先试的原则和精神，该指导意见要求，人民法院应当充分尊重自贸试验区内注册的企业意思自治，如果它们之间根据真实意思表示约定了特定形式的仲裁方式，应当予以认可。

---

① 参见《深圳国仲程序指引》第二条以及《深圳国际仲裁院仲裁规则》第三条第（5）的规定。

与此同时，我们将这种特定形式的仲裁严格限制在自贸试验区注册企业之间，且通过法院审级监督的形式予以规范，待经过自贸试验区先行先试后，及时总结实践经验，并上升为可复制推广的做法，推动相关法律的修订。”可见，上述《最高法关于为自贸试验区提供司法保障的意见》表明人民法院将会对符合一定条件的临时仲裁给予司法支持，从字面上看，须满足以下条件：

第一，约定临时仲裁的主体必须是企业，不能是个人。并且必须均为在自贸试验区内注册的企业，如果是自贸试验区内注册的企业与自贸试验区外注册的企业之间、自贸试验区外注册的企业相互之间达成的临时仲裁协议则无法获得人民法院的司法支持。

第二，只需要约定三项内容：内地特定仲裁地点、特定仲裁规则、特定仲裁人员。

五、对自贸试验区关于国内临时仲裁制度探索的评析

1. 我国引入临时仲裁制度的必要性与可行性

我国自贸试验区已经开始了有关国内临时仲裁的创新与探索，要评价这种创新与探索是否科学合理，我们必须解决一个前提问题，也即我国是否有必要引入临时仲裁，以及我国引入临时仲裁制度是否具有可行性。

如前所述，临时仲裁与机构仲裁各有利弊，正因为如此，我国学术界对于是否有必要引入临时仲裁存在较大争议。概括而言，主要有三种观点。

第一种观点认为我国无须引入临时仲裁制度。理由是：第一，临时仲裁具有难以克服的劣势。例如：临时仲裁的顺利进行依赖于双方当事人的通力合作，在缺乏合作精神的当事人之间，临时仲裁难以进行；临时仲裁对仲裁员的要求较高，缺乏高素质的仲裁员则难以获得高质量的仲裁结果；等等①。

---

① 王斐弘《也谈加入 WTO 与我国仲裁法律制度改革》，《中国仲裁》2001 年第 12 期。

第二，临时仲裁已经开始衰落，机构仲裁才是仲裁的发展趋势①。第三，临时仲裁实质上相当于我国的调解制度，由于调解在我国文化中具有较高的认可度，故不必再引入临时仲裁制度②。第四，近年来机构仲裁开始设置小额简易程序等，强调程序的简易与灵活，尝试调解、和解等替代性纠纷解决机制，完全可以替代临时仲裁③。

第二种观点认为我国应引入临时仲裁制度，但现阶段条件还不成熟。理由是：第一，临时仲裁是市场经济发展到较高程度的产物，其发展需要国家对私权和当事人意思自治的尊重等较为宽松的社会政治经济环境④。而目前我国市场行为中严重缺乏诚信理念，当事人能否善意且妥善地行使临时仲裁赋予的较大自主权存在一定危险性⑤。第二，临时仲裁对仲裁员的素质要求较高，我国目前的仲裁员的专业素质还有待进一步提高⑥。第三，机构仲裁在我国目前尚处于初级发展阶段，如果大力发展临时仲裁，势必会对机构仲裁造成冲击⑦。

第三种观点是现阶段需要构建临时仲裁制度。理由是：第一，由于临时仲裁的优势，引入临时仲裁可以降低争议解决成本，满足市场主体的需要⑧；第二，缺少临时仲裁制度会使我国作为《纽约公约》缔约国所承担的义务与

① 全国人大法工委《中华人民共和国仲裁法律释义》，1997 年，法律出版社，第 5 页。

② 刘茂亮《临时仲裁制度当缓行》，《北京仲裁》2002 年第 5 期。

③ 刘茂亮《临时仲裁制度当缓行》，《北京仲裁》2002 年第 5 期。

④ 李乾贵，徐柯柯，林巧《临时仲裁在中国的法制思考》，《行政与法制》2005 年第 12 期。

⑤ 刘晓红，周祺《我国建立临时仲裁利弊分析和时机选择》，《南京社会科学》2012 年第 9 期。

⑥ 《中国国际私法学会 2004 年年会“程序法的修改问题”小组讨论会简报》，复旦大学陈治东教授的发言，http：//www. eastwestlaw. com/c _ finance/show. asp? id=183，2016 年 7 月 8 日。

⑦ 刘茂亮《临时仲裁制度当缓行》，《北京仲裁》2002 年第 5 期。

⑧ 张心泉，张圣翠《论我国临时仲裁制度的构建》，《华东政法大学学报》2010 年第 4 期。

享有的权利不对等[①]；第三，没有临时仲裁，机构仲裁也难以健康发展[②]，严重影响了仲裁功能的全面发挥，也不利于我国法律体系的完善[③]。

纵观上述三种观点，均有其一定的合理性，但笔者更倾向于第三种观点，即现阶段我国有必要引入临时仲裁制度，引入临时仲裁制度也具有可行性。下文将对以上前两种观点中的主要理由予以具体分析。

（1）关于临时仲裁具有难以克服的劣势问题。仔细研究持这一理由的学者所指的临时仲裁的劣势，实为临时仲裁顺利进行的条件。换言之，只要当事人能够相互信任、互相配合，只要仲裁员的素质够高，那么临时仲裁就如鱼得水，发挥其应有的作用。与其说是因为临时仲裁具有难以克服的劣势问题，故而不得将其引入，不如说是因为我国当事人之间缺乏信任，仲裁员素质不够等原因，无法引入临时仲裁。这实质上与第二种观点相类似，笔者将在下文对这一问题进行进一步论述，此处不再赘述。

（2）关于临时仲裁已经开始衰落，机构仲裁才是仲裁的发展趋势的问题。持这一理由的学者认为，临时仲裁出现在机构仲裁之前，机构仲裁之所以会兴起，主要是为弥补临时仲裁的劣势。例如：不稳定的仲裁规则、赋予当事人过多的意思自治以致影响了仲裁的公正性与效率性，所以推断随着机构仲裁的发展，临时仲裁已然没有必要，会逐渐衰落。事实上，这只是学者们的臆断。如前所述，多数国家的国内立法均对临时仲裁予以了认可，甚至在有些国家，临时仲裁还是仲裁的主流，部分国际条约也对临时仲裁予以了认可。据美国芝加哥大学的一项调查报告显示，在国际贸易商业领域，临时仲裁起着重要的作用，在贸易出口商中 45％的人要求选择临时仲裁处理争议[④]。伦敦海事协会的五六名仲裁员每人每年审理的临时仲裁案件高达六七百件之

---

① 韩健《仲裁协议中关于仲裁机构的约定》，《法学评论》1997 年第 4 期。

② 张心泉，张圣翠《论我国临时仲裁制度的构建》，《华东政法大学学报》2010 年第 4 期。

③ 康明《临时仲裁及其在我国的现状和发展前景》，《国际商法论丛》（第三卷），法律出版社，1997 年。

④ 李双元，谢石松《国际民事诉讼法概论》，武汉大学出版社，2001 年，第 500 页。

多[①]。由此可见，临时仲裁并没有出现所谓的衰落现象。

（3）关于临时仲裁制度可由调解制度替代的问题。诚然，调解在灵活、快捷等方面确实存在与临时仲裁制度相类似的地方，但是，二者依然存在区别，不能相互替代。最大的区别在于，临时仲裁所作出的是仲裁裁决，具有强制执行力，这一效力不仅得到国内法院的认可，同时还得到《纽约公约》的认可，可以《纽约公约》在成员国中得到认可与执行，而民间调解则不具有上述效力，其执行与否完全取决于当事人的自律。所以，我国是否存在发达的调解制度尚且不论，即使真存在发达的调解制度，也不足以成为拒绝引入临时仲裁制度的理由。

（4）关于机构仲裁近年来的改革可以完全替代临时仲裁制度的问题。诚然，机构仲裁关于改善其灵活性、快捷性方面的改革使其更具有竞争力，但是，不论是调解程序的引入还是小额争议程序的改革，均不能如临时仲裁般完全由当事人自主掌握仲裁程序，在尊重当事人意思自治方面与临时仲裁无法相提并论。更何况在海事商事交易以及网上仲裁方面，临时仲裁所拥有的“天生”的优势，绝非机构仲裁的上述改革所能企及的。

（5）关于我国缺乏临时仲裁所需的社会政治经济环境以致现阶段不能引入临时仲裁的问题。首先，需要澄清的是，国外的临时仲裁制度也并不全都是在市场经济发达、高素质仲裁员的情况下发展起来的。恰恰相反的是，发达国家的临时仲裁制度也有仲裁员品行不端的情况，也正是因为多数临时仲裁出现这些低层次的问题，才会出现机构仲裁制度，也正是由于多数临时仲裁仍然存在这些低层次的问题，才彰显当今管理水平高的仲裁机构优势，并推动大多数当事人在多数情况下选择这些机构仲裁[②]。其次，发达国家的临时

---

① 杨良宜《国际商务仲裁》，中国政法大学出版社，1997 年，第 141 页。

② Lauren D. Rachlin “A Guide to Effective International Arbitration: Practical Considerations in International Arbitration Proceedings”, *International Law Practicum*, Spring, 1997, p. 29, Joseph L. Daly “Arbitration: The Basics”, *Journal of American Arbitration*, 2006, p. 20.

仲裁制度也是从不成熟发展而来的[①]，如果我国不引入临时仲裁制度的话，那么永远也不会有该制度成熟之时。最后，事实上，我国已经具备相应的条件。比如：仲裁员开放名册制的构建、仲裁规则开放性的进一步增强等制度的创新，已经为临时制度的引入创造了前提条件。

（6）关于大力发展临时仲裁，会对机构仲裁造成冲击的问题。笔者认为，引入临时仲裁，确实会对机构仲裁造成一定程度的冲击，但是这种冲击总体上看来，是具有积极意义的。一方面，引入临时仲裁，更会突显仲裁的意思自治的本质属性，进一步增强仲裁对于当事人的吸引力，这对同为仲裁的机构仲裁而言不失为发展的契机。另一方面，引入临时仲裁，会增强机构仲裁所面临的竞争，从市场经济的理论来看，引入竞争淘汰的是不符合现实需求的事物，所以，临时仲裁所带来的竞争可以促使我国的仲裁机构积极地引入国外仲裁的先进理念与实践，加快健康稳定发展。

综上所述，现阶段我国引入临时仲裁制度具有必要性与可行性。

2. 对《上海自贸区仲裁规则》与深圳国际仲裁院的评析

《上海自贸区仲裁规则》通过取消仲裁员强制名册制以及增强仲裁规则的开放度来达到临时仲裁的可行性，但并未规定明确规定仲裁机构在临时仲裁中的作用。而深圳国际仲裁院则不然，其在《深圳国仲程序指引》里明确了在当事人约定《贸法会仲裁规则》的情况下，深圳国际仲裁院在其中对仲裁活动的辅助性服务功能，以及履行这些功能时的相应程序，应该说，深圳国际仲裁院的相关规定较《上海自贸区仲裁规则》更为具体、明确。

总体而言，《上海自贸区仲裁规则》与深圳国际仲裁院在国内临时仲裁制度方面的探索，均采取“挂机构仲裁之名，行临时仲裁之实”的方式，规避我国《仲裁法》不认可国内临时仲裁的规定。这种做法虽然不能完全改变我国目前不承认国内临时仲裁的立法及司法现状，但实为当前状态下相对较智慧的做法，值得肯定。

---

① 张心泉，张圣翠《论我国临时仲裁制度的构建》，《华东政法大学学报》2010 年第 4 期。

3. 对《最高院关于为自贸试验区提供司法保障的意见》的评析

（1）创新之处

《最高院关于为自贸试验区提供司法保障的意见》是我国官方向临时仲裁迈出的实质性的第一步。一方面，相较于之前所有的立法与司法实践对于国内临时仲裁均保持不认可的态度而言，该意见实质上为我国承认国内临时仲裁撕开了第一条口子；另一方面，相较于之前的某些仲裁机构，如上述的深圳国际仲裁院，“挂机构仲裁之名，行临时仲裁之实”的做法，该意见大胆地相对明确地取消“确定的仲裁委员会”这一仲裁协议生效要件，实为一大进步。应该说，该意见的上述突破符合自贸试验区“先行先试”“改革创新”的原则与精神，具有不可忽视的重大意义。

（2）可完善之处

第一，以最高人民法院颁布司法解释的方式有限认可国内临时仲裁是否符合我国《立法法》等相关法律规定，值得商榷。根据我国《立法法》第八条第（十）项的规定，诉讼和仲裁制度属于只能制定法律的事项，又根据我国《立法法》第七条第二款的规定，只有全国人民代表大会及其常务委员会才有权制定全国性法律，所以，对于仲裁制度，只有全国人民代表大会及其常务委员会才有权立法予以规定。上述《最高院关于为自贸试验区提供司法保障的意见》突破了我国《仲裁法》关于仲裁协议必须有明确的仲裁机构的规定，实为对《仲裁法》的修改，是违反我国《立法法》上述规定的，即使最高人民法院已将可以予以认可的国内临时仲裁严格限制在自贸试验区内，且通过法院审级监督的形式予以规范，也不能回避最高人民法院无权对仲裁事项进行立法、修改的事实。

第二，相关规定不明确。比如：该意见规定必须约定内地特定仲裁地点，特定仲裁规则，特定仲裁人员，人民法院才可以认定仲裁协议有效。但是，此处的“特定仲裁规则”是只能是某个仲裁机构的仲裁规则，还是允许当事人自行协商的达成的仲裁规则？如果是后者，是否对该仲裁规则有一定的完备度要求？等等，我们均不得而知。另外，此处的“特定人员”是否表明当事人可以任意选择人员担任案件的仲裁员？如果是，那么由于我国《仲裁法》

规定了仲裁员的法定任职资格①，这是否意味着继临时仲裁以后再次对《仲裁法》进行突破？如果不是，那么此处的“特定人员”是仅指被某个或某几个国内仲裁机构聘任的仲裁员，还是所有国内仲裁机构聘任的仲裁员，更或者是包括国外仲裁机构的仲裁员，这些我们均无法从上述意见中找到答案。再如：该意见规定，即使是符合规定的国内临时仲裁协议，人民法院也可以认为其无效，但并未规定在这种情况下，人民法院可以什么原因认定该协议无效，同时，该意见还规定，当人民法院认定其无效时，应报上一级法院进行审查，如果上级法院同意下级法院意见的，应将其审查意见层报最高人民法院，待最高人民法院答复后做出裁定。从该规定我们无法确定上一级法院依据何标准审查下一级法院认定协议无效的裁定，也无从得知最终最高人民法院依据何标准对下级法院的裁定进行答复。如此模糊的规定，对于像中国这样无论是学界还是实务界尚对是否引入临时仲裁存在争议且相关配套制度仍需完善的国家而言，在实施的过程中很可能遭遇困难与阻碍。

第三，该意见对国内临时仲裁的认可仍显保守。这一方面体现在严格的主体限制方面。如上所述，可以达成符合条件的临时仲裁的主体只能是企业。根据我国《民法通则》的规定，从事民事行为的民事主体包括自然人、法人、合伙、非法人式联营、个体工商户与农村承包经营户，而法人又包括企业法人、机关、事业单位和社会团体法人以及部分具有法人资格的联营。如上所述，根据《最高院关于为自贸试验区提供司法保障的意见》，只有企业可以成为约定国内临时仲裁的行为主体，其他民事主体均不可为该行为，做出如此限制，实无必要。另一方面则表现在对国内临时仲裁的效力认可上。根据该意见，对于符合条件的临时仲裁协议，人民法院在层报至最高人民法院后，可能仍会被认定为无效。从这一规定我们可以看出，最高人民法院在对自贸试验区内的国内临时仲裁的效力认定上持十分谨慎的态度。

---

① 《仲裁法》第十三条第二款规定，仲裁员应当符合下列条件之一：（一）从事仲裁工作满八年的；（二）从事律师工作满八年的；（三）曾任审判员满八年的；（四）从事法律研究、教学工作并具有高级职称的；（五）具有法律知识、从事经济贸易等专业工作并具有高级职称或者具有同等专业水平的。

第四，缺乏与该意见相配套的制度建设。比如：对于依该意见做出的临时仲裁裁决，司法机关予以何种程度的监督，可否对该裁决予以撤销、指令重新仲裁或裁定执行？如果予以撤销的话，其法定理由与机构仲裁裁决相同，还是需要考虑临时仲裁的特点和我国的国情予以特别规定？又如：依该意见设立的临时仲裁庭是否可依照规则规定采取临时措施，该临时措施能否执行？再如，依据我国《仲裁法》第二十四条的规定①，仲裁庭对案件是否有管辖权由仲裁委员会决定，也即仲裁庭没有自裁管辖权（competence-competence）。如果在临时仲裁的情况下，该管辖权应由什么主体予以决定？等等。如果没有这些配套制度的建设，该意见所支持的临时仲裁将在实践中大打折扣，甚至可能会寸步难行。

第五节　仲裁临时措施

一、临时措施概述

1. 临时措施的称谓

临时措施（interim measures）在不同国家立法以及仲裁机构的仲裁规则中有着不同的名称。美国仲裁协会（AAA）国际争端仲裁程序（2014 年版）、日本商事仲裁协会商事仲裁规则（2015 年版）、斯德哥尔摩商会仲裁院（SCC）仲裁规则（2017 年版）、联合国国际贸易法委员会（UNCITRAL）仲裁规则（2013 年版）、联合国国际贸易法委员会（UNCITRAL）国际商事仲

① 该条规定：“仲裁委员会收到仲裁申请书之日起五日内，认为符合受理条件的，应当受理，并通知当事人；认为不符合受理条件的，应当书面通知当事人不予受理，并说明理由。”

裁示范法（2006 年版）称其为“临时措施”（interim measures），瑞士仲裁规则（2012 年版）称其为“临时保护措施”（interim measures of protection），伦敦国际仲裁院（LCIA）仲裁规则（2014 年版）、国际商会（ICC）仲裁规则（2012 年版）称其为“临时保全措施”（interim and conservatory measures），新加坡国际仲裁中心（SIAC）仲裁规则（2016 年版）称其为“临时救济”（interim relief），瑞士仲裁立法称其为“临时或保全措施”（provisional or conservatory measures），英国法中还称其为“玛瑞瓦禁令”（Mareva Injunction）与“安东皮勒禁令”（Anton Piller orders）①。我国相关立法将其称为“保全措施”②。本书采取“临时措施”（interim measures）这一称谓。

2. 临时措施的概念

如上所述，虽然临时措施的称谓各有不同，但是其性质和特点是相同的，正如联合国国际贸易法委员会在 2002 年 3 月召开的第三十六届年会上，第二工作组在报告中写的那样：“一般而言，保护性临时措施本质上是临时的，效力截止于仲裁裁决做出之前。不管具体称谓如何，其目的主要有二：其一，在定纷止争的仲裁裁决做出之前，维持当事人之间的现状不变即维持现状功能。其二，通过在将来可能的仲裁裁决执行地采取比如财产保全之类的临时措施，确保仲裁裁决得到有效执行。”③ 可见，临时措施的性质主要表现为：第一，是一种临时性的、暂时的措施。这一点在联合国国际贸易法委员会（UNCITRAL）仲裁规则（2013 年版）、联合国国际贸易法委员会

---

① 与玛瑞瓦禁令（The Mareva Injunction）已经正式更名为冻结令（Freezing Order）一样，依据 1999 年 4 月 26 日的英国诉讼规则，安东皮勒禁令已经正式更名为搜查令（Search Order）。其中，玛瑞瓦禁令旨在防止被申请人转移财产，安东皮勒禁令则用于证据保全。See Adam Johnson，Interim Measures of Protection un der the Arbitration Act 1996，Kluwer Law International，2007，p. 9—18.

② 参见《中华人民共和国民事诉讼法》第 81 条、第 100 条、第 110 条；《中华人民共和国仲裁法》第 28 条、第 46 条。

③ 《仲裁工作组第三十六届会议工作报告》（A/CN. 9/508），https：//documents—dds—ny. un. org/doc/UNDOC/GEN/V02/533/85/PDF/V0253385. pdf? OpenElement，2016 年 8 月 23 日。

(UNCITRAL)国际商事仲裁示范法(2006年版)中再次得到了印证[①]。第二，其目的是为了支持仲裁程序的顺利进行或者为了确保将来仲裁庭做出的有效仲裁裁决能够得以顺利执行；第三，做出临时措施的时间为仲裁庭做出仲裁裁决之前，包括仲裁程序开始前和仲裁程序过程中。因此，我们可以将临时措施的概念归纳为：临时措施是为了维护仲裁程序顺利进行或为了确保仲裁庭做出的有效仲裁裁决能够得以顺利执行，由仲裁庭或法院在仲裁程序开始前或仲裁程序进行过程中做出的具有临时性质的紧急措施。

3. 临时措施的分类

与临时措施的称谓类似，学者以及各国、各仲裁机构对临时措施都有着不同的分类。这些不同的分类之间存在某种程度的差异，虽然这些差异并不是很明显，而且有些具体的临时措施可能归属两个或两个以上的类别，但是，临时措施的分类从某种程度上反映出该国对临时措施认可的范围，这有助于了解各国立法在何种程度上可能限制法院和仲裁庭发布临时措施的权力。

对临时措施的分类有两分法、三分法以及四分法。两分法将临时措施分为维持现状的措施和在仲裁程序进行中限制当事人的行为的措施，比如美国仲裁协会(AAA)国际争端仲裁程序(2014年版)等[②]。三分法将临时措施区分为财产保全、证据保全以及行为保全，最典型的代表是我国《民事诉讼法》。四分法将临时措施分为维持现状的措施、防止采取可能阻碍仲裁的行为的措施、财产保全以及证据保全，典型的代表是联合国国际贸易法委员会(UNCITRAL)仲裁规则(2013年版)、联合国国际贸易法委员会(UNCITRAL)国际商事仲裁示范法(2006年版)以及日本商事仲裁协会商

---

① 联合国国际贸易法委员会(UNCITRAL)仲裁规则(2013年版)第26条第2款规定："临时措施是仲裁庭在下达决定争议的终局裁决之前的任何时候下令一方当事人采取的任何临时性措施"。联合国国际贸易法委员会(UNCITRAL)国际商事仲裁示范法(2006年版)第17条第(2)款规定："临时措施是以裁决书为形式的或另一种形式的任何短期措施"。

② 参见该规则第二十四条。另外，有些学者也采用两分法，如：John Charles Thomas "Interim Measures in International Arbitration: Finding the Best Answers", 12 *Croat. Arbit. Year Book* 213, 2005, p. 214.

事仲裁规则（2015 年版）。

二、我国国内法对临时措施的相关规定

1.《民事诉讼法》的规定

1991 年《民事诉讼法》以及 2007 年《民事诉讼法》均将临时措施限定为两大类：财产保全和证据保全①，其中财产保全包括诉前财产保全和诉讼中财产保全。值得注意的是，我国上述两部《民事诉讼法》仅对涉外仲裁的财产保全做出了规定，其规定当事人申请采取财产保全的，中华人民共和国的涉外仲裁机构应当将当事人的申请，提交被申请人住所地或者财产所在地的中级人民法院裁定②。除此之外，未对仲裁程序前以及仲裁程序过程中的保全进行规定。

2012 年《民事诉讼法》在上述两部《民事诉讼法》的基础上扩大了临时措施的范围，将其分为三类：财产保全、证据保全以及行为保全③。同时，对于仲裁程序开始前的财产保全和证据保全予以了明确规定，当事人应向法院申请，由法院决定和执行④。另外，在该法第二百七十二条中对涉外仲裁的保全予以了规定。值得注意的是，该条使用的措辞是“保全”，并未如之前 1991 年和 2007 年《民事诉讼法》一般，使用“财产保全”，可见，此处所涵盖的范围更广。如上所述，2012 年《民事诉讼法》对于临时措施的范围已扩大至包括行为保全在内的三个种类，我们似乎可以将此处的“保全”理解为包括财产保全、证据保全以及行为保全。而且在该条中未强调是仲裁程序前还是仲裁程序中，我们似乎可以认为既包括仲裁程序前的保全，也包括仲裁程序

---

① 参见 1991 年《民事诉讼法》和 2007 年《民事诉讼法》第七十四条、第九十二条、第九十三条、第九十四条、第九十五条、第九十六条、第九十九条。

② 参见 1991 年《民事诉讼法》第二百五十八条以及 2007 年《民事诉讼法》第二百五十六条。

③ 参见该法第八十一条以及第一百条。

④ 参见该法第八十一条第二款以及第一百零一条。

进行过程中的保全。由此，我们似乎可以得出结论：2012 年《民事诉讼法》在临时措施的司法支持方面，对国内仲裁与涉外仲裁予以了区别对待，对于国内仲裁只规定了仲裁前进行的证据保全和仲裁前财产保全。而对于涉外仲裁，则包括仲裁程序前和仲裁程序中的证据保全、财产保全以及行为保全。

2.《仲裁法》的规定

《仲裁法》第二十八条对仲裁过程中的财产保全进行了规定，该法第四十六条对国内仲裁中的证据保全予以了规定，第六十八条对涉外仲裁的证据保全予以了规定。总结我国《仲裁法》的上述规定，可以看出，第一，《仲裁法》只规定了财产保全和证据保全两种临时措施的形式；第二，《仲裁法》并未区分是仲裁程序开始前的临时措施还是仲裁程序过程中的临时措施；第三，《仲裁法》将临时措施的决定权、执行权赋予了人民法院，仲裁委员会在其中起着传递申请的作用。从条文中，我们看不出仲裁庭在其中发挥的任何作用，实践中仲裁庭至多是帮助申请人将相关申请递交给仲裁委员会。

三、我国自贸试验区的相关创新

1. 临时措施的范围

《上海自贸区仲裁规则》将临时措施分为四类：财产保全、证据保全、行为保全以及法律规定的其他措施①。《中国重庆两江国际仲裁中心仲裁规则》也做出了类似规定②。这一方面纳入了 2012 年《民事诉讼法》中的行为保全措施，符合国际惯例，特别是有助于知识产权案件中当事人权利的保护，另一方面其“法律规定的其他措施”这一兜底条款，避免了出现仲裁当事人因为仲裁规则的限制而无法采取法律允许的临时措施，进一步保护了当事人的权益。

---

① 参见《上海自贸区仲裁规则》第十八条。

② 该规则第二十一条规定财产保全、证据保全以及行为保全。该规定第二十三条规定了其他临时措施。

《深圳国际仲裁院仲裁规则》也吸纳了 2012 年《民事诉讼法》的规定，将临时措施的范围扩大为：财产保全、证据保全以及行为保全①。但没有如《上海自贸区仲裁规则》和《中国重庆两江国际仲裁中心仲裁规则》用“法律规定的其他措施”进行兜底，这有可能出现当事人无法申请超出上述范围但是法律允许的临时措施，对当事人的利益保护不够。

值得注意的是，如上所述，虽然 2012 年《民事诉讼法》对行为保全予以了规定，但是并没有对仲裁中的行为保全予以规定，同时与仲裁中的财产保全和证据保全不同的是，《仲裁法》并未明确规定仲裁中的行为保全的决定权及执行权。也即从我国法律规定来看，仲裁中是否可以进行行为保全，法律并未进行明确规定。在这样的情况下，由仲裁规则对其予以肯定，当执行地在我国时，实践中会遇到较多障碍。比如：由谁决定是否采取行为保全措施？是仲裁庭还是人民法院？抑或是仲裁委员会？如果当事人对仲裁庭或仲裁委员会做出的行为保全措施的决定不予履行或者不服，人民法院是否会给予相应的司法支持？这些我们都无从得知。

《贸仲规则》（2015 年版）第二十三条对临时措施进行了规定。该条未对临时措施的范围做出明确规定，只是使用“依据中国法律申请保全”、“依据所适用的法律或当事人的约定……采取……临时措施”的措辞，可见《贸仲规则》（2015 年版）并不试图对临时措施框定一个范围，而是将其交给所适用的法律。这样的做法一方面可以有效保护当事人的权益，不至于出现由于仲裁规则的限制导致当事人无法申请适用法律允许的临时措施，另一方面也最大程度的保障了仲裁庭做出的临时措施决定能够获得执行地法院的司法支持。使用上述措辞是否解决了上述《上海自贸区仲裁规则》、《中国重庆两江国际仲裁中心仲裁规则》以及《深圳国际仲裁院仲裁规则》中关于行为保全的问题，仅从字面上理解，我们也难以得到答案。比如：“依据中国法律申请保全”，由于《民事诉讼法》并没有明确司法是否对仲裁中的行为保全给予支持，《仲裁法》也未对行为保全措施的决定和执行主体予以规定，所以，在这

---

① 参见《深圳国际仲裁院仲裁规则》第二十三条第（一）项和第（二）项。

一问题上，《贸仲规则》（2015 年版）仍然未予解决。

2. 提出临时措施申请的时间

《上海自贸区仲裁规则》第十九条和第二十条明确将临时措施分为“仲裁前临时措施”和“仲裁程序中的临时措施”。《深圳国际仲裁院仲裁规则》第二十三条也规定申请临时措施可以申请仲裁前和仲裁程序中进行。目前，绝大多数规定仲裁临时措施的国家都允许当事人在仲裁开始之前向法院申请临时救济，实践中也确实存在仲裁前采取临时措施的必要①。上海自贸试验区和深圳国际仲裁院做出上述规定能够较好地满足当事人的需求，同时也体现了国际的通行做法，实现了仲裁规则的国际化，具有积极意义。而且，《上海市第一中级人民法院涉中国（上海）自由贸易试验区案件审判指引（试行）》第六十七条针对法院受理仲裁前保全予以了支持性的规定，规定可由申请人持保全申请书、书面仲裁协议（或内含有仲裁条款的书面合同）、有效担保及应当提交的其他材料，即可直接向上海市第一中级人民法院申请仲裁前保全，经审查合乎法律规定后，即直接予以受理。这样的规定弥补了《民事诉讼法》欠缺对仲裁前保全措施的具体实施规定，对于自贸试验区内的知识产权、专权等侵权案件而言，意义十分重大。

《贸仲规则》（2015 年版）则未明确规定提出临时措施申请的时间，第二十三条用三款规定了临时措施。该条第一款规定依据中国法律提出的临时措施申请，由仲裁委员会将申请转交给人民法院。如上所述，我国 2012 年《民事诉讼法》规定了仲裁前的临时措施，所以此处的“依据中国法律申请保全”可以理解为既包括仲裁程序前的临时措施，也包括仲裁程序中的临时措施。该条第二款规定，根据所适用的法律或者当事人的约定，由紧急仲裁员决定临时措施。根据《中国国际经济贸易仲裁委员会紧急仲裁员程序》第一条第（二）项的规定，申请紧急仲裁员程序的时间应为“仲裁庭组成之前”。此处的“仲裁庭组成之前”是仅指仲裁程序开始以后，仲裁庭组成之前，还是包含仲裁程序开始以前，单从“仲裁庭组成之前”的措辞我们难以进行推断。

---

① 于喜富《论仲裁临时救济措施的决定与执行》，《山东审判》2006 年第 1 期。

但是，从“向管理案件的仲裁委员会……提交……申请书”的表述，我们可以推断出紧急仲裁员程序仅适用于仲裁程序开始以后，仲裁庭组成之前。由此，上述《贸仲规则》（2015 年版）第二十三条第二款规定了当适用法律是非我国法时，仲裁程序开始以后，仲裁庭组成之前这段时间的临时措施申请事宜。该条第三款规定了由仲裁庭决定采取临时措施，既然已经有仲裁庭，那么我们可以推断该款规定的临时措施的申请时间是在仲裁庭成立以后。综上所述，《贸仲规则》（2015 年版）第二十三条规定了依我国法申请的仲裁前和仲裁中临时措施，而对于非依我国法申请的情况，则只规定了仲裁程序开始后申请的临时措施，包括仲裁庭组成之前和仲裁庭组成以后，而对于仲裁程序开始以前申请的临时措施，则未进行规定，无疑，这在保障当事人的权益方面存在瑕疵。

《中国重庆两江国际仲裁中心仲裁规则》第二十一条规定了仲裁前临时措施和仲裁程序中的临时措施，但是，从其要求将申请提交“人民法院”可知，该条所规定的临时措施仅限于依我国法律申请的临时措施。对于非依我国法律申请的临时措施则由紧急仲裁庭或者仲裁庭决定。由于该规则第二十二条规定紧急仲裁庭的成立时间为仲裁案件受理后至仲裁庭组成前，那么与上述《贸仲规则》（2015 年版）规定的一样，对于仲裁前依我国以外的国家或地区的法律申请临时措施的情况则未予规定。显然，这将不利于保护当事人的权益。

3. 决定是否采取临时措施的主体

（1）国际上的做法

对于由何主体决定临时措施，国际上存在三种模式：一是法院决定模式。在该模式下，强调临时措施具有强制性，法院是决定采取临时措施的唯一主体[①]。采取这种模式的国家较少，只有意大利、巴西、中国、希腊等国家。比如：《意大利民事程序法》第 818 条规定：“仲裁员不能授予扣押或者其他类

---

① 胡荻《论国际商事仲裁中仲裁庭的临时保全措施决定权》，《南昌大学学报》2013 年第 4 期。

型的临时性保全措施。”这种模式主要见诸于早期的仲裁立法，随着仲裁庭权力的日益扩张，这种立法方式已经逐渐被国际社会所摒弃①。第二种模式是仲裁庭决定模式。该模式主张由仲裁庭享有决定临时措施的专属权。由于20世纪70年代仲裁独立性理论的兴起与快速发展，各国对于仲裁庭有权决定临时措施基本达成共识。第三种模式是仲裁庭和法院共同决定的模式。在这种模式下，仲裁庭与法院在一定条件下均可对临时措施进行决定，目前世界上大多数国家均采纳这种模式。这种模式又分为两种形式：一是仲裁庭主导，法院辅助的模式，比如英国；二是由仲裁庭决定还是法院决定交由当事人自由选择，如联合国国际贸易法委员会（UNCITRAL）国际商事仲裁示范法（2006年版），德国。

(2)《上海自贸区仲裁规则》的规定

《上海自贸区仲裁规则》将决定是否采取临时措施的主体分为两种情况：对于仲裁前临时措施，决定主体为法院，仲裁委员会可以协助当事人向法院提出申请；对于仲裁程序中的临时措施，决定主体可以为法院、仲裁庭以及紧急仲裁庭。根据该条规定，即使当事人约定或依据该规则仲裁庭或紧急仲裁庭有权做出是否采取临时措施的决定，此项决定是否能得到强制执行，最终取决于执行地所在国家或地区的法律是否授予仲裁庭此项权力。如果相关法律不允许，则该决定无法获得当地的司法支持。所以，《上海自贸区仲裁规则》的上述规定打破了我国在决定临时措施方面的法院决定的立法模式，用“根据临时措施执行地所在国家/地区的有关法律”的方式既避免了可能因为违反我国法律而导致无法获得我国司法机关的支持，又引入了仲裁庭、紧急仲裁庭可以成为决定主体这一国际通行做法，实为在谨慎基础上的大胆制度创新。

尽管如此，《上海自贸区仲裁规则》关于临时措施的决定主体的规定需要完善的地方，具体而言，主要有以下几点：

---

① 毛海波《自由贸易试验区框架下国际商事仲裁临时措施制度研究》，《仲裁研究》第三十七辑。

第一，依据该规则第十九条的规定，仲裁前临时措施的决定权完全授予法院，这与国际上紧急仲裁庭与法院共同享有仲裁前临时措施的决定权的做法仍不一致。

第二，当事人申请仲裁前临时措施时，如果选择请求仲裁委员会协助其向有管辖权的法院提出申请，那么仲裁委员会在决定是否协助时，主要考虑什么因素，是否需要审查其对该相关案件的管辖权，如果仲裁委员会决定上不予以协助，那么应该在多长时间内对此拒绝协助的决定告知当事人，这些问题该仲裁规则均未明确规定。如前所述，临时措施往往具有紧迫性，很可能稍有拖延，就会给当事人造成无法弥补的损失，所以，该规则在此处未做明确规定，不能不说是一个遗憾。

第三，决定主体在做出是否同意采取临时措施的决定时应考虑何种因素，该规则没有予以明确。事实上，国际上通行的做法是，要求决定主体考虑以下因素：一是如果不采取临时措施，那么当事人所遭受的损失将无法以损害赔偿的方式予以充分补偿，而且这种损失远远大于如果实施临时措施将可能对相对方造成的损失；二是根据索赔请求所依据的案情，请求方当事人相当有可能胜诉①。明确仲裁庭做出决定的考虑因素，可以增强仲裁的透明度，这对于仲裁业不够发达的我国而言尤其重要。

(3)《深圳国际仲裁院仲裁规则》的规定

《深圳国际仲裁院仲裁规则》第二十三条第（三）项对临时措施的决定主体进行了明确规定，其以仲裁地为划分依据，如果仲裁地在我国内地，则决定主体为法院，如果仲裁地在其他国家或地区，则决定主体由适用的法律决定，可以是法院，也可以是仲裁庭、紧急仲裁庭。这样的规定与《上海自贸区仲裁规则》类似，均是在避免违反我国法律的基础上做出的重大创新，值得肯定。但是，同样，该规则也有些许需要完善之处：

---

① 比如：联合国国际贸易法委员会（UNCITRAL）仲裁规则（2013 年版）第 26 条第 3 款。联合国国际贸易法委员会（UNCITRAL）国际商事仲裁示范法（2006 年版）第 17A (1)。日本商事仲裁协会商事仲裁规则（2015 年版）第 66.2 条。

第一，根据该仲裁规则，如果仲裁地在除中国内地以外的其他国家或地区，决定主体是法院或仲裁庭。而根据该规则第二十四条的规定，指定紧急仲裁员的时间为仲裁程序开始后至仲裁庭组成之前。我们可以据此推断，对于在仲裁程序开始前的临时措施，即使执行地国家或地区授予紧急仲裁庭/员决定临时措施的权力，依据该规则，也只能由法院予以决定。如上所述，这样的规定并不符合国际通例。

第二，该规则没有明确规定决定主体在决定是否允许采取临时措施时应考虑的因素，但是该规则第二十三条第（一）项与第（二）项规定了当事人申请临时措施的原因，即："因情况紧急，不立即申请保全将会使其合法权益受到难以弥补的损害的，或担心因对方的行为或者其他原因可能使裁决不能执行或者难以执行的"以及"在证据可能灭失或者以后难以取得的情况下"。我们是否可以理解为此即当仲裁庭或紧急仲裁员作为决定主体时应考虑的因素，仔细研读上述表述，我们会发现，"因情况紧急，不立即申请保全将会使其合法权益受到难以弥补的损害的"、"在证据可能灭失或者以后难以取得的情况下"，尚是从客观的角度进行描述，勉强可作为仲裁庭或紧急仲裁员的考虑因素，而"担心因对方的行为或者其他原因可能使裁决不能执行或者难以执行"，则是从申请人主观的角度出发的，断难作为决定是否可以采取临时措施时的考虑因素。

(4)《贸仲规则》(2015 年版）的规定

该规则第 23 条和第 77 条分别对普通仲裁和香港仲裁的临时措施决定主体进行了规定。根据第 77 条，香港仲裁的临时措施由仲裁庭决定，因为根据香港《仲裁条例》的规定，仲裁庭享有临时措施的决定权，故此处同样将该决定权赋予仲裁庭，算是对香港法律的回应。根据第 23 条，当事人依我国法律保全的，决定主体为法院，非依我国法律保全的，可依适用的法律或当事人的约定，由紧急仲裁员或仲裁庭决定临时措施。这样的规定看似与上述上海自贸试验区以及深圳国际仲裁院的规定类似，实则不然。根据上述规定，如果仲裁适用法律为我国以外的其他国家或地区的法律，那么，不管该法律采取的是何种模式，当事人均可约定由仲裁庭或紧急仲裁员决定临时措施，这样规定的后果可能导致当事人依约定以及仲裁规则的规定获得的临时措施决定无法得到强制执行，从而遭受损失。另外，该规则与《上海自贸区仲裁规则》一样，没有规定仲裁庭或紧急仲裁员在决定临时措施时应考虑的因素，故而透明度不够。

(5)《中国重庆两江国际仲裁中心仲裁规则》(2016年版)的规定

如前所述，《中国重庆两江国际仲裁中心仲裁规则》规定，对于依我国法律申请的临时措施，决定主体是人民法院，对于非依我国法律申请的其他临时措施的决定主体仲裁庭，对于成立仲裁庭以前，非依我国法律申请的临时措施的决定主体为临时仲裁庭。这一规定具有以下缺陷：

第一，对于依我国以外的国家和地区的法律申请的临时措施，该规则规定“根据执行国家或者地区有关法律的规定”由紧急仲裁庭或仲裁庭决定，如果执行国家或者地区有关法律授予了紧急仲裁庭或仲裁庭此种权力，那么该规定合情合理，但是，如果相关法律采取法院决定模式，那么，该规定则无法执行。

第二，如上所述，对于依我国以外的国家和地区的法律申请的临时措施，如果申请时间是在仲裁前，则该规则没有对决定主体予以规定。

第三，同《上海自贸区仲裁规则》一样，未对决定主体决定是否允许采取临时措施时应考虑的因素予以明确。

4. 紧急仲裁庭/员

紧急仲裁庭/员制度可以防止仲裁庭组成之前当事人申请临时措施的目的落空，能够有效地保护当事人的合法权益。据香港国际仲裁中心副秘书长刘京介绍，在以往的香港仲裁中，从仲裁庭做出临时措施到法院执行，往往会耗时两到三个月，而当事人申请紧急仲裁后，两天内指定仲裁员，十五天内做出效力相当于仲裁庭所做出的临时措施的决定①。所以，全球主要仲裁规则均对这一制度予以了规定。《上海自贸区仲裁规则》第二十一条规定了紧急仲

① 刘旭颖《两岸四地仲裁加速融合》，2013年10月18日，http：//www. civillaw. com. cn/article/default. asp? id=61244，2016年9月3日。

裁庭的相关事宜，包括紧急仲裁庭的申请、紧急仲裁员的指定、披露义务以及回避、紧急仲裁庭作出临时措施的决定、紧急仲裁庭的解散、紧急仲裁庭的仲裁员不得再担任该案件的仲裁员等。《深圳国际仲裁院仲裁规则》第二十四条规定了紧急仲裁员，相关规定与上述《上海自贸区仲裁规则》类似。《贸仲规则》（2015 年版）则专门以附件的形式制定了《中国国际贸易仲裁委员会紧急仲裁员程序》（以下简称“《贸仲紧急仲裁员程序》”），在该程序中对程序的申请、受理以及紧急仲裁员的指定、披露与回避、紧急仲裁员程序所在地、紧急仲裁员程序、紧急仲裁员的决定以及程序的费用承担等做出了规定。《中国重庆两江国际仲裁中心仲裁规则》第二十二条对紧急仲裁庭予以了类似规定。

应该说，上述有关紧急仲裁庭/员的相关规定相对已有的其他仲裁规则而言，具有重要的创新意义①。但是仍具有以下不足之处：

第一，申请成立的时间过晚。综观上述四部仲裁规则，均规定申请紧急仲裁庭/员的时间为仲裁程序开始后至仲裁庭组成前。对于仲裁程序开始以前，不可以申请紧急仲裁庭/员，这不符合国际通例。目前各主要仲裁机构的仲裁规则均规定申请紧急仲裁庭/员的时间为仲裁庭组成之前，包括仲裁程序开始前②。这样规定的好处在于，对于仲裁前的临时措施，可以由紧急仲裁庭/员决定，进一步体现对仲裁庭的独立性与自主性的尊重，符合当前仲裁的发展趋势。而我国的上述四部仲裁规则将仲裁前这一时间段排除在紧急仲裁庭/员的管辖权之外，除了未体现上述发展趋势外，更实际的问题是，往往会造成仲裁程序前，依我国以外的国家或地区的法律申请临时仲裁时，决定主体要么只能赋予法院，要么落空。

① 其他仲裁规则还没有规定紧急仲裁庭/员的有关事宜。比如：《天津仲裁委员会仲裁暂行规则》（2014 年版）、《厦门仲裁委员会仲裁规则》（2007 年版）、《重庆仲裁委员会仲裁规则》（2013 年版）等。

② 比如：美国仲裁协会（AAA）国际争端仲裁程序（2014 年版）第六条第一款，日本商事仲裁协会商事仲裁规则（2015 年版）第七十条第一款，斯德哥尔摩商会仲裁院（SCC）仲裁规则（2017 年版）APPENDIX II Article 1，等等。

第二，在突出“紧急”方面做得不够。如上所述，临时措施的一大性质是紧迫性，成立紧急仲裁庭/员的根本原因就是因为如果等到组成仲裁庭再执行临时措施，极有可能给当事人造成无法充分弥补的损失，故而要在仲裁庭组建之前成立紧急仲裁庭/员以处理临时措施事宜，所以，紧急仲裁庭/员更应体现“紧急”二字。事实上，纵观国际上主要仲裁机构的仲裁规则均对紧急仲裁庭/员的行为期限做出了严格的，较普通仲裁庭短得多的规定。比如：美国仲裁协会（AAA）国际争端仲裁程序（2014 年版）第六条第二款规定，紧急仲裁员的指定工作必须在一个工作日内完成，对指定的紧急仲裁员有异议的须在一个工作日内提出，该条第三款规定，紧急仲裁员在指定以后必须尽可能快（as soon as possible）地在两个工作日内制定关于临时措施的安排，且这“两个工作日”的期限绝不能突破。又如：日本商事仲裁协会商事仲裁规则（2015 年版）也对紧急仲裁员的行为做出严格的时限限制。该规则第七十二条第三款规定，如果紧急仲裁员认为有必要，可以进行庭审，但是庭审只能举行一天。该条第四款进一步规定，紧急仲裁员必须在指定其为紧急仲裁员后的两周内做出是否采取临时措施的决定，且紧急仲裁员自己无权对该期限予以延长，除非所有当事方均同意或者日本商事仲裁协会认为案件足够复杂或存在其他任何不得已的原因，从而决定延长。另外，联合国国际贸易法委员会（UNCITRAL）仲裁规则（2013 年版）、联合国国际贸易法委员会（UNCITRAL）国际商事仲裁示范法（2006 年版）等也对紧急仲裁庭的行为时限予以了严格规定。应该说，我国上述四部仲裁规则已经注意到了这方面的问题，比如：《上海自贸区仲裁规则》第二十一条第（二）项规定仲裁委员会主任须在 3 日内指定紧急仲裁员，该规则第二十二条还规定紧急仲裁庭应在组成之日起 20 日内做出临时措施的决定。这些期限都较普通仲裁庭的时限短很多。又如：《深圳国际仲裁院仲裁规则》第二十四条对仲裁院指定紧急仲裁员的时限①、当事人提出要求紧急仲裁员回避的时限②以及紧急仲裁员做出

① 参见《深圳国际仲裁院仲裁规则》第二十四条第（三）项。
② 参见《深圳国际仲裁院仲裁规则》第二十四条第（四）项。

临时措施决定的时限[①]等予以了严格规定。《贸仲紧急仲裁员程序》以及《中国重庆两江国际仲裁中心仲裁规则》也做出了类似规定。尽管如此，笔者认为，我国上述四部仲裁规则在突出“紧急”方面仍显不足。比如：《上海自贸区仲裁规则》规定仲裁委员会指定紧急仲裁员时的时限为 3 日，这一规定与国际主要仲裁规则相比较，时限仍然较长，比如：美国仲裁协会（AAA）规定一个工作日，日本商会仲裁协会规定两个工作日，斯德哥尔摩商会仲裁院规定 24 小时，新加坡国际仲裁中心规定一天，可见，与国际主要仲裁规则相比较，《上海自贸区仲裁规则》几乎没有优势。又如：《上海自贸区仲裁规则》在规定紧急仲裁员的披露义务以及当事人对紧急仲裁员的回避申请时，没有做出与普通仲裁程序相区别的时限规定，而是要求直接援用后者的相关规定。而根据该规则第三十一条关于仲裁员披露义务的规定，仲裁员履行披露义务无任何时限限制，根据该规则第三十二条关于对仲裁员提出回避申请的规定，该回避申请应在 10 日或 15 日内提出，上述规定显然无法满足紧急仲裁庭关于“紧急”方面的需求。

第三，相关规定不够明晰。比如：《上海自贸区仲裁规则》规定仲裁委员会主任在 3 日内指定仲裁员组成紧急仲裁庭，此处并未明确 3 日时限的起算点，是从收到当事人要求组建紧急仲裁庭的申请之日起算，还是从当事人申请组成紧急仲裁庭手续完备之日起算，该规则并未明确。又如：《上海自贸区仲裁规则》规定当事人提交组成紧急仲裁庭的申请时，应具体提交何种资料，申请书有无具体要求，等等均未明确规定，仲裁委员会依据什么标准决定是否同意组成紧急仲裁庭，如果仲裁委员会决定不成立紧急仲裁庭，当事人有无相应的救济措施，等等，该规则均未涉及。

第四，紧急仲裁庭与仲裁庭的关系没有理顺。比如：《上海自贸区仲裁规则》第二十一条第（五）项规定，紧急仲裁庭在仲裁庭成立之日起解散，并向仲裁庭移交全部案卷材料。而同时该规则又规定，紧急仲裁庭应在组成之日起 20 日内做出决定，实践中很可能仲裁庭在这 20 日内已经组建完毕。从

---

① 参见《深圳国际仲裁院仲裁规则》第二十四条第（七）项。

字面上理解，紧急仲裁庭即使还没有到 20 日的决定期限也须解散，将案卷交由仲裁庭审查。这可能造成在同一事项上的二次审查，违背仲裁的高效率性以及临时措施的“紧迫性”。事实上，国外一些主要仲裁规则对于紧急仲裁庭/员的解散问题一方面原则性地规定，其应在仲裁庭成立之日起解散，但是另一方面又赋予仲裁机构在认可适当的情况下延长紧急仲裁庭/员处理临时措施的权限①，这样规定不乏具有灵活性，能较好地解决上述“二次审查”的问题，更好地保护当事人的权益。

第五，紧急仲裁庭/员缺乏自裁管辖权（competence-competence）。如前所述，虽然《上海自贸区仲裁规则》、《贸仲规则》（2015 年版）以及《深圳国际仲裁中心仲裁规则》创新性地规定仲裁委员会可以授权仲裁庭自裁管辖权，但是，我国上述仲裁规则却无一例外地没有将该权利授予紧急仲裁庭/员。这样做的后果是，如果当事人提出成立紧急仲裁庭/员的申请，另一方当事人可能提出管辖权异议，根据我国相关法律以及仲裁规则，此时应由仲裁委员会进行审查，从理论上讲，紧急仲裁庭/员程序就应当等待仲裁委员会审查完毕后再进行，这无疑是对仲裁程序效率性以及临时措施“紧迫性”的一大伤害。事实上，国际上主要仲裁规则均除赋予紧急仲裁庭/员决定临时措施的权力以外，还赋予其与普通仲裁庭同样的管理程序性问题的权力，包括自裁管辖权，比如：美国仲裁协会（AAA）国际争端仲裁程序（2014 年版）② 等。我国上述四部仲裁规则应当借鉴相关规定，赋予紧急仲裁庭/员自裁管辖权，才能提高仲裁效率。

---

① 比如：日本商事仲裁协会商事仲裁规则（2015 年版）第七十二条第七款规定：“The madate of the emergency arbitrator shall be terminated on the constitution of the Arbitral Tribunal or on the confirmation or appointment of the substitute arbitrator by the JCAA. The JCAA may extend the mandate，if it considers it necessary.”

② 参见该规则第六条第三款，该款规定：“The emergency arbitrator shall have the authority vested in the arbitral tribunal under Article 19，including the authority to rule on her/his own jurisdiction，and shall resolve any disputes over the applicability of this Article.”

5. 对双方当事人利益平衡的关注

如上所述，采取临时措施的原因是，不下令采取这种措施可能造成损害，这种损害无法通过判给损害赔偿金而充分补偿，从根本上来说，是为了保护申请临时措施的一方当事人的利益，采取临时措施时必然会给相对当事方造成一定的利益减损，故而国际上主要仲裁规则均特别注重对双方当事人利益的平衡，尤其是对相对当事方利益的保护。总结而言，主要有以下几种措施：

第一，要求如果因为临时措施不正确，仲裁庭可以责令申请临时措施的一方当事人赔偿因此给相对方造成的损失。比如：瑞士仲裁规则（2012 年版）第二十六条第四款①，联合国国际贸易法委员会（UNCITRAL）仲裁规则（2013 年版）第二十六条第八款②，联合国国际贸易法委员会（UNCITRAL）国际商事仲裁示范法（2006 年版）第 17G 条③，等等都做出了类似规定。

第二，在临时措施决定做出前听取相对方的意见，给予其陈述的合理机会。一旦临时措施做出，将可能会给相对方带来不利影响，故听取其意见是对其权利进行保护的前提条件。比如：日本商事仲裁协会商事仲裁规则（2015 年版）第六十六条第四款规定："仲裁庭在做出临时措施决定之彰，应给各方当事人进行陈述的合理的机会"，伦敦国际仲裁院（LCIA）仲裁规则（2014 年版）在第 25.1 条中规定："……仲裁庭在做出临时措施决定前应给各方当事人合理陈述的机会"，其还在第 9.7 条中进一步规定："紧急仲裁员需考虑在可能的情况下给各当事方提供机会，以供其对紧急救济提出自己的意见"。联合国国际贸易法委员会（UNCITRAL）国际商事仲裁示范法（2006

---

① 该款规定："The arbitral tribunal may rule on claims for compensation for any damage caused by an unjusted interim measure or preliminary order."

② 该款规定："如果仲裁庭事后确定，在当时的情况下本不应准予临时措施，则提出临时措施请求的一方当事人可能须对此种措施给任何当事人造成的任何费用和损失承担赔偿责任。仲裁庭可在程序进行期间随时就此种费用和损失作出裁决。"

③ 该条规定："如果仲裁庭之后裁定根据情形本不应当准予采取临时措施或下达初步命令，则请求临时措施或申请初步命令的一方当事人应当就该措施或命令对其所针对的当事人造成的任何费用和损害承担赔偿责任。仲裁庭可以在仲裁程序的任何时候判给这种费用和损害赔偿金。"

年版）第17C条第（1）项规定："仲裁庭就初步命令申请做出判定之后，应当立即通知所有当事人，使之了解临时措施请求、初步命令申请、任何已下达的初步命令以及任何一方当事人与仲裁庭之间与此有关的所有其他通信，包括指明任何口头通信的内容"，同时，该条第（4）项还规定在向初步命令所针对的当事人发出通知并为其提供陈述案情的机会之后，仲裁庭才可以下达对初步命令加以采纳或修改的临时措施。上述示范法的规定一方面通过初步命令防止相对方做出可能使临时措施无法达到目的的行为，但是另一方面，通过下达临时措施前给予相对方陈述案情的机会，以达到保护相对方的利益的目的，在双方当事人之间做到了较好的平衡。

第三，在请求或准予临时措施所依据的情况发生重大变化时，要求各方当事人迅速披露此种变化。比如：联合国国际贸易法委员会（UNCITRAL）仲裁规则（2013年版）第二十六条第七款①、日本商事仲裁协会商事仲裁规则（2015年版）第六十八条②均做出了类似规定。值得一提的是，联合国国际贸易法委员会（UNCITRAL）国际商事仲裁示范法（2006年版）第17F条第（1）项也做出了上述类似规定③，同时该条第（2）项进一步规定，"申请初步命令的一方当事人应当向仲裁庭披露一切可能与仲裁庭判定是否下达或维持该命令有关的情形，这种义务应当持续到该命令所针对的当事人有机会陈述案情之时。"可见示范法对于平衡双方当事人的利益的重视程度。

第四，明确规定避免法院与仲裁庭要求临时措施的申请人提供双重担保。仲裁庭做出临时措施的决定后，法院在对该决定的过程中，可能会出于对客观情况的考量，要求申请承认与执行该措施的当事人提供担保，而该当事人有可能在向仲裁庭申请临时措施的过程中已向仲裁庭提供过担保，故而如果

---

① 该款规定："请求或准予临时措施所依据的情况发生任何重大变化的，仲裁庭可要求任何一方当事人迅速披露此种情况"。

② 该条规定："A Party shall disclose to the arbitral tribunal any material change in the circumstances on which the application or the arbitral tribunal' s determination on the Interim Measures is based."

③ 该款规定："仲裁庭可以要求任何当事人迅速披露在请求或者准予采取临时措施时而依据的情形所发生的任何重大变化"。

对该问题不加以解决可能会出现对同一事项要求当事人提供双重担保的情况，这对于申请人是不公平的，也会增加申请人的负担，从而减少临时措施对其的吸引力。所以，联合国国际贸易法委员会（UNCITRAL）国际商事仲裁示范法（2006 年版）第 17H 条第（3）项①对此做出了明确规定。

相比较而言，我国上述四部仲裁规则在平衡双方当事人利益方面有不少需要完善的地方。比如：《上海自贸区仲裁规则》仅规定仲裁庭或紧急仲裁庭应以执行地国家/地区有关法律规定的形式做出临时措施的书面决定，并说明理由，并未要求其在做出相关决定之前应给予当事方陈述的合理机会以及考虑当事方所提的意见②。《贸仲规则》（2015 年版）第二十三条以及第七十七条均有类似规定。值得一提的是，《深圳国际仲裁院仲裁规则》与《中国重庆两江国际仲裁中心仲裁规则》均对紧急仲裁庭/员做出临时措施决定前应保证各方当事人有合理陈述的机会③，但是令人遗憾的是，却未将此规定适用于普通仲裁庭做出临时措施决定。在要求各方当事人迅速披露请求或准予临时措施所依据的情况发生重大变化以及避免法院与仲裁庭提出双重担保方面，我国上述四部仲裁规则均未提及，这不能不说是一个重要遗漏。

6. 关于临时措施的变更问题

对于已经做出的临时措施的变更，一般仲裁规则均规定两种启动模式：以任何一方当事人的申请为主，以仲裁庭自身发起为例外，后一种模式启动时，还需事先通知双方当事人或者给予当事人充分发表意见的机会。这样规定的理由主要是在保证仲裁行为的公正性的基础上最大限度地尊重当事人的

---

① 该项规定："受理承认与执行请求的国家的法院如果认为情况适当，在仲裁庭尚未就担保作出决定的情况下，或者在这种决定对于保护第三人的权利是必要的情况下，可以命令请求方当事人提供适当担保。"

② 参见该规则第二十二条第（一）项的规定。

③ 参见《深圳国际仲裁院仲裁规则》第二十四条第（六）项以及《中国重庆两江国际仲裁中心仲裁规则》第二十二条第三款的规定。

意思自治。比如：瑞士仲裁规则（2012年版）第26.1条①、日本商事仲裁协会商事仲裁规则（2015年版）第六十九条②、联合国国际贸易法委员会（UNCITRAL）仲裁规则（2013年版）第二十六条第五款③、联合国国际贸易法委员会（UNCITRAL）国际商事仲裁示范法（2006年版）第17D条④。

我国上述四部仲裁规则在当事人发起对临时措施的变更方面，大部分只规定了相对方在规定期限内提出异议的权利⑤，未规定超出异议提出期相对方变更临时措施的权利以及申请方要求请求变更该措施的权利。甚至在《中国重庆两江国际仲裁中心仲裁规则》中只有“临时措施异议”的规定，《深圳国际仲裁院仲裁规则》仅规定了对紧急仲裁员做出的决定有异议的情况。也就是说，根据我国上述三部仲裁规则，只有相对方在规定的期限内可以要求变更临时措施，除此之外，当事人再无要求变更该措施的权利。显然，实践中这样的规定是不能有效保障当事人的利益的。只有《贸仲紧急仲裁员程序》规定了真正的由当事人发起的变更临时措施⑥，但是该规定仅适用于紧急仲裁员程序中颁布的临时措施，不能不说是一个遗憾。

另外，我国上述四部仲裁规则在由仲裁庭发起对临时措施的变更方面，要么没有进行规定，如：《贸仲规则》（2015年版），要么规定可自行决定，并

---

① 该条规定：“……Upon the application of any party or, in exceptional circumstances and with prior notice to the parties, on its own initiative, the arbitral tribunal may also modify, suspend or terminate any interim measures granted.”

② 该条规定：“The arbitral tribunal, on the written application of either party, or on its own motion in exceptional circumstances, may modify, suspend or terminate Interim Measures after giving the Parties an opportunity to comment.”

③ 该款规定：“经任何一方当事人申请，仲裁庭可修改、中止或终结其准予的临时措施，或者在特殊情况下经事先通知各方当事人，仲裁庭可自行主动修改、中止或终结其准予的临时措施”。

④ 该条规定：“仲裁庭可以在任何一方当事人提出申请时修改、中止或终结其已准予采取的临时措施或已下达的初步命令，在非常情况下并事先通知各方当事人后，亦可自行修改、中止或终结其已准予采取的临时措施或已下达的初步命令”。

⑤ 参见《上海自贸区仲裁规则》第二十三条、《中国重庆两江国际仲裁中心仲裁规则》第二十四条、《深圳国际仲裁院仲裁规则》第二十四条第（八）项。

⑥ 参见《贸仲紧急仲裁员程序》第六条第（四）项的规定“如果当事人提出请求并说明理由，紧急仲裁员或组成后的仲裁庭有权修改、中止或终止紧急仲裁员的决定”

应当以书面形式做出并说明理由，如：《上海自贸区仲裁规则》①、《中国重庆两江国际仲裁中心仲裁规则》②。显然，与上述国际主要仲裁规则相比较，这种规定在尊重当事方意思自治方面是不够的。

7. 临时措施的遵守与执行问题

如上所述，虽然我国四部仲裁规则在临时措施的规定方面存在诸多需要完善的地方，但是必须承认的是，在无法改变仲裁基本法《仲裁法》的前提下，仲裁规则做出如上安排确实是巧妙的、智慧的结晶，实属不易。但是，在现行国际商事仲裁立法现状下，临时措施仍然面临着执行的问题。也就是说，如果当事人取得了国外仲裁庭作出的临时措施决定，而被保全的财产或证据在我国，该当事人凭借该决定能否要求我国法院强制执行该临时措施？

首先，这涉及《纽约公约》的问题。《纽约公约》是迄今为止在国际商事仲裁领域内影响力最大的国际公约，但是其在对临时措施问题方面却没有做出明确规定。问题的焦点集中在临时措施是否属于《纽约公约》中的"仲裁裁决"的范围。在这方面，各国立法与实践均存在不同程度的差异。比如，有的国家认为，临时保全在一些国家被称为"中间裁决"，应属于《纽约公约》中规定的"仲裁裁决"。比如：美国联邦第七巡回法院在 Publicis Communication & Publicis SA v. True North Communications Inc. 案③中，双方当事人 Publicis Communication & Publicis SA（以下简称 Publicis）与 True North Communications Inc.（以下简称 True North）签订了仲裁协议，约定将双方之间的纠纷提交给伦敦国际仲裁院（LCIA）进行仲裁。后 LCIA 做出

---

① 参见该规则第二十三条第（三）项规定："紧急仲裁庭或仲裁庭可以自行决定是否修改、中止、撤销临时措施决定。仲裁庭亦可以自行决定是否修改、中止、撤销此前由紧急仲裁庭作出的临时措施决定"，该条第（四）项的规定："紧急仲裁庭或仲裁庭根据本条的规定对临时措施决定作出任何变更的，均应以书面形式作出并说明理由"。

② 参见该规则第二十四条第二、三、四款规定：

"紧急仲裁庭或者仲裁庭可自行决定是否修改、中止、撤销临时措施决定。

"仲裁庭亦可自行决定是否修改、中止、撤销此前由紧急仲裁庭作出的临时措施决定。

"紧急仲裁庭或者仲裁庭根据本条的规定对临时措施决定作出任何变更的，均应当以书面形式作出并说明理由。……"

③ 206 F3d. 725（7th Cir.，2000）

一项临时措施决定（order)，但 Publicis 未执行该决定，于是 True North 向法院申请确认该决定的效力。Publicis 提出，仲裁庭做出的上述决定只是一个临时性决定（interim order)，并非《纽约公约》中的仲裁裁决（award)，不具有终局性。针对 Publicis 的这一主张，True North 则提出，仲裁裁决是否有终局性的效力，并获得法院的强制执行力，不是依其名称是“裁决”还是“决定”来定，而是依其具体内容，而 LCIA 作出的该项临时措施决定从内容上看，具有可执行性。后联邦第七巡回法院经审理后认为，LCIA 作出的临时措施决定虽名称为“决定”，但从其内容分析具有终局性，可以根据《纽约公约》对其予以执行。

但是，也有学者与国家不同意上述观点，认为仲裁庭所做出的临时措施决定不具有《纽约公约》裁决的性质。理由是：第一，《纽约公约》所指的仲裁裁决仅指有关实体权利义务的裁决，而临时措施的决定是一项程序性的决定。第二，根据《纽约公约》第五条第一款（戊）项的规定，裁决对各造尚无拘束力，或业经裁决地所在国或裁决所依据法律之国家之主管机关撤销或停止执行者，则该裁决不能得到承认与执行。可见，可以根据《纽约公约》的规定得到法院的强制执行的仲裁裁决不论其名称如何，本质要求是必须具有拘束力（binding)。而仲裁庭做出的临时措施决定，是临时性的，可以在必要的时候由仲裁庭予以修改、撤销甚至终止，是披着“裁决”的外衣，实则并无裁决之实，故而不能依《纽约公约》予以承认与执行。比如：澳大利亚等国即主张外国仲裁庭做出临时措施决定不能通过《纽约公约》获得法院的强制执行。比如：澳大利亚昆士兰州最高法院曾在 Resort Condominiums International Inc. v. Ray Bolwell and Resort Condominiums (Australasia) Pty Ltd. 案中表达了类似观点①，意大利法院在 WTB v. Costruire Coop srl 案中也拒绝承认与执行仲裁庭的临时措施决定。

---

① Pty Ltd., Resort Condominiums International Inc. v. the Supreme Court of Queensland, (1993) Ray Bolwell and Resort Condominiums (Australasia) 118 ALR, p. 655—657.

其次，由于《纽约公约》对于仲裁庭做出的临时措施决定的性质规定得不明确，故有的国家通过国内立法予以明确。比如：《德国民事诉讼法》第1041条规定：（1）除非当事人另有约定，经一方当事人请求，仲裁庭可以就争议事项决定其认为必要的临时保全措施。仲裁庭可以要求任一方当事人提供有关此项措施的适当担保。（2）经一方当事人请求，法院可以准许执行第1款所述措施，除非当事人也已向法院申请相应的临时措施。为执行临时措施，法院认为执行此项措施确有必要时，可以做出与请求不同的裁定。同时，其第1062条第（2）项规定，在第1款第2项第一选择项、第3项或第4项所指情况下，如仲裁地不在德国境内，则反对申请的一方当事人的营业所在地或惯常居所地，或该方当事人的财产所在地或争议财产所在地或临时措施涉及的财产所在地的地区高等法院有权管辖。如无此类地点，则由柏林地区高等法院管辖。该条款中的第1款第3项内容即为“执行、撤销或修改仲裁庭作出的临时保全措施的裁定”①。由此可见，德国《民事诉讼法》为仲裁庭做出的临时措施决定在域外执行提供了明确的法律依据。另外，我国香港地区在2000年修订的《仲裁条例》中也明确规定：“由仲裁庭在仲裁程序中或就仲裁程序所作出或发出的裁决、命令或指示，可犹如具有相同效力的法院判决、命令或指示般以相同的方式强制执行，但只有在得到法院或法院法官的许可下方可如此强制执行。如法院或法官给予该许可，则可按该裁决、命令或指示而做出判决”，同时，该条例还规定该条例的规定适用于在香港或香港以外地方做出或发出的裁决、命令及指示。为了支持这一新的立法趋势，联合国国际贸易法委员会（UNCITRAL）国际商事仲裁示范法（2006年版）第171条对法院承认与执行仲裁庭做出的临时措施决定予以了明确规定，同时还规定受理承认或执行请求的法院不应对临时措施的实质内容进行审查。

可见，有关仲裁庭做出的临时措施的遵守与执行问题是全球面临的一个共同问题，如上所述，我国《仲裁法》并不认可仲裁庭在临时措施方面的决

---

① 毛海波《自由贸易试验区框架下国际商事仲裁临时措施制度研究》，《仲裁研究》第三十七辑。

定权，这无疑使我国上述四部仲裁规则在临时措施方面的创新努力大打折扣，建议借鉴我国有关学者的观点，对我国《仲裁法》予以修改。首先，明确临时措施决定的身份，即明确其为仲裁裁决；其次，赋予仲裁庭做出临时措施裁决的权力；最后，法院应当将仲裁临时措施裁决视为仲裁裁决予以执行①。

第六节　仲裁机构的独立性

一、我国法律对仲裁机构的性质与定位

仲裁机构的性质与定位决定了仲裁机构的包括财务管理制度、人事管理制度在内的管理模式与运营方式，我国《仲裁法》规定仲裁机构由人民政府组织有关部分与商会统一组建②，同时还规定仲裁机构独立于行政机关③，行政机关不得干涉仲裁的进行④。但并未明确规定仲裁机构的性质及法律定位。从《仲裁法》第十一条第一款⑤关于仲裁机构的设立条件来看，其与我国《民法通则》关于法人的设立条件⑥基本相符，我们基本可以将仲裁机构归类于法人。但是，依据我国《民法通则》的相关规定，法人分为四类：企业法人、机关、事业单位以及社会团体法人，那么，仲裁机构到底属于哪一类法人，

---

① 张虎《〈自贸试验区仲裁规则〉下临时措施实践的困境与出路》，《大连海事大学学报》（社会科学版）2015 年第 6 期。

② 参见《仲裁法》第十条。

③ 参见《仲裁法》第十四条。

④ 参见《仲裁法》第八条。

⑤ 该款规定："仲裁委员会应当具备下列条件：（一）有自己的名称、住所和章程；（二）有必要的财产；（三）有该委员会的组成人员；（四）有聘任的仲裁员。"

⑥ 参见《民法通则》第三十七条的规定："法人应当具备下列条件：（一）依法成立；（二）有必要的财产或者经费；（三）有自己的名称、组织机构和场所；（四）能够独立承担民事责任"。

《仲裁法》却并没有给出明确答案，由此导致了对仲裁机构的性质及定位的激烈争论。在学术界，有的认为仲裁机构属于准司法机构，有的认为仲裁机构属于特殊的事业单位法人，还有观点认为，仲裁机构属于民间组织，除此以外，还有“中介服务机构说”、“非营利法人说”等[①]。在实务界，2007 年 5 月，北京仲裁委员会曾就仲裁机构性质问题向全国 180 多家仲裁机构进行问卷调查，有 80 家仲裁机构反馈了问卷。调查结果显示，在仲裁机构性质问题上，2.5％选择“行政机关”，5％选择“其他”，48.7％选择“行政性或行政支持类事业单位”，30％选择“公益性或社会公益类事业单位”，13.8％选择“经营性或经营开发服务类事业单位”[②]。

可见，由于法律对于仲裁机构性质的“缄默”，导致《仲裁法》实施二十余年来，我国仲裁机构一直没有找到自己合适的定位。事实上，仲裁机构定位模糊，是导致其管理模式不科学、财务管理制度以及人事管理制度混乱的根本原因，严重地影响了仲裁机构的健康发展，比如：仲裁机构无法准确定位自身的功能。有的仲裁机构对外成为了“全能”机构。这些“全能”机构除了承担宣传推广仲裁制度、对仲裁案件给予案件全流程管理与服务外，还具有较强的“行政”或“官方”色彩，作为“类政府部门”承担着某些本应由政府部门承担的职能，“服务”的职能少，“管理”的职能多，成为政府运作体制的一部分，仲裁机构“行政化”严重，以至于有学者感叹道：“仲裁机构行政化已严重影响我国仲裁事业的健康发展，如不加以迅速改革和彻底摆脱行政干预仲裁，而将新的仲裁机构仍置于行政权的保护之下，很容易使人们对仲裁的独立性和公正性产生怀疑，最终使仲裁机构将会丧失信誉，使仲裁机构处于‘无米下锅’的困境”[③]。再如：仲裁机构定位不清晰还会对仲裁业务造成不良影响，其中最严重的就是导致仲裁诉讼化。如上所述，在仲裁机构是准司法机构的思想指导下，过分强调仲裁的准司法性，忽视仲裁的根

① 涂卫，王晓川《我国仲裁机构的法律定位——以仲裁管理体制改革为背景的考察》，《中国青年政治学院学报》2012 年第 2 期。

② 王红松《我国仲裁机构的法人定位问题》，《人民法院报》2008 年 2 月 19 日。

③ 宋朝武《中国仲裁制度：问题与对策》，经济日报出版社，2002 年，第 314—315 页。

本属性——意思自治。再加上我国《仲裁法》很多程序规定类似于诉讼程序，导致我国仲裁业务“在一定程度上背离了仲裁的契约本质，有仲裁之‘形’，而缺仲裁之‘神’，缺乏市场经济之‘神’”①。

二、我国自贸试验区仲裁机构在关于性质与定位方面的改革与探索

1. 简要介绍

如上文所述，我国几大自贸试验区均对仲裁予以高度重视，特别是上海自贸试验区还制定了我国首部自贸试验区仲裁规则，在友好仲裁、第三人制度等方面均有较大创新，但是，遗憾的是，这些创新均没有涉及仲裁机构的法律定位。目前我国自贸试验区在仲裁机构的性质与定位方面所进行的改革与探索，比较值得关注的主要是深圳国际仲裁院。

而深圳国际仲裁院则通过深圳市人民政府出台政府规章《深圳国际仲裁院管理规定（试行）》（以下简称《规定》）对其定位以及运作进行规定。该《规定》将深圳国际仲裁院定位为不以营利为目的的、独立的事业单位法人②。同时，深圳国际仲裁院还采取法人治理结构，设置理事会作为其决策机构③，理事会下设规则修订委员会、薪酬委员会等委员会，同时设置执行管理机构负责仲裁院日常工作的执行与管理④。

2. 评析

（1）国际实践与经验考察

仲裁制度作为西方舶来品，我国在设计相关制度时固然要考察我国不同于西方的实际情况，但是追根溯源地研究其在西方的“原生状态”也同样重要。在仲裁机构的定位与性质方面亦是如此。

---

① 赵健《回顾与展望：世纪之交的中国国际商事仲裁》，《仲裁与法律》2001 年第 1 期。

② 参见《深圳国际仲裁院管理规定（试行）》第三条。

③ 参见《深圳国际仲裁院管理规定（试行）》第五条。

④ 参见《深圳国际仲裁院管理规定（试行）》第十一条。

纵观全球主要仲裁机构的模式，主要有公司式[①]、社团法人式[②]、商会附设式[③]以及其他方式[④]。尽管全球主要仲裁机构的模式并不统一，但是无论是哪种模式，均具有以下几个共同点：第一，独立自治性。无论哪一种模式下的仲裁机构，在管理事务方面，不受任何机构的干涉。即使是商会附设式，也依然只是在组织结构和资源获取具有附属性，其行使职权都是完全自治的[⑤]。第二，非营利性。也就是仲裁机构为当事人提供法律服务，也收取一定的费用，但是并不是如营业性法人一般以获取利润为目的，该费用只用于支持仲裁机构日常运作、管理以及其他公益性支出。如果仲裁机构在运行的过程中出现入不敷出的情况，则其设立机构有义务使其正常维持下去。所以，纵观上述各种模式的仲裁机构，其设立机构均是具有公共服务职能的机构。比如：伦敦国际仲裁院是由原伦敦仲裁院与皇家特许仲裁员协会合并而成的[⑥]，日本商事仲裁协会由日本工商联合会与其他一些大的工商组织共同建立，商会附设式的仲裁机构则均由商会设立。仲裁机构为当事人提供仲裁服务的目的是公正地解决当事人之间的争议，如果放弃这一性质，很可能导致裁决不公，使仲裁丧失生命力，故坚持仲裁机构非营利性的性质极其重要，特别是目前我国积极推进仲裁体制改革，大量呼声要求仲裁机构脱离“二政府”的情况下，坚持非营利性显得尤为重要。第三，公益服务性。仲裁机构的主要职能是提供仲裁服务，其为当事人解决争议，同时也会获取报酬。但是获取报酬并非其最终目的，其终极目标是更好地提供社会公共服务，为当事人提供最佳的仲裁产品。第四，民间性。国际上主要的仲裁机构均独立于政府，属于民间力量。即使是由政府设立，但是一旦成立以后就独立于政府。政府设立仲裁机构，只是体现出政府对仲裁的一种支持，而且事实上，并非

---

① 比如：美国仲裁协会（AAA）、伦敦国际仲裁院（LCIA）。

② 比如：德国仲裁协会（DIS）。

③ 比如：斯德哥尔摩商会仲裁院（SCC）设于斯德哥尔摩商会以下。

④ 比如：国际商会仲裁院（ICC）虽附设于国际商会，但独立于任何国家。

⑤ 比如：斯德哥尔摩商会仲裁院（SCC）虽然设于斯德哥尔摩商会下，但是其行使职权却是独立的。参见 http：//www. sccinstitute. com/about-the-scc/。

⑥ 参见 http：//www. lcia. org/LCIA/history. aspx。

所有仲裁机构的设立均有政府参与其中。

从上述分析可知，仲裁机构采取何种模式并非问题的关键，关键在于仲裁机构必须坚持上述四大性质。

（2）深圳国际仲裁院值得肯定的创新

第一，创新地走上了制度化道路。不同于以往的仲裁机构改革，深圳国际仲裁院采取的是通过“一机构一立法”的方式，明确仲裁机构的性质、管理结构等，实现了仲裁机构管理模式的制度化，避免了以人为主导的改革的反复性与不稳定性，较之前我国仲裁机构的改革探索是一大进步。

第二，从《规定》的内容来看，深圳国际仲裁院借鉴的较多的是国际上由政府设立但又独立于政府的仲裁机构的运行模式，试图构建虽由政府组建，但却独立于政府的管理模式。应该说，深圳国际仲裁院的改革并没有切断其与政府的联系，在现有体制下，既保持了相当的生存能力，也能够较大程度上保障其自身的独立自治性。

第三，在对仲裁机构性质的定位上，《规定》明确其是独立的、非营利的法人，且建立以理事会为核心的法人治理结构，配套了相关的独立财务制度、市场化用人机制等。

（3）从深圳国际仲裁院的改革实践看我国仲裁机构改革的完善

第一，关于仲裁机构的性质定位问题。如前所述，仲裁机构的性质与定位问题是目前我国仲裁机构改革的根本性问题。《规定》虽然明确了深圳国际仲裁院的独立性与非营利性，但是却将其定位于事业单位法人。根据《中共中央国务院关于分类推进事业单位改革的指导意见》，我国事业单位划分为行政类、经营类、公益类。公益类又分为承担义务教育、基础性科研、公共文化、公共卫生及基层的基本医疗服务等基本公益服务，不能或不宜由市场配置资源的“公益一类”，与承担高等教育、非营利医疗等公益服务，可部分由市场配置资源的“公益二类”。应该说，仲裁机构既不属于此处的“公益一类”，也不完全属于“公益二类”，即使是勉强属于“公益二类”，与之相对应的财务制度、人事管理制度也存在很大缺项。比如：按照《关于分类推进事业单位改革中财政有关政策》规定，“对事业单位利用国家资源、国有资产等提供特定公共服务取得政府非税收入，要严格按照‘收支两条线’规定的要求，上缴国库或财政专户。对事业单位向社会提供经营服务取得的收入，要全额纳入单位预算，统一核算、统一管理，主要用于公益事业发展”，“对改革后仍保留在事业单位序列的事业单位，各级财政部门要切实履行财政管理职能，……进一步健全事业单位财务管理制度，强化预算约束，规范收支管理，加强财务监督检查”，“各事业单位及其主管部门要进一步加强单位内部管理……要加强对事业单位经济活动的财务控制和监督”。由此可见，如果将仲裁机构划为事业单位，则其必须遵守“收支两条线”的财务制度，且由其主管部门以及财政部门对其进行财务控制与监督，只会进一步加强仲裁机构对行政部门的依附，根本无法实现其财务独立性。另外，《深化事业单位工作人员收入分配改革的意见》第二条第（二）项规定，“各地综合考虑经济发展、财力状况、物价消费水平……公务员规范后津贴补贴水平等因素……确定当地事业单位本年度绩效工资水平控制线，各事业单位绩效工资水平原则上不得高于控制线”，这势必会影响仲裁机构市场化的用人机制。而《规定》为深圳市人民政府的政府规章，根据 1992 年《全国人民代表大会常务委员会关于授权深圳市人民代表大会及其常务委员会和深圳市人民政府分别制定法规和规章在深圳经济特区实施的决定》，只有深圳市人民代表大会及其常务委员会享有立法变通权，深圳市人民政府规章是不具有上述变通权的，故《规定》必须遵守上述所列国务院法规的规定，《规定》中与其不符的规定即不生效，由此可见，《规定》中有关深圳市国际仲裁院的财务、人事独立的规定在效力上存在瑕疵。笔者认为，解决这一问题的思路有两个：一是在修改上述国务院法规，增加事业单位的类型，让仲裁机构既能保持非营利社会公益组织身份，又实行企业化管理的灵活机制①。这一解决路径需要国家法律法规进行顶层设计，在目前自贸试验区层级难以实现。二是修改《规定》中关于仲裁机构的法律定位，将其定位为非营利性法人。事实上，将深圳国际仲裁院定位

① 王红松《仲裁机构在事业单位分类中的困境及建议——以北京仲裁委员会为例》，《北京行政学院学报》2012 年第 3 期。

为事业单位是《规定》为其戴上的“紧箍咒”，在此之前，并没有相关法律法规明确规定我国仲裁机构是事业单位法人，相反，从相关规定中可以看出，仲裁机构并不属于事业单位法人。如：《国务院办公厅关于印发〈重新组建仲裁机构方案〉、〈仲裁委员会登记暂行办法〉、〈仲裁委员会仲裁收费办法〉的通知》（国办发［1995］44号）规定：“仲裁委员会设立初期，其所在地的市人民政府应当参照有关事业单位的规定，解决仲裁委员会的人员编制、经费、用房等”，既然是“参照有关事业单位的规定”，就说明我国最初对仲裁机构的定位是非事业单位法人，只是在后来的实践中，大多数仲裁机构在重新组建中定位为事业单位法人，极少数被定为行政机关。由于认识不统一，在定位为事业单位法人的仲裁机构中，法人定性不同，管理模式大相径庭。如有些被定为行政性事业单位，实行参公管理；有些定为公益型事业单位，实行全额或差额拨款；还有些实行事业单位企业化管理，实行企业的财会和纳税制度①。所以，将仲裁机构定位为事业单位法人，是实践对相关规定的异化。将仲裁机构定位为非营利性法人至少具有以下好处：一是，将法人区分为营业性法人和非营利性法人是国际通用的法人界定分类概念，将仲裁机构定位为非营利性法人，能够与国际通行的非营利组织定性标准衔接②，扩大我国仲裁机构在国际范围内的认同度。二是，将仲裁机构定位为非营利性法人，能使仲裁机构摆脱“事业单位法人”的政策束缚。三是，在税收方面，仲裁机构可以享受非营利组织的税收政策。如果在仲裁机构改革的过程中，不将其定位为非营利性法人，则很可能让仲裁机构承担与营利性企业同样的税赋，比如：北京仲裁委员会。如此沉重的税赋，与仲裁机构的公益性与非营利性的性质是不相符的，而且也会让仲裁机构担忧改革后的收益问题而拒绝改革。

第二，《规定》对于解决深圳国际仲裁院“独立性、民间性”问题不够彻底。比如：《规定》第七条规定，“理事由深圳市人民政府聘任，……，理事

---

① 王红松《仲裁机构在事业单位分类中的困境及建议——以北京仲裁委员会为例》，《北京行政学院学报》2012年第3期。

② 涂卫，王晓川《我国仲裁机构的法律定位——以仲裁管理体制改革为背景的考察》，《中国青年政治学院学报》2012年第2期。

长由深圳市人民政府按照规定程序任命”，规定第十二条第二款规定，“秘书长和副秘书长……由深圳市人民政府任命”，这样的人员任命规定可能会造成新的仲裁机构行政化问题。在这方面，我国北京仲裁委员会改革的经验值得学习与推广。北京仲裁委员会通过自发改革，主张坚持仲裁机构的“民间性”，在“人”“财”方面均与政府和行政机关彻底脱钩①，在“人”的方面，实行市场化的用人机制，减少“公职仲裁员”人数，人员全部实行聘任制，公开招聘，公平竞争，择优录取②，在“财”方面，废除事业单位的“收支两条线”，实行“自收自支”，可谓是我国仲裁机构改革的先驱者。

第七节　小额仲裁程序

一、小额仲裁程序概述

1. 小额争议程序

较“小额仲裁程序”更大的一个概念是“小额争议程序”。所谓小额争议程序，通常是指适用于争议标的额较小的案件的特殊程序。一般认为，以特殊程序解决小额争议的做法来自于美国在 20 世纪初率先创立的一种民事诉讼制度，也即小额诉讼。

2. 小额外仲裁程序

近年来，这种观念也为仲裁制度所采纳，小额争议程序开始出现在仲裁实践中，并获得良好的社会效应。小额争议程序的价值取向十分明确，即低成本和高效率；概括而言，小额争议程序的特点就是在运作上强调快捷高效，

---

① 黄亚英《商事仲裁前沿理论与案例》，中国民主法制出版社，2013 年，第 56 页。

② 易丽丽《北仲：事业单位支行政化的范本》，《发展》2013 年第 3 期。

时限相比一般程序大大缩短，同时，收费往往远低于一般仲裁程序。可见，仲裁中的小额争议程序是针对其所解决争议的特点，将仲裁制度对低成本和高效率的追求推向极致的一种特殊程序。相对于诉讼而言，仲裁其实有着更为适合小额争议程序发展的土壤。其一，小额争议程序的高效价值取向与仲裁程序相一致。仲裁制度以追求效率为本位，也是其相较于诉讼制度的最重要优势之一，而小额争议程序的本质就是为此类简单争议的解决设置一条快速通道，因此二者对于高效价值的追求是完全契合的。其二，小额争议程序强调程序的灵活便利，这也是仲裁程序的突出优势之一。正是由于小额争议程序与仲裁制度的协调性，美国的小额法院在处理争议时都开始借助仲裁制度的力量，利用仲裁方式解决小额诉讼案件。其三，小额仲裁程序在对于某些争议方面，意义重大。比如：在知识产权类争议中保密协议纠纷，权属纠纷，海事争议方面均具有十分重要的意义。因而，在仲裁程序中引入小额争议程序是完全合理和可行的。①

二、国外有关小额仲裁程序的规定与实践

各国立法鲜有对小额仲裁程序作出规定。但是，不少国家的国内立法明确规定仲裁的快速低费目标。英国 1996 年《仲裁法》在制定之初就确立仲裁程序的五项基本目标，其中首要目标就是“使仲裁实现公正、快捷、经济”②。为保证这一目标的实现，该法不仅确立了相应的基本原则，而且在大量条款中确立了相应的具体措施。比如：在许多程序环节设置了较严格的时间限制，赋予仲裁庭重要的权力，甚至将一些原先专属于法院的权力也赋予仲裁庭，这样一方面减少了法院对仲裁的干预，另一方面仲裁庭享有对一些事项的自主决定权而不必等待法院的裁决实质性地提高了仲裁程序的效率，同时，为

① 上海国际仲裁中心国际商事仲裁研究中心，华东政法大学中国自由贸易区法律研究院《〈中国（上海）自由贸易试验区仲裁规则〉解读》，第 36 页。

② 邓杰《伦敦海事仲裁制度研究》，法律出版社，2002 年，第 35 页。

防止仲裁程序因一方当事人就有关事项向法院申请裁定而被延误，该法还规定在法院裁判当事人提出的申请期间，仲裁庭可以继续进行仲裁程序并做出裁决，从而保障仲裁程序不受法院审查程序的干扰，同时也可以有效防止一方当事人滥用申请法院做出决定的机会采取拖延战术，不适当地延误仲裁，等等。可以说，快速低费目标贯穿了英国1996年《仲裁法》的始终。

从主要仲裁机构的实践来看，伦敦海事仲裁员协会（LMAA）与香港国际仲裁中心（HKIAC）是特别设置有小额仲裁程序的仲裁机构代表。

以伦敦海事仲裁员协会为例，该协会从1989年开始颁布小额索赔程序规则（Small Claims Procedure，SCP），历经1994年、1998年、2002年、2006年以及2012年五次修改。小额索赔程序规则针对申请金额以及反请求金额不超过5万美元的简单争议做出了以下与普通争议不同的规定：

1. 由独任仲裁员对案件进行仲裁①

规定由独任仲裁员对案件进行仲裁可以达到快速低费的效果。其一，在选任仲裁员时，独任仲裁员的指定较非独任仲裁员的指定更省时；其二，独任仲裁员在仲裁案件的过程中，独自做出判断，节省了与其他仲裁员商议，最终达成一致或多数意见的时间；其三，由独任仲裁员对案件进行仲裁，当事人只需支付一名仲裁员的费用，达到了节省费用的目的。

2. 收取较普通仲裁程序金额更小的仲裁费用

根据《小额索赔程序规则》，该程序目前的仲裁庭收费是3000英镑②，协会可随时调整。该固定收费包括了对仲裁员的指定费用、中间费用、不超过一天的听审费用、仲裁裁决书的书写费用以及费用评定（如有）的费用③。这一金额相对于普通仲裁程序的收费是十分低廉的。所以，有评论说，那些接受指定担任小额外索赔程序仲裁员的人，在费用和酬劳上为海运服务业做出

① The London Maritime Arbitrators Association “Small Claims Procedure (2012)”, Art. 2 “Appointment of Arbitrator”.

② http://www.lmaa.london/notes-on-fees.aspx，2016年12月3日。

③ The London Maritime Arbitrators Association “Small Claims Procedure (2012)”, Art. 3 “The Arbitrator's Fee”.

了无私的牺牲与奉献①。

3. 排除当事人的上诉权

如上所述，英国1996年《仲裁法》增强了仲裁庭的权力，甚至将一些原先专属于法院的权力也赋予了仲裁庭，该小额索赔程序则更进一步，排除了当事人针对仲裁庭做出的仲裁裁决的上诉权，但是，仍然保留了当事人针对仲裁庭作出的有关管辖权裁决的上诉权②。这样规定能够保证仲裁裁决做出后，迅速得到执行。

4. 对相关程序做出严格的时间以及篇幅限制

（1）为了达到快速低费的目的，该规则对小额索赔程序中的相关行为均规定了严格的时间限制，比如：规定申请人向被申请人送达仲裁申请书及相关文件的时间必须在其收到指定仲裁员的确认或通知的14天以内，而被申请人在收到该申请书之日起28天内向申请人送达其答辩书、反请求书（如果有反请求的话）及相关文件③。

（2）为了突出其可操作性，相关的时间限制规定得十分细致。比如：在规定仲裁庭的庭审时间时，该规则甚至规定“庭审时间一共不应超过一个工作日，每工作日以五个小时计算”④，如此精确的时间限制规定一方面能够更好地服务于仲裁实践，另一方面也避免了通过延长每个工作日的实际工作时间来规避该时间限制。

（3）为了让规则能够满足不同的现实需求，对时间限制也作了一定的延期规定，但同时，也对该延期的最长期限予以了限制，使规则在严格限制时间的基础上不乏灵活性。比如：规定申请人与被申请人提交申请书、答辩状的时间可以经当事人申请的前提下予以延期，但是同时也规定仲裁员本人所

---

① Commentary on the LMAA Small Claims Procedure 2012, p. 2.

② The London Maritime Arbitrators Association “Small Claims Procedure (2012)”, Art. 4 “Right of Appeal Excluded”.

③ The London Maritime Arbitrators Association “Small Claims Procedure (2012)”, Art. 5 “Procedure”.

④ The London Maritime Arbitrators Association “Small Claims Procedure (2012)”, Art. 5 “Procedure” (j).

允许的时间加上双方当事人之前对同一延期申请所约定的延期时间总和不超过 28 天。①

（4）为了避免当事人超过规则规定的时间期限从事一定行为，也为了仲裁程序能够顺利快速地进行，该规则还规定了当事人超期为一定行为的不利后果。比如：规则规定当事人在规定期限之后提交的任何陈述文书都不会被仲裁员采纳，② 当事人如果没有充足理由不在规定时间提供相关证明文件，则仲裁员可以在推定该文件的内容不利于该当事人的基础上继续仲裁程序③。

（5）对当事人提交的文件进行篇幅限制。比如：规定申请人与被申请人提交的申请书、答辩状等不能超过 2500 字，规定任何专家报告都不得超过 2500 字等④。这样的篇幅限制在简化程序的基础上也节约了成本。

5. 规定不同于普通仲裁程序的审理方式以及程序

该规定为了体现仲裁程序的快速，也为了节省相关费用，规定了不开庭审理的原则⑤，同时，在一些审理程序方面，也进行了简易化。比如：该规则规定在仲裁程序中，当事人的文件不需要披露，这无疑为节省时间与费用提供了相当大的便利⑥。

---

① The London Maritime Arbitrators Association "Small Claims Procedure (2012)", Art. 5 "Procedure" (e).

② The London Maritime Arbitrators Association "Small Claims Procedure (2012)", Art. 5 "Procedure" (f).

③ The London Maritime Arbitrators Association "Small Claims Procedure (2012)", Art. 6 "Disclosure of Documents" (a).

④ The London Maritime Arbitrators Association "Small Claims Procedure (2012)", Art. 5 "Procedure" (a), (b), (h).

⑤ The London Maritime Arbitrators Association "Small Claims Procedure (2012)", Art. 5 "Procedure" (j).

⑥ The London Maritime Arbitrators Association "Small Claims Procedure (2012)", Art. 6 "Disclosure of Documents" (a).

三、我国相关立法与仲裁机构的规定与实践

1. 我国《仲裁法》的规定

我国《仲裁法》第一条规定，制定该法的目的是："保证公正、及时地仲裁经济纠纷，保护当事人的合法权益，保障社会主义市场经济健康发展"，再结合该法的其余条款可知，我国《仲裁法》并未如英国 1996 年《仲裁法》一样将"快速低费仲裁"作为发展仲裁的目标之一。所以，纵观这部仲裁基本法，并没有规定任何适用于较小金额的争议的仲裁程序。

2. 我国大部分仲裁规则的规定

随着仲裁业的发展，我国大部分仲裁规则在《仲裁法》的基础上进行了部分创新。包括《贸仲规则》（2015 年版）在内的众多仲裁规则规定了简易程序①。简易程序相较于普通仲裁程序在仲裁庭的组成、仲裁程序的时间限制、仲裁费用的收取等方面都有所不同，某种程度上体现了仲裁程序的快捷低费，满足了当事人的需求。但是，这种简易程序与此处讨论的小额仲裁程序不同，如果可以类比的话，上述众多仲裁规则中的简易程序更接近于伦敦海事仲裁员协会的快速低费仲裁程序，其与小额仲裁程序不同的是，争议金额介于普通程序与小额仲裁程序之间，这样的程序固然较普通仲裁程序更快捷低费，但是小额仲裁程序在省时省钱方面来得更加彻底。以《上海自贸区仲裁规则》为例：简易程序一般适用于人民币 100 万元的争议，而小额仲裁程序则适用于争议金额不超过 10 万元人民币的案件；在简易程序中，被申请人提交答辩状的期限为收到仲裁通知之日起 20 日内②，小额仲裁程序则为 10 日③；在简易程序中，仲裁庭应在组庭之日起 3 个月内做出裁决书④，而小额仲裁程序则

---

① 比如：《贸仲裁则》（2015 年版）第四章"简易程序"，《深圳国际仲裁院仲裁规则》第九章"简易程序"，《中国重庆两江国际仲裁中心仲裁规则》第八章"简易程序"。

② 参见《上海自贸区仲裁规则》第六十五条。

③ 参见《上海自贸区仲裁规则》第七十三条。

④ 参见《上海自贸区仲裁规则》第六十八条。

需要在45天之内做出①，在费用方面，小额仲裁程序只需要支付100元案件受理费与1250元的案件处理费用，这相较于简易程序至少接近10000元的案件受理费与处理费用，十分低廉②。

可见，我国大部分仲裁规则虽然在《仲裁法》的基础上进行了创新，规定了简易程序，但是，与国外有关小额索赔程序相比较，仍无法有效满足当事人的需求。

3.《上海自贸区仲裁规则》的规定与实践

《上海自贸区仲裁规则》是我国首部也是迄今为止唯一一部对小额仲裁程序予以了规定的仲裁规则。该规则以第九章专章对小额仲裁程序予以了规定。从上述与简易程序的比较可知，该规则的小额仲裁程序有效地借鉴了国际上“快速低费”仲裁的理念，在仲裁时间、费用、仲裁庭组成、仲裁庭审理方式等方面进行了不同于普通仲裁程序也不同于简易程序的设计。同时，《上海市第二中级人民法院关于〈适用中国（上海）自由贸易试验区仲裁规则〉仲裁案件司法审查和执行的若干意见》（以下简称《上海二中院适用〈上海自贸试验区仲裁规则〉的意见》）中对于小额仲裁程序案件的司法审查予以了支持。比如：该意见第四条规定，对于小额争议程序仲裁案件的立案审查应当当日审查，符合立案条件的，当日立案。该意见第八条进一步规定，当事人申请撤销仲裁庭适用小额争议程序作出的仲裁裁决的，一般应在立案之日起十日内组织听证或询部当事人，并在立案之日起二十日内做出裁定。上述上海第二中级人民法院对上海国际仲裁中心依小额仲裁程序裁决的案件的司法支持，能够在实践中形成合力，进一步体现上海自贸试验区内仲裁的快速与低费。

尽管如此，《上海自贸区仲裁规则》中有关小额仲裁程序的规定仍有以下需要完善的地方：

1. 该规则将小额仲裁程序限定为只适用于国内争议③，这一适用范围过

---

① 参见《上海自贸区仲裁规则》第七十六条。

② 参见“上海国际仲裁中心仲裁费用”，http：//www. cietac－sh. org/SHIAC/arbitrate _ fee. aspx，2016年12月5日。

③ 参见《上海自贸区仲裁规则》第七十一条。

于狭窄，而且容易造成不必要的混淆。一方面，如前所述，区分“国内争议”与“涉外争议”，在实践中存在模糊之处。另一方面，在我国自贸试验区内，国际经济交往更为频繁，相应地，涉外经济纠纷也较多，在这样的情况下，将涉外经济纠纷排除在小额仲裁程序的适用范围外，对于充分发挥该程序的效用，提升上海国际仲裁中心对当事人的吸引力方面大打折扣。

2. 对当事人的意思自治尊重得不够。比如：根据该规则第七十一条的规定，只要是争议金额不超过人民币10万元的国内争议案件均适用小额仲裁程序，无须得到当事人的同意。事实上，由上文的论述可知，小额仲裁程序提供了较普通仲裁程序更快速、低费的程序规则，但是与此同时，也限制了更多的当事人意思自治，删除了一些保证结果公平正义的程序规定。所以，当事人是否要以此为代价换取更高的效率，应该交由当事人决定，而非强制性地适用。事实上，这也是伦敦海事仲裁员协会适用其小额索赔程序规则的前提条件①。又如：根据该规则第七十二条的规定，小额仲裁程序中的仲裁员直接由仲裁委员会主任予以指定，而非当事人共同选定。笔者揣测，之所以做出这样的规定，是为了节省选任仲裁员的时间，避免当事人因无法共同选任仲裁员而耽误仲裁程序。但是，选任自己信任的仲裁员是仲裁程序得以进行的基础之一，同时，该程序没有并没有规定对于该独任仲裁员的申请回避、仲裁员披露可能影响仲裁程序独立性与公正性的信息等特殊的规定。也就是说，如果仲裁委员会指定了独任仲裁员，当事人依然可以依该规则在普通仲裁程序中规定的申请仲裁员回避，仲裁员披露相关信息的程序对该独任仲裁员提起回避申请等，这并不能真正达到缩短仲裁程序的时间，违背了做出该规定的初衷。

3. 对程序中各个环节的时间限制不够严格。《上海自贸区仲裁规则》对于小额仲裁程序各环节作出了较普通仲裁程序更为严格的时间限制。笔者认为，这仍显不够。比如：该规则规定对于开庭审理的案件，当事人有正当理

---

① The London Maritime Arbitrators Association “Small Claims Procedure (2012)”, Art. 2 “Appointment of Arbitrator” (a).

由的可以请求延期开庭，但是对于最长可以延期多久，却没有相应的时间限制。又比如：该规则第七十六条规定经仲裁庭请求，仲裁委员会秘书长认为确有正当理由和必要的，可以延长仲裁庭作出裁决的期限，但是同样的，也没有规定最长可以延长多久，是否可以超过普通程序以及简易程序规定的裁决期限呢，我们不得而知。从立法目的来看，对该期限的延长是不可以超过后者的，否则小额仲裁程序就失去了其“快速性”的优势。与上述伦敦海事仲裁员协会小额索赔程序相比较可知，《上海自贸区仲裁规则》在对小额仲裁程序各环节的时间限制上仍存在诸多不够细腻的地方，这将势必导致其在实践中可能根本无法发挥出其应有的功效。

4. 对小额仲裁程序的设计方面不够完善。比如，在对审理方式的规定方面，该规则规定可以开庭审理，也可以书面审理。从字面上理解，这两种审理方式是平行的，不存在孰先孰后的问题。但事实上，众所周知，开庭审理较书面审理耗费更多的时间，产生更多的费用，而且一般而言，适用于小额仲裁程序的案件都是金额小，事实较简单，争议不复杂的案件，对于这类案件采取书面审理是完全符合需求的，这也是为什么伦敦海事仲裁员协会小额索赔程序将审理方式确定以书面审理为原则，以开庭审理为例外，同时还对开庭的时间予以严格细致的规定的原因。又如：在审理程序方面，《上海自贸区仲裁规则》仅笼统地规定了不同于普通仲裁程序的开庭时间以及仲裁庭做出裁决书的时间，其余的则全部适用普通仲裁程序的规定，包括举证、专家报告、质证等等①，同时还规定仲裁庭做出裁决的时间可以延长，且未规定可延长的最后期限，如此的程序设计可能最终将小额仲裁程序的特殊功效全部抹杀。

① 参见《上海自贸区仲裁规则》第七十八条。

第三章 我国自贸试验区司法制度创新

在自贸试验区内，改革的多方力量取合，承载着加快政府职能转变、扩大投资领域的开放、推进贸易发展方式转变、深化金融领域的开放创新、完善法制领域的制度保障等一系列制度创新的试验与示范。国家试图将自贸试验区建设成为具有国际水准的投资贸易便利、监管高效便捷、法制环境规范的试验区域。在这一过程中，自贸试验区改革所涉及的投资、贸易、金融、综合监管等领域，很多方面需要通过原有法律的突破来实现改革的目的，而相关法律的修改必然有一个滞后的过程，此时，试验区内司法的作用显得尤其重要，如何为自贸试验区提供良好的法治环境，着力培育国际化和法治化的营商环境是一项重大课题，是自贸试验区所在地的人民法院在审理涉自贸试验区案件时不可回避的问题。

2016 年 12 月 30 日，最高人民法院出台了《最高人民法院关于为自由贸易试验区建设提供司法保障的意见》（法发〔2016〕34 号）。该意见作为总体指导自贸试验区司法工作的最高文件纲领，对于理顺自贸试验区司法中出现的相关问题、树立服务自贸试验区建设的司法理念具有不容忽视的作用。这是最高人民法院在前期进行了为时三年的“中国（上海）自由贸易区司法保障及相关法律问题研究”专题调研、建立自由贸易试验区司法保障研究基地、举办自由贸易试验区司法论坛的基础上，经过多次实地考察、征求专家意见和各地法院意见，起草了该《意见》，其目的是发挥最高人民法院的业务指导作用，统一认识，更新审判理念，以实际举措支持自由贸易试验区内实施的各项改革措施，同时解决涉自贸试验区司法实践中迫切需要解决的、带有普遍性的问题。

该意见分为四部分，一共12条。从“提高认识，切实增强为自贸试验区建设提供司法保障的责任感和使命感”、“充分发挥审判职能作用，为促进自贸试验区健康发展提供司法保障”、“依法支持自贸试验区企业的创新做法，鼓励其探索新的经营模式”、“重视自贸试验区的特点，探索审判程序的改革与创新”四个方面进行了规定，对自贸试验区司法过程中出现的棘手问题予以了回应，比如：处理法治与改革的关系问题①、自贸试验区内的“民宅商用”“一址多照”问题②、选任港澳台居民作为人民陪审员参加合议庭问题③、送达难问题④以及外国法查明⑤问题，等等。

---

① 参见《最高人民法院关于为自由贸易试验区建设提供司法保障的意见》第2条，该条规定：“……各级人民法院应探索为自贸试验区提供司法保障的改革举措，同时，要确保这些改革举措的探索在法律框架内进行。在准确适用法律的基础上，注重及时调整裁判尺度，积极支持政府职能转变，尊重合同当事人的意思自治，维护交易安全。”

② 参见《最高人民法院关于为自由贸易试验区建设提供司法保障的意见》第4条第2款，该款规定：“正确处理在自贸试验区较为常见的“民宅商用”“一址多照”问题。正确理解和适用《中华人民共和国物权法》第七十七条规定的将住宅改变为经营性用房的限制条件，保障人民群众正常的生活秩序。对多个公司使用同一地址作为住所地登记的，在审理相关案件时要注意是否存在财产混同、人格混同等情况，依法维护债权人利益。”

③ 参见《最高人民法院关于为自由贸易试验区建设提供司法保障的意见》第10条第1款，该款规定：“管辖自贸试验区内一审民商事案件的人民法院，在审理涉自贸试验区案件时，当事人一方或双方为港澳台民事主体的，可以探索选任港澳台居民作为人民陪审员参加合议庭。”

④ 参见《最高人民法院关于为自由贸易试验区建设提供司法保障的意见》第10条第3款，该款规定：“妥善处理以“区内注册、区外经营”的企业为当事人的案件中存在的送达难问题。对在自贸试验区内注册的法人和其他组织，以其注册地为人民法院诉讼文书的送达地址，可以邮寄送达。境外民事主体在自贸试验区设立企业或办事处作为业务代办人的，可以向其业务代办人送达。境外民事主体概括指定其分支机构工作人员或者境内律师事务所律师作为特定时间、特定区域或者特定业务的诉讼代理人的，可以向其送达诉讼文书。”

⑤ 参见《最高人民法院关于为自由贸易试验区建设提供司法保障的意见》第11条，该条规定：“人民法院审理的涉自贸试验区的涉外民商事案件，当事人约定适用外国法律，在人民法院指定的合理期限内无正当理由未提供该外国法律或者该国法律没有规定的，适用中华人民共和国法律；人民法院了解查明途径的，可以告知当事人。当事人不能提供、按照我国参加的国际条约规定的途径亦不能查明的外国法律，可在一审开庭审理之前由当事人共同指定专家提供。根据冲突法规范应当适用外国法的，人民法院应当依职权查明外国法。”

第一节　中国（上海）自由贸易试验区司法制度创新

自2013年9月底自贸试验区挂牌以来，和自贸试验区有直接关系的四级法院（浦东新区人民法院、上海市第一中级人民法院、上海市高级人民法院和最高人民法院）对自贸试验区运作中的司法保障高度重视，均建立了相应的应对机制。浦东新区人民法院设立了专门的自贸试验区法庭，集中受理涉自贸试验区的民商事案件。上海市第一中级人民法院成立了专业的自贸合议庭，并成立了跨庭的应对小组和研究小组，对涉自贸试验区的案件审理进行统一协调和跟踪研究，以有效应对涉自贸试验区的法律纠纷。同时，上海市第一中级人民法院还与上海财经大学共同建立了自由贸易区司法研究中心，整合实务与学界的力量对自贸试验区的法律适用进行前瞻研究。上海市高级人民法院和最高人民法院也已着手调研、起草相关的指导意见。在自贸试验区建设的过程中，由于面临区内和区外的差别，法律与政策的碰撞，必然会产生大量的纠纷和诉讼，如何有效应对这些改革开放中的全新问题，是人民法院面临的时代课题。据统计，上海自贸试验区成立三年来，仅浦东新区人民法院就受理各类涉自贸试验区案件21538件，共审执结各类涉自贸试验区企业案件19447件，2016年上海一共审结涉自贸试验区案件1.16万件，同比上升91.9%①。一份第三方评估报告显示，六类评价主体上海浦东新区人民法院司法保障自贸试验区的总体满意度达到92.232分②。

① 王佳妮《上海去年审结涉自贸试验区案件1.16万件》，2017年1月17日，http：//sh. eastday. com/m/lh2017/u1ai10269765. html，2017年2月8日。

② 上海法院《上海浦东：自贸试验区司法保障的“精神内核”》，2017年1月23日，http：//shfy. chinacourt. org/article/detail/2017/01/id/2536636. shtml，2017年2月5日。

一、相关司法规范

为了更好地为上海自贸试验区提供优质的司法保障和服务，上海自贸试验区先后出台了一系列司法政策，为完善其司法领域的制度保障等起到了不可忽视的作用。

1.《上海法院服务保障中国（上海）自由贸易试验区建设的意见》

该意见指出，为了更好地服务和保障自贸试验区建设大局，要求辖区内人民法院更新司法理念，积极准确回应自贸试验区法治化、国际化营商环境的司法需求，深化司法改革，探索积累可复制、可推广的司法保障经验，充分发挥审判职能作用，为加快政府职能转变、促进自贸试验区贸易投资发展提供司法保障和服务，加强队伍建设，着力打造适应自贸试验区国际化、法治化建设要求的法官队伍，等等。该意见作为上海自贸试验区司法服务的总体纲领性文件，对于人民法院应对自贸试验区内特殊的法律问题起到了总体指导的作用，尤其是该意见中“依法行使涉外案件的司法管辖权，准确适用法律、我国缔结或参加的国际条约、国际商事交易惯例”“充分尊重市场主体意思自治、商事交易惯例和规则”等规定具有十分积极的意义，为上海自贸试验区内司法服务创新指明了方向。

2.《上海市第一中级人民法院涉中国（上海）自由贸易试验区案件审判指引（试行）》

2014 年 4 月 23 日上海市第一中级人民法院审判委员会第 12 次会议讨论通过了《上海市第一中级人民法院涉中国（上海）自由贸易试验区案件审判指引（试行）》，该指引是在诉讼规则层面上比较完整的成果，也是除国家相关法律之外，目前上海自贸试验区内诉讼活动的主要依据之一。该指引一共 100 条，包括总则、涉自贸试验区案件的立案与送达、审理、执行、审判机制、审判延伸等七章内容，既有实体内容，又有程序规定；既有审判原则，又有具体指引意见；既有审判工作内容，又有审判机制建立，是上海自贸试验区内诉讼规则成果的集中体现。

总体而言，该指引有以下创新之处：

（1）明确了涉自贸试验区案件的审判原则：依法审判原则①、鼓励创新与防范风险相结合原则②、审判质量与效率统一的原则③。通过这些审判原则的确立，可以正确把握案件审理的方向，特别是在法律、法规没有规定或者需要将法律与政策相互协调的时候，审判原则就可以起到一定的指导作用，也可以合理规范法官的自由裁量权。在上述三个原则中，尤其值得一提的是鼓励创新与防范风险相结合的原则，“先行先试”是自贸试验区的首要任务，在这一过程中，创新是必然的，事实上，制度创新是自贸试验区建设的核心，而防范风险则成了制度创新的最低底线。在自贸试验区案件审判中将二者相结合尤为重要。这一原则也体现在该指引中的一些具体条款上。比如：为了鼓励创新，该指引严格界定合同无效的认定依据，依法明确“仅违反管理性强制性规定的，不影响合同效力”；为了配合商事登记制度改革，同时又确保企业年报的真实性与准确性，该指引针对年报中存在虚假陈述、误导性陈述或存在重大遗漏、隐瞒等致交易对方遭受损失，以及存在出资瑕疵的情况，进一步强调应依法由公司或相应股东承担民事责任；为了积极支持金融制度创新，该指引充分尊重金融创新的合法约定，但同时为了防范风险，又区分银行、保险、证券业的金融创新，进一步明确有针对性的审查标准。

（2）借鉴国外的执达员制度，实行陪执员制度④。由于涉自贸试验区案件以民商事案件居多，执行效率要求更高。该指引合理借鉴国外执达员制度，规定涉自贸试验区案件的被执行财产在自贸试验区内的，可聘请陪执员参与辅助执法，并规定可选聘律师事务所等机构，负责涉自贸试验区执行案件部

① 参见《上海市第一中级人民法院涉中国（上海）自由贸易试验区案件审判指引（试行）》第三条。

② 参见《上海市第一中级人民法院涉中国（上海）自由贸易试验区案件审判指引（试行）》第四条。

③ 参见《上海市第一中级人民法院涉中国（上海）自由贸易试验区案件审判指引（试行）》第五条。

④ 参见《上海市第一中级人民法院涉中国（上海）自由贸易试验区案件审判指引（试行）》第七十一条。

分辅助性事务的实施。这一制度的探索可用为对人民法院当前执行财产查控制度等的改革探索。在具体操作过程中，上海市第一中级人民法院将该制度与调查令等制度相衔接，由受托组织持法院出具授权书或调查令等方式，赋权社会机构参与部分辅助性事务的实施。初期，仅将财产查控等辅助性、事务性工作交由律师事务所等专业法律服务机构去实施，而案件裁决、财产处分以及财产分配等实质性权力的行使，仍由法院行使。

（3）强化专业陪审制度，提高涉自贸试验区案件的审判质量①。随着自贸试验区的发展，涉自贸试验区案件会出现越来越多的具有自贸试验区特点，专业性也会越来越强，如果陪审员没有相应的专业知识，就会出现“陪而不审，审而不议”的现象，故而规定参加自贸试验区案件专项合议庭的人民陪审员应具备与所审理案件相匹配的专业知识，如此，可以积极发挥人民陪审员的功能，进一步提升案件审理的质量。

（4）加大涉自贸试验区案件的公开力度，增加司法透明度。深化司法公开是新形势下人民法院的工作抓手和重要责任，对自贸试验区改进而言，司法公开不仅仅是人民法院增加透明度的要求，而且是通过披露必要信息、保障交易安全的实践需求。因此，该指引提出了涉自贸试验区案件审判应有更大司法公开度的要求，明确除依法不得公开的案件外，一律在互联网站上公开发布裁判文书②，并规定在受理涉自贸试验区案件时，应依法向当事人发送《司法公开告知书》，告知司法公开的相关事项③。

（5）设立专项合议庭④。设立专项合议庭，对与自贸试验区相关的二审案件以及重大一审案件进行集中受理，针对不同类型案件的专业需要，打破审

---

① 参见《上海市第一中级人民法院涉中国（上海）自由贸易试验区案件审判指引（试行）》第八十七条。

② 参见《上海市第一中级人民法院涉中国（上海）自由贸易试验区案件审判指引（试行）》第九十三条。

③ 参见《上海市第一中级人民法院涉中国（上海）自由贸易试验区案件审判指引（试行）》第九十四条。

④ 参见《上海市第一中级人民法院涉中国（上海）自由贸易试验区案件审判指引（试行）》第八十六条。

判庭界限，跨审判庭约请法官临时加入专项合议庭，审理相关案件，可以适应涉自贸试验区案件的专业性需求，同时还可以保障涉自贸试验区案件的法律适用统一。

3.《上海浦东新区人民法院关于进一步推进司法保障中国（上海）自由贸易试验区建设的意见》

该意见对上述的《上海一中院审判指引》的创新点进行了更加具体的规定。在该意见中，进一步强调涉自贸试验区案件的专项审判机制，加强自贸试验区法庭集中审理该院管辖的相关的民商事、金融、知识产权和房地产案件机制，根据需要合理调整其受案范围，形成司法服务保障自贸试验区建设的重要平台和窗口。在刑庭、民一庭、行政庭等其他审判部门进一步完善专项合议庭机制，充分发挥专项审判的优势，确保涉自贸试验区案件审判的专业化水平[①]。在引入专家陪审机制方面，强调依托人民陪审员“倍增计划”，在涉及自贸试验区金融、投资、贸易、知识产权、劳动争议、房地产等案件审判中引入专业智慧，由专家陪审员参与审判[②]；在司法公开方面，规定建立自贸试验区法庭中英文双语网站，全面推进庭审网络直播、微博直播，裁判文书上网等工作[③]，努力营造自贸试验区内公正、公开、透明的法治氛围。

二、相关措施

自贸试验区营商环境的核心是便利化、国际化与法治化，为自贸试验区提供便利的诉讼服务是自贸试验区内司法机构的努力方向之一。为此，上海自贸试验区司法机构采取了下述诉讼服务“便利化”的措施：

---

① 参见《上海浦东新区人民法院关于进一步推进司法保障中国（上海）自由贸易试验区建设的意见》第七条。

② 参见《上海浦东新区人民法院关于进一步推进司法保障中国（上海）自由贸易试验区建设的意见》第九条。

③ 参见《上海浦东新区人民法院关于进一步推进司法保障中国（上海）自由贸易试验区建设的意见》第二十五条。

1. 开通“数字法庭”。这一系统可通过多种途径实现对各类人群的实名认证，即利用认证中心的公安户籍资料信息库、工商企业信息库等，实现对自然人和企业的身份认证；借助司法局律师信息库，实现对律师的身份认证；通过支付宝、微信等的第三方账户便捷登录，借用实名认证数据，实现对当事人身份的真实性认证，避免当事人借助网上平台实施虚假诉讼和恶意诉讼。“数字法庭”最大的亮点是实现了民事案件调解、立案、办理全流程互联网化。比如，“数字法庭”产生的裁判文书等可加盖电子印章，通过电子邮箱等推送，实现文书快速送达，提高送达速度和效率；当事人可快速完成立案过程，可通过网上缴费服务平台及时缴纳诉讼费等，减少讼累。

2. 架构“一窗口、一热线、一手册、一网络”的诉讼服务体系。“一窗口”是指在陆家嘴、外高桥、洋山等自贸试验区功能区域设置诉讼服务中心，就近提供诉讼服务；“一手册”，即编制中英文诉讼指南手册，为当事人提供解纷全面指引；“一热线”是指开设中英文电话热线，与上海法院 12368 诉讼服务平台对接，方便联系法官、诉讼咨询；“一网络”则是指 2014 年 9 月 28 日，全国首个自贸试验区法庭中英文双语网站上线，在网上实现诉讼服务中心的几乎所有功能。网站以中英文双语方式发布典型案例、法律法规，让境内外市场主体更好地了解自贸试验区内法律规则，更加放心开展交易。日均访问量超 3000 人次①。

3. 运用大数据促进诚信市场建设。协同上海自贸试验区管委会，在《信用浦东》等网络平台公开自贸试验区企业涉诉、涉执行信息，所有市场主体均可了解开展交易的自贸试验区企业是否存在失信行为，选择更诚信的企业开展交易。

4. 制作《自贸试验区商事争端解决指南》，图文并茂地介绍了仲裁、调解、诉讼三种争端解决方式的内涵、优势、流程、涉及机构及联系方式，并对何种争端适合采取何种解决方式进行了标示。市场主体可以根据自身需求，

---

① 上海法院《上海浦东：自贸试验区司法保障的“精神内核”》，2017 年 1 月 23 日，http：//shfy. chinacourt. org/article/detail/2017/01/id/2536636. shtml.，2017 年 2 月 4 日。

选择适合自己的争端解决方法。手册重点介绍了上海法院便利诉讼的制度安排，特别是对自贸试验区内商事争端解决的特殊安排一一列明，让市场主体可以根据自己的需求选择合适的争端解决方式。

第二节　中国（天津）自由贸易试验区司法制度创新

2015 年 12 月 24 日，天津市滨海新区人民法院自贸试验区法庭正式挂牌成立，并于 2016 年 1 月 1 日正式启用，集中管辖涉自贸试验区的金融纠纷、知识产权、房地产及与公司、贸易、投资、票据、保险等有关的民商事案件。

截至 2016 年 11 月，天津自贸试验区法庭共受理案件 689 件，审结案件 460 件，结案率为 66.76％。从案件分布领域看，贸易类纠纷 225 件，占总量的 33％；金融类纠纷 222 件，占 32％；房地产纠纷 103 件，占 15％；知识产权纠纷 51 件，占 7％，以上四类案件占总量的 87％。按区域划分，收案中涉及滨海新区中心商务片区企业 266 件，涉及天津机场片区（空港）企业 343 件，涉及天津港片区（东疆企业）80 件①。

一、司法规范

1.《天津法院服务保障中国（天津）自由贸易试验区建设的意见》（津高法发【2015】2 号）

2015 年 4 月 3 日，天津市高级人民法院为了更好地为天津自贸试验区的开放创新提供司法保障，出台了《天津法院服务保障中国（天津）自由贸易试验区建设的意见》。该意见一共二十二条，分为“深刻认识天津自贸试验区

① 参见《中国（天津）自由贸易试验区法庭审判白皮书》。

建设的重大战略意义，牢固树立与自贸试验区发展相适应的司法理念”、“全面加强涉自贸试验区案件的审判工作，构建国际化、市场化、法治化的营商环境”、“以‘司法服务优质化’为目标，积极探索服务自贸试验区建设新机制”、“深入推进各项司法改革工作，不断积累可复制、可推广的保障经验”、“加强自贸试验区审判队伍建设，大力提升司法能力”五大部分。该意见作为天津司法机构为自贸试验区建设提供司法保障的总体纲领性文件，着重强调为自贸试验区的创新保驾护航。如：针对自贸试验区开展的负面清单、先照后证、外轮捎带、离岸金融、资本项目可兑换等改革创新试验，要求相关司法机构要密切关注①；提出要构建庭审、裁判文书等与自贸试验区审判相适应的标准体系，提升审判质量，便于社会监督，确保司法权规范、高效运行②。针对涉自贸试验区案件专业性、涉外性强的特点，该意见指出要积极借助外部资源，建立专家咨询、专家研讨、专家论证机制，完善海事、知识产权、金融等专业领域专家参与诉讼工作规则。探索建立专家陪审员机制，拓宽中外专家协助查明外国法渠道，充分发挥专家在推动程序公开、确保裁判公正、增强司法公信等方面的积极作用③。

2.《天津市第二中级人民法院中国（天津）自由贸易试验区案件审判指引》

该审判指引由天津市第二中级人民法院于 2015 年 4 月出台，共计二十六条。明确指出，天津自贸试验区政策特殊，案件纠纷类型新、专业性强，天津二中院专门遴选出业务优良、经验丰富的审判人员组成自贸试验区案件民事专项合议庭，采取集中方式审理涉自贸试验区的民商事案件，成立涉自贸试验区案件的专门审判机构④。涉自贸试验区的案件范围也得以明确。审判指引规定，天津二中院受理的天津市滨海新区人民法院自由贸易试验区法庭审理的民事上诉案件，以及该院受理的涉自贸试验区民事一审案件，由自贸试

---

① 参见《天津法院服务保障中国（天津）自由贸易试验区建设的意见》第十六条。

② 参见《天津法院服务保障中国（天津）自由贸易试验区建设的意见》第十八条。

③ 参见《天津法院服务保障中国（天津）自由贸易试验区建设的意见》第二十条。

④ 参见《天津市第二中级人民法院中国（天津）自由贸易试验区案件审判指引》第三条第一款、第二款。

验区案件民事专项合议庭负责审理。其中包括，合同履行地、侵权行为地在自贸试验区内的；当事人一方为自然人，且住所地或经常居住地在自贸试验区内的；当事人一方为在自贸试验区内登记注册的法人或其他组织的；涉及自贸试验区法律法规与政策有特殊规定的；天津二中院认为适宜由民事专项合议庭审理的其他案件①。

3.《天津市高级人民法院关于涉中国（天津）自由贸易试验区民商事案件的审判指南（试行）》

天津市高级人民法院出台《关于涉中国（天津）自由贸易试验区民商事案件的审判指南（试行）》，该《指南》共六部分 115 条，以涉自贸试验区民商事案件审判流程与法律适用为核心，对涉自贸试验区民商事案件的界定及其审理应遵循的总体要求、准据法适用与国际公约解释、域外法的查明以及案件审理、执行的细节问题做了指示性的规定，内容全面，实用性强，前瞻性与稳妥性并重，有助于引导审判人员准确识别涉自贸试验区民商事案件、自觉规范各项审判流程，确保法律与政策统一正确实施，促进各类涉自贸试验区民商事案件得到公正优质审理。

二、相关举措

1. 建立专业合议庭

天津自贸试验区法庭针对建立了融资租赁、商业保理、贸易买卖、建筑工程、公司股权和知识产权专业合议庭，集中审理具有同类特点规律的疑难复杂和典型性示范性导向性强的案件。同时，打造精干过硬的法官智库，确保以强大的审判专家队伍应对化解审判难题，通过外部专家建议和专家陪审的智力引入机制，满足案件审判需要。在提升案件效率上，强化繁简分流机制，试行新的审判单元，大大提升庭审工作工作效率，2016 年上半年，案件

① 参见《天津市第二中级人民法院中国（天津）自由贸易试验区案件审判指引》第三条第三款。

平均审限为51．5天。

2．建立数字化审判法庭

天津滨海新区自贸试验区法庭建有国内最先进的3．0版数字化审判法庭3个，配有双语庭审自助系统，实现了庭审音视频直播、庭审同步录音录像、庭审笔录同步呈现、在线远程质证、证据规则和法律法规当庭查询等功能，方便了当事人参与诉讼。

3．建立法官与法官助理、书记员的“1＋1＋1”审判新模式，使法官从以往繁杂的事务工作中解脱，集中主要精力审理案件。

第三节　中国（福建）自由贸易试验区司法制度创新

2015年8月7日，福建自贸试验区首个自贸试验区法庭厦门市湖里法院自贸试验区法庭挂牌成立。2015年12月19日，福建自贸试验区第二个自贸试验区法庭福州市马尾区人民法院自由贸易区法庭也成立。平潭综合实验区人民法院暨自贸试验区法庭、厦门海事法院自贸试验区法庭、厦门中院中国（福建）自贸试验区厦门片区知识产权巡回审判法庭、湖里区法院自贸试验区知识产权法庭相继成立，共同作为福建自贸试验区相关案件的专门审判机构。截至2016年4月16日，厦门湖里区法院自贸试验区法庭共受理涉自贸试验区案件276件，诉讼标的总额达4．27亿元。2016年一年，马尾区自贸试验区法庭共审结案件177件，其中以线上调解方式结案145件，线上调解率81.9%，解答群众疑问200件次[①]。

① 马尾法院《马尾法院自贸试验区法庭创新司法为民工作》，2016年11月3日，http：//mwfy．fzzfw．com．cn/html/25/2016－11－03/1633221925．shtml，2017年2月6日。

一、司法规范

1.《福建法院服务保障中国（福建）自由贸易试验区建设的意见》（闽高法发［2015］8号）

2015年7月15日，福建省高级人民法院印发了《福建法院服务保障中国（福建）自由贸易试验区建设的意见》。该意见是福建自贸试验区司法工作的指南性文件，一共35条，分为“深化思想认识，切实增强服务自贸试验区建设大局的责任感和使命感”、“更新司法理念，主动适应营造国际化、市场化、法治化营商环境的改革需求”、“强化职能作用，为自贸试验区建设发展提供有力司法保障”、“创新审判机制，不断提升司法服务保障水平”、“延伸审判职能，为自贸试验区建设营造良好法治环境”以及“加强组织领导，确保服务保障取得实效”六部分。该意见除了与《天津法院服务保障中国（天津）自由贸易试验区建设的意见》、《上海法院服务保障中国（上海）自由贸易试验区建设的意见》一样，规定对于涉自贸试验区案件的审判应遵循市场规则、既支持创新又防范风险等，还结合福建自贸试验区的定位，规定了要依法保障和促进航运市场与海洋生态环境建设①以及依法保障和促进对台投资贸易扩大开放②，明确要“以司法之力支持厦门东南国际航运中心建设”，“积极发挥台胞陪审员、特邀调解员等作用，着力探索创新涉台审判工作机制，切实保护台商合法权益，不断优化自贸试验区投资环境，增创我省对台开放新优势”，这些纲领性的规定为福建自贸试验区司法机构服务自贸试验区的建设提供了有利条件。

2.《厦门湖里区人民法院自贸试验区法庭庭审规范（试行）》

厦门湖里法院自贸试验区法庭于2016年7月出台《厦门湖里区人民法院自贸试验区法庭庭审规范（试行）》，对庭前准备、庭审程序与庭审行为进行

---

① 参见《福建法院服务保障中国（福建）自由贸易试验区建设的意见》第十四条。
② 参见《福建法院服务保障中国（福建）自由贸易试验区建设的意见》第十五条。

规范，强化庭审中心主义司法原则的落实。一是建立庭审签到制度。开庭之前，书记员要指导当事人和其他诉讼参与人签到；合议庭组成人员，包括人民陪审员，在审判长的组织下实行签到。签到表作为确认参加庭审活动所有人员到庭情况的依据，附卷备查。二是明确法官助理在庭审活动中的职责。法官助理在庭审准备阶段应当协助法官审查诉讼材料，提出诉讼争议要点，调查、收集、核对有关证据，办理委托鉴定、评估，组织庭前证据交换、庭前调解。同时，明确法官助理参加庭审时，在书记员左侧就座。三是实行庭审法律释明制度。在法庭调查之前，向各方当事人作诚信诉讼、司法礼仪、宣传法治、文书上网等四项释明，要求诉讼各方当事人必须遵循诚信诉讼的义务，保证提交证据和发表意见的客观真实性，遵守法庭纪律，恪守司法礼仪；告知庭审全程录音录像，录音录像资料永久保存，可能作为法治宣传和法治教学资料，生效法律文书在符合公开上网规定的情况下需公开上网。四是注重结合法庭实际。在核对当事人基本情况阶段，要求审查当事人是否属于厦门自贸试验区成立后新设立的商事主体，当事人住所地或经常居住地、诉讼标的物及产生、变更或者消灭民事关系的法律事实是否发生在厦门自贸试验区范围内，以全面了解涉案商事活动的特点。对于涉外涉港澳台案件，要求一并询问境外当事人在境内有否住所，以确定其上诉期。

3.《厦门市中级人民法院关于为自贸试验区建设提供司法服务保障的若干意见》

2015 年 4 月，厦门市中级人民法院出台了《关于为自贸试验区建设提供司法服务保障的若干意见》。该意见，《意见》分为四部分，共 17 条。强调牢固树立与自贸试验区发展相适应的司法理念。在法律适用方面，要实现国际、国内法律规则对接；在支持自贸试验区创新方面，强调既要支持与保障制度创新改革，同时也要防范风险；在纠纷解决方面，提出优化涉自贸试验区矛盾纠纷合力化解机制，建立纠纷动向及时反馈机制与风险预警机制，建立多元化纠纷解决机制；在加强自贸试验区审判队伍建设，提出加强人才储备，优化人才结构，加大与自贸试验区有关的审判专业培训力度，在自贸试验区内设立专门审判机构，探索建立专家陪审员机制。

4.《厦门市中级人民法院自由贸易区案件审判工作指导意见（试行）》（厦中法发［2015］93 号）

2015 年 12 月，厦门市中级人民法院发布了《厦门市中级人民法院自由贸易区案件审判工作指导意见（试行）》。该意见一共 22 条，包括“总则”、“审判机制”、“多元纠纷解决机制”以及“审判延伸工作机制”四章。该意见规定了审理涉自贸试验区案件的原则：公正高效、平等保护、公开透明、便民诉讼的原则①，鼓励先行先试与防范风险相结合的原则②，兼顾审判质量与效率相统一的原则③，坚持司法公开的原则④。值得注意的是，该意见对涉自贸试验区案件的特殊问题予以了回应，比如：该意见规定了推动建立域外法查明机制，以此回应涉自贸试验区案件的法律适用以及法律查明困难的问题⑤；规定推进高效送达，创新送达方式，以此解决涉自贸试验区案件送达难的问题⑥。同时，在审判延伸工作机制方面，该意见强调与自贸试验区相关工作部门建立联席会议制度，定期通报审判过程中发现的问题，形成良好的信息共享和交流互动机制⑦，建立涉厦门自贸试验区纠纷动向和风险预警机制⑧等。

5.《厦门市中级人民法院关于涉自由贸易区民商事案件集中管辖的实施办法（试行）》

该意见一共 8 条。对涉厦门自贸试验区案件的范围以及需要集中管辖的案件范围予以了确定⑨，对涉自贸试验区案件集中管辖与涉台案件集中管辖进

---

① 参见《厦门市中级人民法院自由贸易区案件审判工作指导意见（试行）》第三条。
② 参见《厦门市中级人民法院自由贸易区案件审判工作指导意见（试行）》第四条。
③ 参见《厦门市中级人民法院自由贸易区案件审判工作指导意见（试行）》第五条。
④ 参见《厦门市中级人民法院自由贸易区案件审判工作指导意见（试行）》第六条。
⑤ 参见《厦门市中级人民法院自由贸易区案件审判工作指导意见（试行）》第九条。
⑥ 参见《厦门市中级人民法院自由贸易区案件审判工作指导意见（试行）》第十条。
⑦ 参见《厦门市中级人民法院自由贸易区案件审判工作指导意见（试行）》第十八条。
⑧ 参见《厦门市中级人民法院自由贸易区案件审判工作指导意见（试行）》第十九条。
⑨ 参见《厦门市中级人民法院关于涉自由贸易区民商事案件集中管辖的实施办法（试行）》第一条、第二条。

行了区分①，对厦门两级法院受理涉厦门自贸试验区案件的诉讼标的额进行了区分②，同时，还对其他法院受理了应集中管辖的涉厦门自贸试验区案件的案件移送问题进行了规定③。这些规定理顺了厦门市中院与各区院之间、各区院相互之间涉厦门自贸试验区案件的管辖权，提出管辖冲突时的解决办法中，避免案件受理方面出现管辖不明，为较好地处理涉厦门自贸试验区案件的管辖权问题提供了规范性规定，具有积极意义。

二、相关措施

1. 在自贸试验区综合服务大厅设立“诉讼事务/司法服务”窗口

2015 年 6 月 1 日，福建自贸试验区厦门片区在综合服务大厅设立“诉讼事务/司法服务”窗口。该窗口由厦门市湖里区人民法院涉自贸试验区案件专项审判合议庭的法官们坐镇，为前来咨询的园区企业提供服务。该窗口主要有五大类功能：一是立案审查及材料收转功能，即接收审查涉自贸试验区案件的起诉材料，办理立案手续，并登记收转相关案件材料。二是查询咨询及释法答疑功能，即为当事人提供案号、承办庭及承办法官、开庭时间、执行进展等案件信息的查询服务，同时为厦门片区内企业提供法律咨询、预约法官进行判后答疑等。三是司法公开功能，运用“互联网＋”信息化新平台，在窗口直接向厦门片区内企业及公众提供失信被执行人信息、公开的生效法律文书等信息自助下载。四是诉调衔接功能。提供调解组织和仲裁机构人员名册和规则，在立案前分流或立案后委托相关调解组织先行调解，推动纠纷的多元化化解。五是执法互助功能，作为湖里区法院与自贸试验区管委会、

① 参见《厦门市中级人民法院关于涉自由贸易区民商事案件集中管辖的实施办法（试行）》第二条。

② 参见《厦门市中级人民法院关于涉自由贸易区民商事案件集中管辖的实施办法（试行）》第五条。

③ 参见《厦门市中级人民法院关于涉自由贸易区民商事案件集中管辖的实施办法（试行）》第三条、第四条。

海关、税务、市场监管等相关行政职能部门对接的窗口，及时通报和交换厦门片区建设发展等方面信息，建立风险预警机制。

2. 马尾自贸试验区法庭则创新导诉服务，设立便民自助服务区，推出中英文双语民商事纠纷诉讼指南、精简立案流程，推行节假日立案、电话立案、巡回立案等，减轻当事人诉累。

3. 马尾区自贸试验区法庭创新担保方式，引入“保单保函”担保新机制。

保单保函是保险公司诉讼财产保全责任险中的核心内容。在诉讼财产保全责任险中，财产保全申请人作为投保人与保险公司签订保险合同，购买保险产品，支付保险费，保险公司向投保人出具保单。相关保险合同、保单及投保流程与一般保险并无差别，但诉讼财产保全责任险中增加了一个主体即法院，增加了一份文件即保单保函。保单保函是保险公司单方面向法院出具的一份书面文件，从内容上看，有保单的内容以及承诺愿意就保全错误造成的损失承担赔偿责任的内容。从形式上看，一般将保险合同和保单附后，保单保函上一般加盖“诉讼财产保全责任险产品专用章”。目前国内法院认可保单保函的担保效力的不多。马尾区自贸试验区法庭在严格防范风险的情况下，大胆创新，截至2016年底，共接受“保单保函”作为担保的财产保全案件6件，担保标的额近320万元①。

4. 创新“律师调查令”签发制度

“律师调查令”的概念已有十多年，最高人民法院多次提出，探索试行这项制度，保障律师职业权利，提高司法效率。然而由于受限于强制效力的局限性，这项曾被誉为律师手中“尚方宝剑”的利器，一直未能充分发挥作用。2016年初，最高人民法院再次发布指导意见，鼓励各级法院大胆探索运用这一制度。马尾法院自贸试验区法庭因此创新律师调查令签发制度，严审资格、快速签发、限定时效，于2016年8月发出了首份《律师调查令》，授权代理

① 马尾法院《马尾法院自贸试验区法庭创新司法为民工作》，2016年11月3日，http：//mwfy. fzzfw. com. cn/html/25/2016-11-03/1633221925. shtml，2017年2月4日。

律师持令前往国家机关单位调取相关证据。该法庭要求律师在调查取证时主动向被调查单位、个人一并出示律师执业证书和调查令，调查结束后将调查令交由被调查人存档、保管并向法庭提交持令调查取得的证据材料；没能调查到相关证据材料的，须在调查令载明的有效期届满前将调查令交还法庭并书面说明情况。该项举措不仅调动了律师取证的积极性，还为法官判决和执行提供更多更可靠的证据，优化了司法资源配置，提高了法庭和律师的工作效率。

第四节 中国（广东）自由贸易试验区司法制度创新

2015 年 12 月 30 日，南沙自贸试验区法院挂牌成立。深圳市前海合作区人民法院、珠海市横琴新区人民法院逐级层报最高人民法院批准，经授权分别集中管辖深圳、珠海全市第一审涉外、涉港澳台民商事案件。珠海横琴在知识产权保护上推出创新措施，珠海市中级人民法院设立了横琴片区巡回法庭，实施跨区域知识产权案件集中管辖制度，积极发挥知识产权司法保护的主导作用。

一、相关司法规范

1.《关于充分发挥审判职能为中国（广东）自由贸易试验区建设提供司法保障的意见》（粤高法〔2015〕173 号）

广东省高级人民法院于 2015 年 6 月制定下发了该意见。该意见作为广东自贸试验区司法机构审理涉自贸试验区案件的总体性纲领性文件，一共四部分，分十个方面提出了指导意见，回应了广东自贸试验区建设对全省法院提出的新要求和新期待，形成三级法院应对满足广东自贸试验区建设司法需求的联动机制。该意见注重各片区司法机构之间的沟通合作与交流，建立了自贸试验区法院沟通合作机制以及自贸试验区法院院（庭）长联席会议制度，为各片区法院搭建交流互动的平台，促进疑难问题的研究解决和裁判尺度的统一，及时总结和宣传、推广自贸试验区法院在案件审理、审判管理机制创新、延伸司法服务职能等方面的司法经验①。2015 年 8 月 5 日，广东自贸试验区各片区法院第一次联席会议在广州南沙召开，就涉自贸试验区案件的典型纠 纷类型，如跨境电商销售合同纠纷、保理合同纠纷以及域外法的查明与适用问题进行了研讨，梳理形成统一的裁判思路和裁判标准，维护司法公信力，司法沟通协作机制已经正式运行。同时，该意见针对广东自贸试验区对接港澳的任务，强调充分利用毗邻港澳的地缘优势，推动粤港澳区际司法互助和法律制度的深度融合，规定通过探索港澳籍人民陪审员参审、邀请香港澳门专家担任咨询顾问等机制，拓展区际司法合作渠道和方式，积极学习借鉴港澳的先进司法经验②。

2.《关于中国（广东）自由贸易试验区前海蛇口片区与前海深港现代服务业合作区建设提供司法保障的意见》

2015 年 4 月 24 日，前海法院邀请深圳市人大内司委、市法制办、前海管理局等部门以及专家、学者进行研讨论证，最终形成了上述意见。该意见共 6 章 50 条，从更新司法理念、发挥审判职能、创新审判机制、拓展司法服务、提升队伍素能等方面综合规划，协同保障。值得注意的是，该意见围绕自贸试验区与合作区深化粤港澳合作的发展要求，着力探索涉外、涉港澳台案件审判机制改革，加大区际司法冲突的解决力度，强化法律适用问题的指引，加强司法合作与协助，深入探索区际送达、执行以及判决承认问题。

3.《前海法院涉合作区与自贸试验区案件审判指引》

《前海法院涉合作区与自贸试验区案件审判指引》是对前海法院 2015 年 5 月实施的《为自贸试验区与合作区建设提供司法保障的意见》进行的深化与

---

① 参见《关于充分发挥审判职能为中国（广东）自由贸易试验区建设提供司法保障的意见》第九条。

② 参见《关于充分发挥审判职能为中国（广东）自由贸易试验区建设提供司法保障的意见》第十条。

细化，旨在进一步发挥司法职能，强化司法引导与服务保障功能，维护公平竞争、诚实守信的市场秩序，推动建设合作区与自贸试验区国际化、市场化、法治化的营商环境。《审判指引》共7章105条，包括总则、涉合作区与自贸试验区案件的立案、送达与财产保全、审理、执行、审判机制、审判延伸等内容，该指引主要致力于解决法治软环境建设中司法的三个核心问题：一是“各方当事人的平等保护问题”。该指引所体现的平等保护不但涉及自贸试验区内的商事主体之间，还涉及自贸试验区外与自贸试验区内，尤其涉及外国以及港澳台当事人时诉求会更加明显。二是“裁判尺度的统一性问题”。在全面深化审判权运行机制改革，确保法官依法独立行使裁判权的同时，必须强化对司法审判行为的指导与合理约束。特别是前海作为新兴产业发展的密集区，新的商业模式必然诱发许多新情况和新问题，在民商事审判领域中的相应体现就是不断出现诸多疑难、复杂、新类型案件。三是“国际、区际司法公信力的提升问题”。司法公信力涉及对一个国家和地区的法治信赖程度。

该指引具有以下几大亮点：第一，审判理念的国际化。该指引充分体现平等保护原则，平等保护各方当事人的程序权利和实体权利，保障各方当事人公平参与市场竞争；充分尊重当事人的合同约定和公司自治权利，保障遵守契约自由、诚实守信的法治精神，充分保障当事人意思自治，避免在审判过程中轻率以司法判断取代商业判断；优先适用商法规范，尊重商事交易惯例，信守国际条约，依法维护合同效力，维护商事交易的严肃性，保障商事交易秩序稳定。第二，审判体系的现代化。前海法院认真落实周强院长关于审判体系现代化建设的目标和要求，深入破解影响司法公正、制约司法能力的深层次问题，从诉讼制度、审判机制、职业素养以及信息化建设方面，大力推进审判体系的现代化建设。积极推进以庭审为中心的诉讼制度改革，实行庭前会议制度，推进调查辩论阶段的有机整合，落实证据裁判裁判规则，强化当庭质证认证，提倡进行阶段性合议，推进庭审实质化。推进审判权力运行机制改革，坚持权责一致，做到“让审理者裁判、由裁判者负责”。不断提升司法为民的能力和水平，努力构建高效、便民、阳光、透明的司法服务机制。不断提升法官职业素养，培养高素质专家型法官队伍，为审判体系和审判能力的现代化提供人才保障。大力推进信息化建设，充分运用信息技术，加强司法管理，不断提高司法水平，依托信息化为科学架构审判执行工作流程，创新司法便民利民措施，提高办案质量和效率，为群众提供更有针对性、更加人性化的司法服务。第三，审判质量的精品化。该指引以诉权行使的基本流程为基础，在立案、送达与财产保全、审理、执行等方面详细规范了涉自贸试验区与合作区案件审理的具体要求。以落实立案登记制，保证“有案必立、有诉必理”为基础，完善精品案源的发现机制，推进审判权运行机制改革，保证法官依法独立行使审判权。实现案件管理的精细化，抓好案件审理关键环节的审判管理。建立司法行为的合理约束机制，规范统一裁判思路和尺度。培养高素质专家型法官队伍，选任专家陪审员，建设专家咨询机构，推行专业化审判，完善域外法律查明与适用机制，充分体现涉自贸试验区与合作区案件审判的专业性、国际性。建立类案参考制度，探索案例与成文法的有机结合，实行复杂案件的强制说理，加强案例援引，对不援引同类案例的要说明理由等，为审判精品战略的实施提供体制机制保障。第四，审判指引的标准化。按照自贸试验区与合作区的产业发展情况、矛盾纠纷的特点，以及其对司法审判工作的不同要求，分门别类加以规范和引导，保证司法行为的统一性，统一裁判程序与尺度。该指引以合作区与自贸试验区主要案件类型为基础，分类规范合同、金融、公司、融资租赁、知识产权、现代物流、房地产、劳动争议等 8 类案件的审理机制。另一方面，积极探索新类型纠纷的裁判规则，推进各新类案件裁判要素和法律依据的明确化和具体化，引导市场行为的正确方向。第五，纠纷解决的多元化。该指引致力于推动建设社会化、国际化、市场化、法治化的诉调对接机制，并作为涉合作区与自贸试验区案件的处理机制的重要组成部分。成立前海法院诉调对接中心，建设服务功能多元的诉调对接平台，实现诉调对接规范化、常态化；加强调解工作的司法推动，建立联动工作体系，引导社会资源和市场资源向纠纷调解集中；构建规范化的诉调对接机制，推行先行调解、诉前联调，完善繁简分流、无争议事实记载、无异议调解方案认可、中立评估、司法确认等工作机制，强化调解工作的法治保障。建立专家调解员制度，探索调解与裁判的适当分离，增强调解工作的国际性、独立性和保密性。[①]

4.《类似案例辩论制度操作办法（试行）》

横琴新区法院为了统一裁判尺度，出台了《类似案例辩论制度操作办法（试行）》，在全国首次创设性地将同类案例引入辩论阶段的程序之中。对于法律界限不明、争议较大的案件，引导当事人提供参考案例、当事人之间进行辩论，以确保同类案件裁判思路的统一，提升裁判结果的可预见性。

二、相关措施

1. 构建诉讼便利化机制

广东自贸试验区法院充分运用“互联网＋”诉讼服务模式，积极运用好诉讼服务中心和法院微博、微信等新媒体，为当事人提升形式多样、方便快捷的诉讼服务。全面推进审判流程公开、裁判文书公开、执行信息公开，向国际社会充分展示中国司法的良好形象。南沙法院建立“24 小时自助式法院”，通过配置自助终端设备，实现自助立案、自助缴费、自助查询等功能，随时满足当事人获取多元诉讼服务的司法需求。

2. 突出广东自贸试验区的涉港、涉澳的特点，积极加强与香港法律界的交流合作

前海法院还组建了一支高素质的涉外、涉港澳台案件专业审判团队，加强与香港法律界的交流合作，提升依法公正裁判的能力和水平。根据案件受理情况，前海法院从金融、科技、文化产业、公共事务等领域选任了 13 名高学历专家型港籍陪审员，通过他们参与涉港案件的审理，有利于减少和消除涉港案件当事人因法律制度、文化理念不同对法院案件审判可能产生的误解，提升涉港案件当事人对法院裁判的理解和信任，并有利于涉港商事纠纷矛盾

① 《解读前海法院〈涉合作区与自贸试验区案件审判指引〉》，http://www.szqh.gov.cn/sygnan/xxgk/xxgkml/zcfg/zcjd/201605/t20160504_36078451.shtml，2017 年 2 月 6 日。

的化解。

前海法院还立足于建设具有国际、区际司法公信力的法院和满足两地商事主体的普遍诉求，通过关于司法审判的常态化交流，打造开放透明、学习研究的平台，与香港相关法律界同仁达成共同巩固和扩大合作发展的愿景。

3. 探索“律师调查令”制度

2016 年 3 月，南沙自贸试验区法院先行先试，与广州市律协签订有关协议，并于 2016 年 3 月 18 日制定印发了《有关依法保障律师执业权利的若干规定》。明确表示将探索推行“律师调查令”。根据该规定，“律师书面申请法院调查取证或签发准许调查书（令），或者申请通知证人出庭、进行鉴定、评估、拍卖或勘验、检查，写明具体事由并说明理由的，法院应当依法审查，及时作出是否准许、同意的决定。经审查确有必要的，应当准许、同意；决定不准许、不同意的，应当书面或当庭说明理由。”

第四章
我国自贸试验区司法制度的完善

第一节　管辖权问题

一、涉自贸试验区案件的范围

1. 几大自贸试验区在确定涉自贸试验区案件时的共同点

如上所述，我国几大自贸试验区均对涉自贸试验区案件予以了规定。且在确定涉自贸试验区案件的范围时均主要参考《最高人民法院关于适用〈中华人民共和国涉外民事关系法律适用法〉若干问题的解释（一）》中关于涉外案件定义的方式，即从法律关系的主体、客体、法律事实三要素进行考量，只要其中一个要素涉及自贸试验区，即可认定为涉自贸试验区案件①。做出这

① 比如：《上海市第一中级人民法院涉中国（上海）自由贸易试验区案件审判指引（试行）》第六条规定："本院受理的案件中具有下列情形之一的案件，适用本指引：（一）当事人一方或双方，公民的户籍地或经常居住地在自贸试验区内的或法人、其他组织的住所地在自贸试验区内的；（二）诉讼标的物在自贸试验区内的；（三）产生、变更或者消灭民事关系的法律事实发生在自贸试验区的；（四）被诉行政行为的合法性审查涉及自贸试验区相关法律规定适用的。"

（转下页）

样考量主要是因为上述三要素中，任一要素只要处在自贸试验区内中，就可能会涉及上述要素如何适用自贸试验区新政策、新制度、新规则等问题，所以具有一定的合理性。

2. 几大自贸试验区在确定涉自贸试验区案件时的不同之处

（1）对上述法律关系的主体、客体、法律事实三要素的考量有所区别

第一，当当事人为法人或其他组织时，与自贸试验区的关联点规定不一致。比如：《上海一中院审判指引》与《厦门中院涉自贸试验区集中管辖办法》均规定“法人、其他组织的住所地在自贸试验区内”的案件为涉自贸试验区案件，而《天津二中院审判指引》则规定“在自贸试验区内登记注册的法人或其他组织”。根据最高人民法院《关于适用〈中华人民共和国民事诉讼法〉若干问题的意见》第4条的规定，“法人的住所地是指法人的主要营业地或主要办事机构所在地”，所以，根据工商登记的要求，法人在设立时其住所应当是其主要经营场所，因此，在一般情况下，营业执照登记的地址为法人住所地。但是在工商登记地与实际营业地或办事机构所在地相分离的情况下，法人的住所地应为其实际营业地或办事机构所在地。在目前自贸试验区地理面积普遍偏小的情况下，注册地在自贸试验区内的企业可以在区外经营的情况较为普遍，也即会存在部分注册地在自贸试验区内但住所地却在自贸试验区外，对于这类企业所涉案件，上海一中院以及厦门市中院均将其排除在涉自贸试验区案件之外，而天津二中院却将其囊括在涉自贸试验区案件的范围内。

第二，与自贸试验区具有联系的法律事实的范围不一致。比如：《上海一中院审判指引》与《厦门中院集中管辖规定》均规定“产生、变更或者消灭民事关系的法律事实发生在自贸试验区内的”，而《天津二中院审判指引》则

（接上页）

又如：《厦门市中级人民法院关于涉自由贸易区民商事案件集中管辖的实施办法（试行）》第一条规定：“具有下列情形之一的案件，可以认定为涉厦门自贸试验区案件：（一）当事人一方或者双方住所地或经常居所地在厦门自贸试验区辖区范围内的；（二）标的物在厦门自贸试验区辖区范围内的；（三）产生、变更或者消灭民事关系的法律事实发生在厦门自贸试验区辖区范围内的；（四）可以认定为涉厦门自贸试验区案件的其他情形。”

规定“合同履行地、侵权行为地在自贸试验区内的”，显然，前者的范围更大，如对于合同纠纷而言，依据前者的规定，只要合同签订地、合同履行地之一发生在自贸试验区内，均为涉自贸试验区案件，而依后者的规定，则必须是合同履行地在自贸试验区内的，才为涉自贸试验区案件。

(2) 几大自贸试验区在对上述三种要素进行考量的基础上所附加的其他条件规定不一致。比如：《上海一中院审判指引》附加了“被诉行政行为的合法性涉及自贸试验区相关法律规定适用的”，《厦门中院集中管辖规定》则附加了“可以认定为涉自贸试验区案件的其他情形”，《天津二中院审判指引》附加了“涉及自贸试验区法律法规与政策有特殊规定的”以及“本院认为适宜由民事专项合议庭审理的其他案件”，可见，《天津二中院审判指引》给予了法院更大的自由裁量权空间。相比较而言，《上海一中院审判指引》将被诉的行为仅限定为“行政行为”，附加的范围最小。

二、集中管辖

1. 集中管辖的概念及其优势

如上所述，我国几大自贸试验区均设置了专门的自贸试验区法院（法庭），对涉自贸试验区案件进行集中管辖。所谓集中管辖，是指设立专门法院或法庭，对所有涉自贸试验区案件享有管辖权。事实上，集中管辖在一定程度上突破了既有法律规则的地域管辖与级别管辖，确立集中管辖更符合自贸试验区对司法保障的需求。一是有利于法律和政策的统一适用。民事诉讼法关于地域管辖规定了多个连接点供当事人选择，并非所有涉自贸试验区的涉诉纠纷均由自贸试验区法院（法庭）管辖，毫不夸张地说，如果不实行集中管辖，全国各地法院均可能受理涉自贸试验区案件，这种管辖的分散化会使政策的解读、法律的适用受到严峻的挑战，而集中管辖可以确保法律和政策适用的统一口径。二是有利于案件裁判的精品化。通过高起点配齐配强审判力量专项审判，可以确保相关案件得到公正高效处理。三是便于审判经验的总结和审判信息的集中。一方面，通过新类型案件的集中研究，便于上级法院的审判指导、监督，可为最高人民法院制定相关司法解释提供实践经验；另一方面，通过风险发现与预警，便于监管部门、立法机关及时汲取司法经验，为自贸试验区经验的复制推广提供司法支持和案例指引。四是有利于锻炼培育出一支精通自贸试验区相关法律和政策的职业化、专业化的法官队伍。

2. 集中管辖与其他管辖之间的关系

尽管在上述各自贸试验区相关法律文件中，均有类似“各区法院受理案件后，发现具有涉××自贸试验区因素且属于集中管辖的案件类型的，应在一审开庭前移送××（自贸试验区法院/法庭）审理”的规定，但是，在其中最高级别的《最高人民法院关于为自由贸易试验区建设提供司法保障的意见》中却并未明确规定自贸试验区法院/法庭的集中管辖，在其他具有全国效力的法律文件中也未有相关规定。由于上述各自贸试验区相关文件并不具有法律效力，且其规范审判工作的效果也仅及于出台该文件的法院内部，对于该法院以外的法院不具有任何约束力，故而在实践中仍需我们厘清下列关系：

（1）集中管辖与协议管辖的关系

协议管辖又称合意管辖或者约定管辖，是指双方当事人在合同纠纷或者财产权益纠纷发生之前或发生之后，以协议的方式选择解决他们之间纠纷的管辖法院。债权纠纷中，只有合同之债可以协议管辖，2012年民事诉讼法修改，关于协议管辖的适用范围，在原有的“合同”纠纷的基础上，增加了“其他财产权益纠纷”。其他财产权益纠纷包括因物权、知识产权中的财产权而产生的民事纠纷。在几类管辖中，协议管辖优先于法定管辖，但不能对抗专属管辖与强制管辖。

没有任何法律规定目前涉自贸试验区案件的集中管辖与协议管辖之间是什么关系，因此，在上述涉自贸试验区案件范围内的案件，如果双方当事人根据《民事诉讼法》第三十四条的规定①，通过协议，约定由自贸试验区法院

① 该条规定：“合同或者其他财产权益纠纷的当事人可以书面协议选择被告住所地、合同履行地、合同签订地、原告住所地、标的物所在地等与争议有实际联系的地点的人民法院管辖，但不得违反本法对级别管辖和专属管辖的规定。”

（法庭）以外的法院进行管辖，那么我们无法确定上述的集中管辖是否可以对抗当事人之间的约定管辖。

（2）集中管辖与专属管辖的关系。

根据我国《民事诉讼法》第三十三条的规定[①]，对于因不动产纠纷、港口作业中发生的纠纷以及遗产继承纠纷提起的诉讼，由相关法院实行专属管辖。专属管辖，是指法律强制规定某类案件只能由特定法院管辖，其他法院无权管辖，也不允许当事人协议变更管辖。

专属管辖从性质上看，具有以下效力：

排他效力。当法律规定某类案件专属于某一或者某些法院管辖，便意味着唯有法律规定的法院才有权受理和裁判这类案件，其他法院均无权管辖这类案件，当事人不得向其他法院提起诉讼，其他法院也不得以任何理由来受理这类案件。

排除效力。排除效力是指排除当事人以协议选择管辖法院的权力。专属管辖往往是基于社会公共利益目的而规定的，因而不允许当事人通过协议管辖来改变专属管辖。排除效力只是意味着排除当事人通过协议管辖来改变专属管辖，而并不意味着一概排除协议管辖，其实即使是专属管辖的案件，亦存在协议管辖的可能性。当案件因法律规定专属两个法院管辖（如继承遗产的案件，专属于被继承人死亡时住所地或主要遗产所在地法院管辖），或者因财产的自然状况（如不动产坐落于不同辖区的法院），当事人可以以协议方式选择管辖法院，但是当事人的这一选择受到限制，即只能从有专属管辖权的法院中进行选择。

限制效力。专属管辖的效力还表现在对牵连管辖的限制上。牵连管辖又称合并管辖，是指对某一案件有管辖权的法院，因另一案件与该案件存在牵连关系，而对另一案件一并管辖和审理。牵连管辖的实质是对某案件有管辖

---

① 本条规定："下列案件，由本条规定的人民法院专属管辖：（一）因不动产纠纷提起的诉讼，由不动产所在地人民法院管辖；（二）因港口作业中发生纠纷提起的诉讼，由港口所在地人民法院管辖；（三）因继承遗产纠纷提起的诉讼，由被继承人死亡时住所地或者主要遗产所在地人民法院管辖。"

权的法院基于牵连关系取得了原本不属于自己管辖的案件的管辖权。牵连管辖适用的主要情形是原告增加诉讼请求和被告提出反诉。

可见，无论是从上述规定集中管辖的文件来看，还是从专属管辖的性质来看，集中管辖都无法对抗专属管辖。这必然影响涉自贸试验区案件集中管辖的作用的有效发挥。

(3) 集中管辖与一般地域管辖的关系

一般地域管辖，是指以当事人的所在地与法院的隶属关系来确定诉讼管辖。当事人有原告和被告之分，一般地域管辖的通行做法是实行“原告就被告”的原则，即以被告所在地作为确定管辖的标准。实践中，如果仅原告为自贸试验区企业，但其并未至自贸试验区法庭（法院）起诉，而是到被告所在的非自贸试验区的法院起诉，那么该法院是依据上述“原告就被告”的原则予以受理还是让原告到自贸试验区法庭（法院）起诉呢？当然，如果此处的非自贸试验区的法院处于上述自贸试验区相关文件出台法院的管辖范围内，如：上海一中院下属的某基层法院，或厦门市中院下属的某基层法院，则可能根据上述相关司法规范文件将案件移送给自贸试验区法庭（法院）。但是，如果此处的非自贸试验区的法院在上述文件出台法院的管辖范围之外，那么，这将具有较大的不确定因素。由于我国没有像英美法一样的“不方便法院（The Doctrine of Forum Non Convenience）”原则①，因此，在这种情况下，集中管辖的效果会大打折扣。

3. 集中管辖与送达难的问题

如上所述，集中管辖一方面可以优化司法资源配置，提高审判质量与效率，另一方面，可以锻造一批审判力量强，经验丰富的审判队伍，不断提高

① “不方便法院”原则，也称为非方便法院原则、不便管辖原则，是指“在国际民事诉讼活动中，由于原告可自由选择一国法院而提起诉讼，他就可能选择对自己有利而对被告不利的法院。该法院虽然对案件具有管辖权，但如审理此案将给当事人及司法带来种种不便之处，从而无法保障司法公正，不能使争议得到迅速有效的解决。此时，如果存在对诉讼同样具有管辖权的可替代法院，则原法院可以自身属不方便法院为由，依职权或根据被告的请求作出自由裁量而拒绝行使管辖权。”

法官素质。但是，同时，与集中管辖相伴而生地出现了送达难的问题①。由于集中管辖将诸多当事人的住所地并不在自贸试验区内的案件指定给了自贸试验区法庭（法院）进行管辖，导致在送达相关文书时出现了困难。比如：截至 2016 年 4 月，厦门湖里自贸试验区法庭受理的 291 件涉自贸试验区案件中，被告企业在自贸试验区内注册的达 81 家，其中需公告送达的 18 家，占 22. 22%，远高于普通民商事案件②。因此，大多自贸试验区法庭（法院）均反映送达难的问题。针对这一问题，《最高人民法院关于为自由贸易试验区建设提供司法保障的意见》第十条规定："对在自贸试验区内注册的法人和其他组织，以其注册地为人民法院诉讼文书的送达地址，可以邮寄送达。境外民事主体在自贸试验区设立企业或办事处作为业务代办人的，可以向共业务代办人送达。境外民事主体概括指定其分支机构工作人员或者境内律师事务所律师作为特定时间、特定区域或者特定业务的诉讼代理人的，可以向其送达诉讼文书。"一定程度上解决了送达难的问题。另外，各大自贸试验区的相关创新也不同程度地缓解了该问题。比如：浦东法院在自贸试验区内试行诉讼文书约定送达机制，允许区内企业在合同中约定诉讼文书送达地址并直接送达，避免了公告送达，大大缩短了审判周期。又如：上海一中院积极推行以传真、电子邮件等能够确认企业收悉的方式送达诉讼文书，即电子送达文书的方式来提高送达效率。

---

① 事实上，送达难的问题并不完全是由集中管辖造成的，自贸试验区内企业溢出经营等是造成送达难的重要原因。

② 中国（福建）自由贸易试验区厦门湖里法庭《自贸试验区法庭反映区内企业"溢出经营"导致送达难》，2016 年 7 月 4 日，http：//www. xmftzcourt. gov. cn/sfgk/sfdt/spdt/201611/t20161115 _ 38777. htm，2017 年 2 月 10 日。

第二节 法律适用问题

我国自贸试验区建设的核心是进行制度创新，包括金融制度方面的创新、投资管理制度方面的创新、综合监管制度方面的创新、贸易便利化方面的创新等，最终成为具有国际水准的货币兑换自由、监管高效便捷、投资贸易便利以及法制环境规范的区域。这一过程中，自贸试验区“国际化”“创新性”的特点凸显。这也使得正确的法律适用问题在自贸试验区内应运而生。

一、法律与政策的关系问题

法律具有一定的滞后性，因此，在自贸试验区进行创新的过程中，要想将相关制度全部用法律予以固定，这是不现实的。改革发展无限的前瞻性要求改革者大胆尝试、大胆突破，在不断实践探索中予以推进。在这一过程中，如果要求严格适用法律，则法律的妥当性与适时性将受到质疑。如果不适用法律，则又会对法治的原则构成挑战①。此时，“政策在法律制度与法律实践之间增添了一条关键的纽带，调和法律的稳定性与滞后性的冲突”②。于是，政策在自贸试验区审判中也具有了一席之地。但是，如何协调政策与法律之间的关系，如何正确处理二者的适用边界，等就成为了自贸试验区审判过程中必须面临的问题。

1. 明确政策在解释法律以及填补法律空白方面的作用

（1）充分发挥政策在解释法律方面的作用

---

① 刘言浩《中国（上海）自由贸易试验区的司法应对》，陈立斌《自由贸易区司法评论》，法律出版社，2014 年，第 26 页。

② 齐恩平《民事政策的困境与反思》，《中国法学》，2009 年第 2 期。

通过援引政策对法律进行解释，可以有效地规范法官适用自由裁量权。“法律适用解释中对相关政策的检视，可以克服法律在应付诸多新问题、力图保障一个正在变化的经济社会生活中各种利益之间平衡等方面的局限性”①。故而，在解释法律时，从有关政策性文件中获取“政策解释”，可以相当程度地弥补法律的滞后性，也可使法官在进行法律解释时“按图索骥”，避免简单地机械释法。

（2）将政策作为填补法律漏洞的依据

在自贸试验区创新中，固有法律的漏洞可能阻碍创新的进行。通过以适用于自贸试验区内的特殊政策填补法律的漏洞，可以适应现实需求。但是，在以政策弥补法律的过程中，应当注意，该政策的适用不得违反强制性法律规定。此处“强制性法律规定”应作狭义理解。比如：《合同法司法解释（二）》第 14 条规定、《合同法》第 52 条第 5 项规定的“违反法律、行政法规的强制性规定的合同无效”，此处的“强制性规定”是指效力性强制性规定。在自贸试验区适用该司法解释时，应将此处的“效力性强制性规定”进一步进行限制性解释，将其限定为“管理性强制性规定”，即在自贸试验区企业的行为违反此管理性强制性时，虽然可导致行政处罚，但并不因此而否定其行为效力②。

2. 正确处理法律与政策的边界

人民法院在适用法律与政策时，要处理好遵循规律与立足国情间的关系，在已有的法律规定中甄别出具有普遍意义的规律，同时也要区分具有阶段性特征的规定，在先行先试的过程中结合具体国情，通过政策的适用来适应改革创新的实践要求。人民法院要避免两种错误倾向：一是僵化地、机械地适用法律，过分强调法律，从而妨碍改革创新的进行；另一种则是漠视法律的基本规律，过分强调政策，造成司法的随意与不公，损害司法权威，最终也

---

① 齐恩平《民事政策的困境与反思》，《中国法学》，2009 年第 2 期。

② 刘言浩《中国（上海）自由贸易试验区的司法应对》，陈立斌《自由贸易区司法评论》，法律出版社，2014 年，第 28 页。

将损害自贸试验区的改革创新的深入进行①。

二、国际条约的适用

由于涉自贸试验区纠纷的“国际性”，在人民法院审判过程中，必然会遇到适用国际条约的情况。但是，就国际条约在我国国内的适用方式问题，我国目前还没有专门的相关法律法规加以规定，实践做法尚不统一，这对于自贸试验区案件审判而言，实为一大挑战，如若处理不当，极易影响我国的国际形象。

1. 我国关于条约在国内适用方式的立法现状与司法实践

我国《宪法》与《缔结条约程序法》仅就我国权力机关缔结条约的职权和程序问题做出了规定，并未规定条约在国内适用方式的一般原则。条约在我国国内适用方式的相关规定均散见在各部门法中。综合各部门法的规定及相关实践做法，条约在我国国内的适用方式主要有两种：一是直接适用，即条约对我国生效以后无需任何后续立法程序即可如国内法一样在国内适用，有关当事人可以直接依据条约规定向法律适用的专门机构主张权利；另一种是转化适用型，即条约对我国生效以后，还须进行补充性立法，将条约的相关规定转化为国内立法方可在国内予以适用，在此之前，有关当事人不得直接援引条约规定向法律适用的专门机构主张权利。

（1）条约在我国的直接适用

如前所述，我国没有对条约在国内适用方式的原则性规定，同样，我国也未对在国内予以直接适用的条约的判断标准做出一般性指导规定，而是针对不同的条约，不同的领域，由相关法律分别作出规定。主要有以下几种：

其一，规定当国内法与国际条约规定不一致或条约另有规定时，适用条约的规定，但我国声明保留的除外。比如：《中华人民共和国民法通则》第

① 陈立斌《法律与政策的统一正确实施是自贸试验区司法的首要理念》，陈立斌《自由贸易区司法评论》，法律出版社，2014 年，第 6 页。

142 条第 2 款[①]、《中华人民共和国民事诉讼法》第 236 条[②]、《中华人民共和国行政诉讼法》第 72 条[③]等。这种规定实质上解决的并非是国际条约在国内的适用方式问题，而是解决当国内法与国际条约发生冲突时谁优先的问题。而且仔细查看这些法条则不难发现，这样的规定通常出现在“涉外篇”或“附则”中，很显然，“涉外篇”的规定并不适用于当事人均为国内主体的案件，而“附则”的规定也只是一种补充的适用方式。我国这样的规定在很大程度上限制了国际条约在国内“直接适用”的范围。

其二，规定在相关事项上直接适用条约。这些规定大多设置了大量的限制条件，比如“按对等原则处理”、“按互惠原则处理”等等。

其三，规定在相关事项上，国内法没有规定的，才适用条约的规定。比如《中华人民共和国对外贸易法》第 26 条第 6 款[④]。该款明确规定：在国内法空缺时，由条约予以补充，实质上，这款规定并未涉及条约直接适用的范围。

其四，规定在相关事项上，应遵守条约的规定。比如《中华人民共和国体育法》第 9 条[⑤]。这只是一种宣誓性的规定，我们需要解决的问题正是遵守条约的方式，所以，这样的规定并没解决我们实质性的问题。

我国关于条约适用方式的司法解释有两大类：一类是一般性规定；另一类是针对特定条约的特别规定。前一类如 2001 年的《最高人民法院关于审理和执行涉外民商事案件应注意的几个问题的通知》，该通知对国际条约在涉外民商事案件审理及执行过程所涉及的国际条约在我国国内的适用问题做出了一般性的规定：“对我国参加的国际公约，除我国声明保留的条款外，应予优

---

① 该款规定：“中华人民共和国缔结或者参加的国际条约同中华人民共和国的民事法律有不同规定的，适用国际条约的规定，但中华人民共和国声明保留的条款除外。”

② 该条规定：“中华人民共和国缔结或者参加的国际条约同本法有不同规定的，适用该国际条约的规定，但中华人民共和国声明保留的条款除外。”

③ 该条规定：“中华人民共和国缔结或者参加的国际条约同本法有不同规定的，适用该国际条约的规定，中华人民共和国声明保留的条款除外。”

④ 该项规定：“国家基于下列原因，可以限制或者禁止有关的国际服务贸易：……（六）根据我国缔结或者参其他需要限制或者禁止的。”

⑤ 该条规定：“国家鼓励开展对外体育交往。对外体育交往坚持独立自主、平等互利、相互尊重的原则，维护国家主权和尊严，遵守中华人民共和国缔结或者参加的国际条约。”

先适用”；后一类如2004年的《最高人民法院办公厅关于向外国送达涉外行政案件司法文书的通知》，该通知则对《关于向国外送达民事或商事司法文书和司法外文书公约》在我国的适用问题做出了规定：“对于需要向海牙民商事送达公约成员国送达涉外行政案件司法文书的，可参照1965年订立于海牙的《关于向国外送达民事或商事司法文书和司法外文书公约》和我国内相关程序向有关外国提出司法协助请求，通商事司法文书和司法外文过公约规定的途径送达。”

应该说，我国的司法解释在一定程度上弥补了立法上的不足。但是，这对于真正解决国际条约在我国国内的适用方式问题还是远远不够的。如前述的第一类司法解释，依旧重蹈上述立法的覆辙，对条约的适用方式问题的规定是本末倒置的，比如1995年《关于处理涉外案件若干问题的规定》规定：处理涉外案件，在对等互惠原则的原则上，严格履行我国承担的国际条约义务。当国内法或者我内部规定同我国承担的国际条约义务发生冲突时，应当适用国际条约的有关规定（我国声明保留的条款除外）。各主管部门不应当以国内法或者内部规定为由拒绝履行我国承担的国际条约规定的义务。上述第二类司法解释数量太少，只有21个，其在解决国际条约在国内适用方式上的作用十分有限。

我国有很多直接适用国际条约的案例，如1998年“美国联合企业有限公司与中国山东省对外贸易总公司烟台分公司购销合同纠纷案”，1995年北京第一中级人民法院审理的“二十世纪福克斯公司诉北京市文化艺术出版社音像大世界侵犯著作权纠纷案”，1988年天津海事法院审理的“中国船舶燃料供应公司天津分公司与香港大顺航运有限公司船舶碰撞损害赔偿纠纷案”等等。

应当注意的是，立法的缺陷在一定程度上影响了我国相关的司法实践，如：关于国际条约适用的案例均为涉外案件；一些应该直接适用的条约未得到适用①；等等。

---

① 比如“吴冠中诉上海朵云轩、香港永成古玩拍卖有限公司侵犯著作权案”，该案涉及的当时我国著作权法的规定与我国加入的版权条约相冲突，依《民法通则》应适用条约的规定，可是法院依旧按我国国内法进行判决。

（2）条约在我国的转化适用

在我国，并没有专门的法律对予以转化适用的条约的类型、转化适用的程序等做出相关规定，但是在实践中，确实存在一部分条约在国内予以“转化适用”。主要有以下几种情况：首先，条约明文规定要求缔约国以立法的方式予以适用。比如《联合国消除对妇女一切形式歧视公约》。其次，条约的规定是原则性的，没有可操作性，比如 1999 年全国人大常委会修订的《中华人民共和国海洋环境保护法》中关于海洋倾倒物方面的法律就基本采用了我国参加的《1972 年伦敦倾倒公约》的规定。第三，在适用条约时如果国内法中缺少条约中所规定的内容，对国内相关法律法规进行修改补充。

2. 我国关于国际条约在国内适用方式的相关立法存在的问题

（1）我国没有关于国际条约在国内适用方式的原则性的规定。

我国没有关于国际条约在国内适用方式的原则性规定，相关规定散见在各部门法中。这样立法的缺陷在于：一方面，各部门法各自为政，规定互不统一；另一方面，由于没有统一的原则性标准用以判断国际条约在国内的适用方式，我国各部门法的规定实质上构成了对直接适用国际条约的情形进行罗列，无法穷尽所有情况，可能出现有些条约的适用方式没有法律依据的情形。事实上，一些发达国家都在国内法上对国际条约在国内适用方式问题做了原则性的规定。如：瑞士 1998 年宪法第 190 条规定：“对联邦法院以及其他法律适用的公共机构而言，联邦法律和已公布的国际法都是有约束力的法律。”① 可见，瑞士宪法的此条规定就将国际条约在其国内适用的方式定位为“直接适用”。又如：《美国宪法》第 6 条第 2 款规定：“本宪法与依本宪法制定的合众国法律，以及在合众国权力之下已缔结及将缔结的条约，均为美国的最高法律，即使任何州的宪法或者法律与之相抵触，每个州的法官仍受其

① Federal statutes and public international law are binding laws for the Federal court and other law-applying public agencies，http：//www. servat. unibe. ch/icl/sz01000 _ . html ，2016 年 10 月 15 日。

约束。”① 瑞士和美国宪法对于国际条约直接适用的规定表明，国际条约在这两个国家的法院都具有可诉性，即都可以在法院作为进行诉讼的法律依据。在国内法中对国际条约在国内的适用方式做出原则性规定的好处还在于，它可以起到提纲挈领的作用，部门法的规定均为该原则的具体运用，可以避免我国目前出现在此问题上立法的不明确状态。同时，在具体的条约在国内适用方式无具体法律规定可依时，法官可以依该原则性的规定做出判断。

（2）我国法律中只规定了直接适用国际条约的情形，未对转化适用国际条约的情形予以规定。

如前所述，我国在法律中并未对转化适用的国际条约的类型、转化适用的程序等予以规定，只是在实践中存在对国际条约予以转化适用的情况。这样的后果是：一方面对国际条约予以转化适用缺乏法律支持，容易让别国对此做法产生合法性质疑；另一方面，由于对于国际条约的直接适用与转化适用的关系没有明确的规定，同时又缺乏对转化适用的国际条约进行界定，这样的立法现状难免让人产生疑惑，即是否除法律规定的应直接适用的国际条约以外的条约都必须予以转化适用？

在国际条约的直接适用与转化适用的关系方面，值得我们考察的是《美国对外关系法第三次重述》（以下简称《重述》）。美国法将条约区分为“自执行”条约（self-executive treaties）与“非自执行”条约（non-self-executive treaties）。“自执行”条约是指无须任何立法规定的帮助即可自行施行的条约，即直接适用的条约，而“非自执行”条约则需在国内进行补充性立法，方具有国内法上的效力，即转化适用的条约。《重述》第 111 条规定：“一个国际条约在以下情况下是‘非自执行’的：（a）条约自身表明其在没有立法即不

① This Constitution, and the Laws of the United States which shall be made in Pursuance thereof; and all Treaties made, or which shall be made, under the Authority of the United States, shall be the supreme Law of the Land; and the Judges in every State shall be bound thereby, any Thing in the Constitution or Laws of any State to the Contrary notwithstanding., http://www.usconstitution.net/const.html#Article6, Oct. 16, 2016.

能在国内法上生效的意图；（b）上议院在同意条约缔结的过程中或国会通过决议要求条约在国内适用前须进行国内立法；（c）条约涉及宪法规定须立法才能实施的事项。”[①] 可见，《重述》在确定国际条约的直接适用与转化适用的关系方面采纳的方法是：推定条约是“自执行”的，只有满足（a）（b）（c）三项条件之一的条约，才是“非自执行”的。这样的规定明确了“自执行”条约与“非自执行”条约之间的关系，避免了出现我国这样的法律上的“真空地带”的情形。

（3）现有法律对国际条约予以直接适用的考察要素单一

从前文的分析我们可以发现，我国现有法律都仅从国际条约所涉事项进行考察，从而确定是否对该条约予以直接适用。这样的规定可能会导致法律无法适用的情形。因为即使条约所涉事项属于法律规定的应予以直接适用的范畴，但是可能由于条约的语言不够明确，不具有可操作性或者条约本身规定必须予以转化适用等原因，导致该条约无法遵守法律的规定在国内予以直接适用。纵观一些发达国家的法律规定以及实践做法，他们在判断一个具体的国际条约在国内适用方式时，几乎都对多种因素进行考察。比如在美国，法院在判断一项条约是“自执行”条约还是“非自执行”条约时，通常会从以下几个方面进行考察：首先是对条约的解释，即考察当事方的意图。美国经历了从考察缔约双方的明示意思表示[②]，推断缔约双方的意图[③]到重视美国单方的意图的过程。在考察美国单方意图时，重视参议院在同意缔结条约的过程中发表的意见等。其次是条约规定的事项。如果一个条约涉及宪法规定须立法才能实施的事项，那么这个条约是“非自执行”的。再次是条约是否赋予私人诉权。如果没有，那么这个条约的相关规定不能成为起诉的依据，

---

① An international agreement of the United States is “non-self-executing” (a) if the agreement manifests an intention that it shall not become effective as domestic law without the enactment of implementing legislation, (b) if the Senate in giving consent to a treaty, or Congress by resolution, requires implementing legislation, or (c) if implementing legislation is constitutionally required.

② United States v. Percheman (32 U.S. 51) 案的规则。

③ Foster v. Neilson (27 U.S. 253) 案的规则。

即不具有“可诉性”，但可以作为辩护的理由。最后是条约的性质和语言。如果一个条约的语言模糊不清，不具有操作性，那么这个条约是“非自执行”的，如果一个条约是政治性的，只规定了国家的政治任务，那么这个条约也是“非自执行”的。在瑞士，一项条约的语言是否明确，条约自身是否明文规定必须通过国内立法在国内予以执行等因素都是法院判断一项条约在国内适用方式时应予考察的因素。对多种因素进行考察的好处在于这样做出的判断更全面、更科学，也可以避免因只考察单一因素导致某些无法予以直接适用的条约被归入直接适用的范畴，从而使司法实践陷入无法遵从法律的尴尬境地。

由此可见，我国对于国际条约在我国的适用方面存在诸多问题，而这些问题势必影响自贸试验区法庭（法院）的司法实践，很遗憾的是，自贸试验区相关法律文件并未对这一问题予以回应。

第五章 我国自贸试验区调解制度的创新与完善

第一节 调解制度概述

一、调解的概念

调解是一种最常见的替代性纠纷解决机制（alternative dispute resolution，ADR），是其他 ADR 的基础。国外学者通常将其翻译成“mediation”或者“conciliation”，并且有一些学者将二者解释成不同的含义，比如：Neil Kaplan 就认为，“conciliation 是一个第三者努力将当事人集合在一起，并协助他们弥合争议的一种程序”，而“mediation 被认为是自愿的、非拘束力的、私人的争议解决程序”。根据他的理解，“mediator”的职责是帮助当事人寻求和达成商定的和解，并且以各种方式为当事人的协商进程提供便利和协助，他允许当事人控制谈判的进程，克服情绪上的障碍，协助当事人明确争议的问题和寻求各方都接受的方案，他还可以帮助当事人评价各自的是非曲直。因此，在履行职责时，“conciliator”远比“mediator”消极得多[①]。但是大部分学者还是认为“mediation”与“conciliation”具有相同的内涵。而且事实上，在现代纠纷解决体系中，区分具体措辞并不重要，重要的是该种纠纷解决方式解决纠纷的实效，“正如联合国国际贸易法委员会所指出的，‘conciliation’和‘mediation’只是表达和习惯的不同，两者之间的含义应该是趋同而不是扩大，甚至可以互为换用。”[②] 正因为此，1999 年美国统一州法全国委员会在其关于《统一调解法》的建议稿有关调解定义的第 I 部分的说明报告中索性放弃对何为调解进行定义，转而通过列举调解的内涵特征来对这种争议解决机制进行准确描述。该报告将调解的内涵归纳为三点：第一，由一个恰当的机构或当事人指定调解人；第二，强调调解人的中立性，即调解人不代表任何一方当事人的利益；第三，当事人之间的纠纷解决主要靠当事人自己协商，调解人的作用是对其进行协助，其无权做出对当事人有约束力的裁定。但是，在美国统一州法全国委员会于 2001 年 6 月正式公布的《统一调解法》中，却放弃了建议稿中罗列调解的特征以对其进行界定的方式，直接将调解定义为“由调解人促进双方当事人的沟通和协商以协助他们就其争议自愿达成解决协议的程序”。在这个定义中，实质上仍然包含建议稿中列举的几个特点：“中立”、“当事人协商”“协助”。值得注意的是，此处对调解人的作用的界定是“协助（assist）”，这是调解人区别于仲裁员之处，在仲裁中，仲裁员最终针对当事人之间的纠纷做出裁决，而在调解程序中，调解人只能协助当事人达成纠纷解决方案，而无权在调解过程中做出决定。可见，该定义还是强调了调解的特点，因而它所揭示的是调解的普遍性意义。又比如：英国学者卡尔·麦基（Karl Mackie）把调解定义为，纠纷当事人在中立第三方的协助下就他们之间的争议进行解决并达成协议[③]。该定义也强调了调

---

① 关于“mediation”与“conciliation”内涵的理解的争论，可参见王生长《调解与仲裁相结合的理论与实务》，法律出版社，2001 年，第 45—48 页。

② 王生长《调解与仲裁相结合的理论与实务》，法律出版社，2001 年，第 50 页。

③ Karl Mackie, et al, The ADR Practice Guide Commercial Dispute Resolution, Butterworths, 2000, p. 48.

解人的“中立”以及“协助性”。

以上观点不尽相同，但基本都包含了“调解是当事人在中立第三方协助下，达成协议解决争议的活动”的内容。由于调解中第三人的角色与立场以及调解程序所蕴含的社会内涵不同，传统调解和现代调解间有着明显区别，同时还存在介于二者间的“灰色区域”。① 但至少从字面上看，“调解”一词本身的含义较为明确，不同的表述只是强调了不同的侧面。

在这里，我们倾向于采用范愉教授对调解所做的界定，即“如果排除因各国在制度上的差异而存在的定义上微小的歧义，可以根据性质和功能把调解界定为：调解是在第三方协助下进行的、当事人自主协商性的纠纷解决活动。调解是谈判（交涉）的延伸。二者的区别在于中立第三方的参与；而其中的第三方，即调解人的作用也是区别于审判和仲裁的关键因素——调解人没有权力对争执的双方当事人施加外部的强制力。”②

二、调解的形式及分类

由于历史传统以及调解实践的差异，世界各国的调解形式多样，并且仍在不断创新。按不同的划分标准，调解相应地主要包括以下几种类型：

1. 根据调解人的身份和性质，可将调解分为行政机关调解、民间调解、法院调解、律师调解等

所谓行政机关调解，主要包括两类，一是行政机关在日常管理或指导工作中附带性的纠纷解决，二是行政机关为解决特定纠纷专门设立的行政性非诉讼程序。其中，后者是当代重要的 ADR 方式。在附带性纠纷解决中，行政机关一般只主持调解，促成纠纷当事人达成和解，如在医疗事故损害赔偿纠纷中，行政机关依当事人的申请开展调解；在专门的行政性非诉讼程序中，行政机关可以根据法律规定采取裁决和决定的方式处理纠纷，当事人对处理

① 齐树洁《程序正义与司法改革》，厦门大学出版社，2004 年，第 147 页。

② 范愉《非诉讼程序（ADR）教程》，中国人民大学出版社，2002 年，第 150 页。

结果不服的，可以提起行政复议或向人民法院提起诉讼，但在多数情况下也可以采用调解结案。行政机关的调解具有权威性、高效率和低成本的优点，而且调解协议的履行也有一定的监督保证，因此具有重要的实践价值。

所谓民间调解，主要指在非司法性和非行政性的民间组织、团体或个人主持下进行的调解。在我国，人民调解是民间调解的重要形式。人民调解是指在人民调解委员会的主持下，以国家的法律、法规、规章、政策和社会公德为依据，对民间纠纷当事人进行说服教育、规劝疏导，促使纠纷各方当事人互谅互让，平等协商，自愿达成协议，从而消除纷争的一种群众自治活动。人民调解在纠纷解决过程中具有介入早、调解人与当事人之间具有特定地域联系的特点。它把许多矛盾消弭在萌芽状态，减轻了法院负担，促进了社会安定，被称为是维护社会安定的“第一道防线”。民间调解，还包括社会团体、自治组织、行业协会、营利性机构主持下的调解以及私人调解等多种形式。近年来，我国的行业性调解组织也有了快速发展。

所谓法院调解，是指在人民法院审判组织的主持下，双方当事人自愿平等协商，达成协议，经人民法院认可后，终结司法程序的活动。① 法院调解是在诉讼中进行的，当事人在法官主持下自愿达成调解协议，调解协议经法院审查确认并送达当事人签署后生效，并具有同判决书一样的效力，一方当事人不履行调解协议的，另一方当事人可以请求人民法院强制执行。在我国，法院调解还是法院审结案件的一种方式，调解过程往往体现出一定的职权性。尽管如此，法院调解仍以当事人的自愿为前提，法院并不能强迫当事人调解。

律师调解本质上也属于民间调解，从形式上看可以分为两类。其一，单向咨询，即由律师向当事人提供法律意见，预测判决结果，分析诉讼利弊，促使当事人考虑放弃诉讼，与对方达成和解。实践中，律师出于自身的利益考虑，往往不愿意推动调解，而是希望当事人进行诉讼，因此必须采取相应的鼓励措施促使律师推动当事人和解。其二，由律师或律师事务所作为中立第三人主持调解。近年来，由于制度改革和观念的变化，许多国家和地区的

① 柴发邦《民事诉讼法学新编》，法律出版社，1992 年，第 246 页。

律师或律师事务所都积极地参与或主持调解，对解决纠纷发挥了重要作用。目前，我国的律师业尚处于起步阶段，律师运用调解解决纠纷的作用还没有得到充分发挥。

2. 以功能为标准，调解可分为教化型调解、交涉型调解、判断型调解、和治疗型调解①

以功能为标准划分调解类型首见于日本法学家棚濑孝雄。教化型调解是指以发现调解自身特有的正义或所谓另一种正确的解决作为主要任务，谋求纠纷“圆满的解决”的调解类型。这种调解类型的优点在于调解程不需要具有专业法律知识或受过专门法律训练的专家参与，因而可以节约纠纷解决的资源和成本。但前提是必须存在着特定的共同体和人际关系，而且双方当事人还必须认同所适用的社会规范。如果不具备这两个条件，则调解可能收效甚微。依托于社区和共同体的自治性调解，特别是解决邻里纠纷、家事纠纷和人事纠纷的调解大多属于这一调解类型。

交涉型调解是指当事人双方在估量可能的解决结果以及解决成本的基础上寻求对自己最有利的解决方案的调解类型。这一类型的调解是基于当事人在衡量所期待达到的目标和所愿付出的成本之后，通过自身的权衡选择而进行的。交涉型调解以自愿为原则，调解程序、调解方案的提出等事项的决定权均在双方当事人。在功能方面，交涉型调解的重心在于降低纠纷解决成本，并不以发现法律真实为目的，因此较为简易、经济，便于为当事人所采用。但是，交涉型调解的结果往往取决于当事人拥有的资源以及讨价还价的能力或技巧，因此具有较大的不确定性。在现代社会中，交涉型调解是绝大多数纠纷，特别是商事纠纷的基本调解模式。

棚濑孝雄把以发现在法律上正确的解决方案为第一目标的调解称为判断型调解。在判断型调解中，调解人主动寻求合乎法律规定的解决方案，并向当事人展示其判断，双方当事人以该判断为中心寻求合意，进而解决纠纷。

---

① ［日］棚懒孝雄《纠纷的解决与审判制度》，王亚新译，中国政法大学出版社，2004年，第54—69页。

调解人的判断本质上是对审判结果的一种模拟。这种模拟有助于当事人认清自己的“胜算”以及可能的纠纷解决结果，从而促使当事人考虑通过和解解决纠纷。但是，这种审判模拟与程序严格的诉讼制度毕竟相差甚远，其解决方案的正当性和公正性也难以与判决相比拟。从目前情况看，大部分司法性ADR（如法院调解）实际上都是以判断性（评价性）为基本模式的。对于期待得到法律上的解决方案，但又想避免诉讼延迟和高成本的当事人来说，这种调解方式是较好的选择。

以调整、恢复人际关系为主要宗旨的调解为治疗型调解。治疗型调解把纠纷视为人际关系的一种病理现象，并试图通过广义的人际关系调整方法来治疗病变。治疗型调解更像是一种心理治疗，经常适用于解决邻里纠纷、家事纠纷和人事纠纷。与教化型调解不同，治疗型调解的调解人不是地方或共同体的权威，而是专门的心理或社会问题专家。此外，二者依据的规范、采用的方法和力图达到的目的也都截然不同。

3. 根据达成的调解协议是否具有强制执行力，可将调解分为有强制执行力的调解和无强制执行力的调解

有强制执行力的调解是指当调解协议对当事人具有法律约束力，当事人必须执行调解协议的内容，否则另一方可以向法院申请强制执行。这种类型的调解主要包括法院调解、仲裁调解。此外，虽然不是由法院或仲裁机构调解，但调解协议经法院审核后具有强制执行力的调解也属于此类，如我国台湾地区的乡镇市调解。无强制执行力的调解是指调解所达成的调解协议不具有强制执行力，一方当事人在达成调解协议后如果反悔，另一方无法申请法院强制执行调解协议。

三、调解的特征

1. 调解是在中立第三方协助下进行的纠纷解决活动

第三方的协助对当事人之间纠纷的解决具有重要作用。由于缺乏经验以及意见分歧较大等原因，当事人往往难以通过直接协商达成协议，而借助于第三人的协助则较容易在某些问题上进行妥协，从而达成和解，解决纠纷。调解程序本身就是一种人际间信赖关系的延伸，因此要取得当事人的信任，第三人就必须是中立的，他应当保持独立和公正，不代表任何一方当事人，也不偏向任何一方当事人。应指出，在现代调解中，第三人的中立往往只被限定在当事人协议的达成上，对于调解的进行，第三人往往不是中立的，而是积极地引导程序的进行，使得当事人更容易地达成和解。① 在调解实践中，为保证调解人的中立性，通常调解人应当遵守一定的行为规则，同时，当事人也拥有对第三人的选择权。

2. 尊重当事人的意思自治是调解的本质特征，调解的最终目的是促成当事人通过合意解决纠纷

当事人的意思自治是调解的最大特征，从是否启动调解程序、适用何种调解规则、由谁来调解、是否终止调解等等都取决于当事人的共同意愿。调解员虽然在调解过程中可以进行说服劝解，促使当事人达成谅解，甚至提出具体的解决争议的方案，但这一方案仅是一种建议，其被采用与否仍取决于当事人，调解员并不能把自己的意志强加在当事人身上。还应指出，即使在有些情况下，法律规定在启动某一个争议解决方式之前，必须进行强制性调解，但所谓的强制性调解也不应被理解为侵害了调解的合意本质，因为调解协议的达成及其履行仍取决于当事人的自愿。

3. 调解的程序和适用的规范具有广泛选择性

作为一种程序便捷的纠纷解决方式，调解无须遵循严格的程序，当事人可以根据纠纷的特点、彼此的关系以及各自的需要选择适用适当的程序。因此，调解往往是在一种非对抗性的、和谐的气氛中进行，争议双方完全可以自由地阐述自己的观点和意见。调解在纠纷处理过程方面较为灵活，除依据现行法律法规外，调解还可以以各种有关的社会规范作为解决纠纷的依据和标准，如地方惯例、行业标准、乡规民约、公共道德准则、通行的公平原则

---

① J. M. Haynes "Mediation and Therapy: An Alternative View", Mediation Quarterly, Vol. 10. No. 21, 1992, p. 24.

等。有学者指出，在调解中，调解人并不总是试图运用现有的法律规范来解决双方的纠纷，而是对纠纷双方提出的观点和要求策划一种妥协与和解的方法。① 总之，调解程序的便捷性以及处理的灵活性有利于纠纷得到迅速、合理的解决。到迅速、合理的解决。

4. 调解协议相当于和解，具有契约性，但它是否具有强制执行力则取决于具体调解机构的性质和各国的立法与实践

契约性是调解的本质属性。调解的契约性贯穿于调解的整个过程，包括：调解程序的启动、调解员的选任、调解规则的适用、调解协议的达成以及调解的终止等。对这些事项当事人都可以通过合意达成契约。调解如果取得成功，则当事人之间所达成的调解协议本质就是一份合同，具有明显的契约性。尽管第三人介人调解过程，并事实上影响调解的进行，但调解协议的达成仍是建立在当事人合意基础上，本质上仍属于当事人之间的契约。不过，根据有关国家法律的规定，如果调解由司法或准司法机构主持，或者调解协议经过法院确认，则调解协议就具有与生效判决相同的效力，对当事人具有约束力，并可以强制执行。例如，我国人民法院调解就是直接由法院主持的调解，经由法院调解达成的调解协议相当于诉讼中和解，具有生效判决的效力；在我国台湾地区，适用乡镇市调解程序而达成的调解协议在经过法院审核后生效，这就使得调解协议从当事人之间的合同转为正式的司法文书，产生相应的法律效力。在许多国家和地区，调解协议经过法院确认后具有与判决和仲裁裁决同样的法律效力。而大量非制度化的民间调解达成的协议一般均可视为一种以纠纷解决为目的的合同，法院在诉讼程序中可以根据合同法的原则对其作出确认、撤销或宣告无效等裁判。

四、调解的优点

1. 调解的方式具有自愿性，有利于当事人之间和睦相处

① ［英］罗杰·科特威尔《法律社会学导论》，潘大松等译，华夏出版社，1989 年，第 239 页。

我国几千年来的传统文化道德观念是“以和为贵”，即强调和睦相处。受此影响，我国公民在一般情况下是不愿意上法院打官司的。尽管随着法治的发展，诉讼在我国社会中已变得愈来愈平常了，人们的诉讼观与以往相比发生了重大转变，但对于深受传统文化影响的国人来说，毕竟没有发展到对上法院打官司习以为常的程度，仍有相当多的国人保持着传统法文化中的厌讼心理。此外，用诉讼的方式解决纠纷虽然能够解决一时的矛盾，但激烈的法庭对抗和非黑即白的裁判结果却可能打破纠纷双方曾经存在的和睦关系，使双方从此横眉冷对，老死不相往来。而采取调解的方式就温和得多，双方当事人在调解员的主持下就如何解决争议进行协商并最终达成协议。调解虽然有调解员的参与，调解员在整个过程中发挥着沟通、引导、劝解、促和的重要作用，但本质上仍然是由双方当事人通过交涉、谈判解决纠纷。调解中的协商是为解决纠纷而不是寻求以对抗为价值取向的交涉，因此双方当事人除了要对和解表示诚意外，还要有足够的灵活性和妥协性，所以互谅互让是当事人避免冲突的基本态度，友好的气氛是解决纠纷的关键所在。当事人之间没有正面冲突，避免一方胜诉、一方败诉的结局，既解决了纠纷又不伤和气，很可能达到双赢（win—win）的局面。

2. 调解的方式具有主动性，有利于纠纷及时解决

民事诉讼程序的启动遵循“不告不理”的原则，只有在当事人向法院提出诉讼请求时，法院才有可能依照法定程序进行审判以解决纠纷。换言之，法院不能主动出击寻找案件，只能被动地等待纠纷送上门来。而当纠纷各方到了非上法庭不可的时候，往往矛盾已经激化到了不可调和的程度。调解机制则不然，部分调解组织和调解人员可以采取主动介入的方式对纠纷进行调解。特别是在现实生活中，各级人民调解组织通过定期排查，深入群众了解可能发生或已经发生的纠纷。对于已经发生的纠纷，主动介入调解，避免矛盾扩大化；对于可能发生的纠纷，究其根源，力争将其解决在萌芽状态。正是因为调解的主动性，才有利于纠纷的及时解决。

3. 调解结果的灵活性和调解协议的易履行性

调解协议是当事人协商的结果，是当事人自愿达成的，因此调解协议不必严格依照法律，只要不违反法律中的强制性规定，不损害社会公共利益，不损害第三人的合法权益，调解协议的内容就是合法的。调解结果的灵活性和多样性既可以使调解员审时度势地引导当事人达成调解协议，又可以使调解结果照顾到双方当事人的长远利益，这样最有可能使纠纷得到彻底解决。在调解过程中当事人平等参与、自愿协商、互谅互让达成切合实际的调解协议，又基于以和为贵的目的，所以协议很容易兑现履行。

4. 以调解解决纠纷成本较低

在民事诉讼中，提出诉讼的一方当事人必须缴纳一定数额的诉讼费用，诉讼费用的高低多数取决于诉讼标的数额的大小。标的较大的案件，诉讼费用往往让人瞠目结舌，但这仅仅是成本的一部分而已。由于诉讼程序的复杂性和法庭对抗的激烈性 ，当事人为了增大胜诉的希望，一般情况下还会聘请执业律师担任诉讼代理人。尽管执业律师能够以专业的知识和丰富的经验为当事人提供良好的法律服务，但他们的服务不是免费的。按照各地经济水平的差异、律师名气的大小以及案件的标的和难易程度，律师的收费从几百元到几十万甚至上百万不等。诉讼费和律师费的高昂给希望解决纠纷的当事人带来沉重的负担，而国家相应的司法成本投入也在不断增大。与诉讼解决纠纷相比较，调解的成本则要低得多。调解组织进行调解一般是不需要缴纳费用的，而且当事人也不必花费巨资聘请律师，只要纠纷各方冷静且和气地将纠纷的来龙去脉讲清楚，调解人员就可以进行调解。这不但为当事人节约了大笔费用，而且减少了国家司法成本的支出。

5. 调解程序的简易性和处理的高效性

调解没有固定的程序，调解以当事人的同意为前提，调解员不能强迫当事人接受其调解意见，而且没有正规而复杂的程序。调解员和当事人可以采用简便的灵活多样的方式进行调解。调解具有高效性，只要当事人双方真正自愿同意，只要不违犯法律强制性规定和社会公共利益，随时可以达成协议，解决纠纷，结束争议，而不必像诉讼那样经历烦琐的程序和较长的时间。

6. 调解的普遍性和广泛性有利于降低法院和民众的压力

我国人口众多，地域辽阔，每天发生的纠纷不计其数，纠纷发生的地点星罗棋布。如果所有的纠纷都通过法院来解决的话，法院的数量还要增加几倍，分布还要更广泛甚至深入到大山深处。从现实的角度考虑，这种做法既不必要也不可能。通过诉讼的方式只能解决一部分纠纷，而其他的众多纠纷只能通过非诉讼的方式解决，调解就是其中较为理想的一种方式。我国的调解组织遍布全国各地，从数量上远远大于法院，而分布也比法院广泛得多，只要是有社区和农村的地方都有调解组织，当事人可以就近选择，而不必一次又一次长途跋涉去法院。此外，能够通过调解解决的纠纷的范围也很广泛，法院审理的民事经济纠纷可以调解，法院不受理的一些家庭的、邻里的、感情的纠纷也能通过调解解决。因此，通过调解这一道防线，可以把大量纠纷和纠纷的萌芽及时化解在基层，大大减轻了法院的负担。

7. 调解中信息具有保密性

保密性是指调解不必公开进行，在调解过程中，双方当事人告知调解员的信息，调解员会严加保密，不会透露给任何人。一方面，对涉及个人或家庭的纠纷，当事人通常不希望将它们公之于众；对发生在商务活动中的纠纷，当事人一般也不愿意闹得沸沸扬扬。另一方面，调解员为了找到问题的症结，需要从当事人那里获得真实而充分的信息。保密性正好满足了这两方面的要求，它既是当事人乐于选择调解的原因，又是调解成功的条件之一。“调解可以满足一部分不喜爱打官司或抛头露面的人的心理，合乎价值多元化之社会发展潮流。”①

五、调解的缺点

1. 调解程序不公开，难以防止当事人规避法律

调解过程并不注重对法律规范的适用，有些情况下，社会规范以及其他民间习惯甚至占据着更为重要的地位，部分规范或习惯可能违反了法律规定和社会的公序良俗。而调解程序不公开，公权力难以有效控制，也就无法有

---

① 王建勋《关于调解制度的思考》，《法商研究》1996 年第 6 期。

效防止当事人规避法律。调解的参与者无法获得诉讼式的程序保障。

在诉讼过程中，法院强调对当事人的程序保障。诉讼法上的诸多程序，如证据开示、非法证据排除、举证时效、回避、交叉询问以及上诉等等一系列越来越精细的程序，正是为了更好地保障当事人的权利。而调解没有正规的程序，当事人自由选择自己喜欢的方式进行调解，在一定程度上使当事人丧失了程序保障。

2. 一旦存在权力的严重失衡，调解就有被操纵和滥用的可能

调解是在中立第三方的参与协助下进行的、当事人自主协商性的纠纷解决活动，然而在权力严重失衡的情况下，一方当事人可能利用绝对优势的地位控制调解的进程和发展方向，最终从调解中获利，这种情况在诉讼中则可以得到较好的制约。

3. 调解不成功会产生额外的费用和延迟

在诉讼中，无论当事人心理上是否接受法院的裁判，至少存在一个确定的结果。而在调解中，由于调解协议的达成基于双方的自愿，因此，一方当事人以及调解员不能强迫另一方接受调解协议。如果出现无法达成协议或达成协议后反悔的情况，将直接导致调解失败。调解失败后，一般情况下纠纷就会进入诉讼或仲裁程序，而先前因调解导致的费用和时间的支出也就成为额外的负担。

第二节 人民调解

一、人民调解概述

1. 定义

根据我国《人民调解法》第二条，人民调解是指人民调解委员会通过说明、疏导等方法，促使当事人在平等协商基础上自愿达成调解协议，解决民间纠纷的活动。由此可见，人民调解是我国民间调解的一种重要形式，其调解主体是人民调解委员会，其作用是促使当事人自愿达成调解协议，调解的方法包括但不限于说明、疏导等。

2. 人民调解的发展历史

新中国成立以来，调解作为中国传统的一种解纷方式，得到了长足的发展。在中国传统的调解制度下，创新性地发展了人民调解。1954 年颁布的《人民调解委员会暂行组织通则》正式确立了人民调解制度。自此以后，我国相关部门先后出台了多部法律文件，对人民调解制度予以规范。我们可以从这些法律文件中瞥见人民调解制度在我国的发展历史。

（1）1954 年《人民调解委员会暂行组织通则》

该通则是由政务院颁发的，已于 1989 年 6 月 17 日失效。它对人民调解委员会的性质、任务、组建等进行了规定，对人民调解委员会委员的选任、调解原则以及应遵守的纪律进行了规定，从此从制度上确认了人民调解这一重要的解纷方式。

（2）1982 年《宪法》

该法第一百一十一条对在居民委员会与村民委员会内设人民调解委员会进行了规定。这是我国首次以宪法的高度对人民调解进行的规定。根据该条规定，居民委员会与村民委员会内设的人民调解的主要职能是办理本居住地区的公共事务和公益事业，调解民间纠纷等。为了贯彻该规定，《村民委员会组织法》以及《居民委员会组织法》均有类似规定①。根据该两法的规定以及当时的实践，村民委员会、居民委员会与其调解委员会之间在组织与功能上均没有分离，尤其是在村民委员会这一层面，其内设的调解委员会常由村委会以及党支部成员兼任，并没有设立专门的组织，也没有专门聘请的调解人员，事实上属于附设于村民委员会与居民委员会内部的一种非正式的解纷程序。

---

① 参见《村民委员会组织法》第七条以及《居民委员会组织法》第十三条。

（3）1989年6月《人民调解委员会组织条例》

该条例明确了人民调解委员会的管理主体、调解委员会的组成、调解委员会委员的选举办法，同时，改变了只能由村民委员会与居民委员会内设人民调解组织的限制，明确企业事业单位也可组建人民调解组织①，人民调解不再局限于调解区域内的纠纷，明确各调解组织可以联合调解跨区域、跨单位的纠纷，加强了各调解组织之间的沟通与合作②。

（4）1991年《民事诉讼法》

该法对于人民调解最大的影响是对于人民调解委员会的设置问题。根据该法第十六条的规定，人民调解委员会不再是附设于村民委员会以及居民委员会内部的调解组织，而是在基层人民政会和基层人民法院指导下，调解民间纠纷的群众性组织。自此，《民事诉讼法》已经突破了《宪法》的规定，将人民调解委员会定位为独立的组织，且组建人民调解委员会的主体也不再局限于村民委员会、居民委员会以及企事业单位，从法律规定上看，并未对组建人民调解委员会的主体进行任何限制。更为重要的是，该法已经开始将人民调解制度定位为一种司法辅助制度，从此以后，这一制度属于国家司法制度体系的范畴，成为一种具有中国特色的司法制度。③

尽管法律上对人民调解寄予了如此大的希冀，但是实践中基层调解组织并未如立法所设计的那般立马摇身一变成独立的调解组织，其原因主要是因为当时的财政并未配置这样一个正规化的调解组织，所以，事实上在二十世纪九十年代，实践中绝大多数的基层调解组织并未响应立法的号召，而有保持着宪法设计的状态。

随着我国法治的推进，人民调解在二十世纪九十年代逐步陷入停滞甚至倒退状态。甚至有法学界一些相对偏激的观念认为调解与法治与相悖逆，要坚持法治就必须抛弃调解这一非法治的解纷方式④，这种状态一直持续到本世

① 参见《人民调解委员会组织条例》第十五条。

② 参见《人民调解委员会组织条例》第七条。

③ 熊先觉《中国司法制度新论》，中国法制出版社，1999年，第214页。

④ 比如周永坤《警惕调解的滥用和强制趋势》，《河北法学》2006年第6期。

纪初。

（5）2002年中共中央办公厅、国务院办公厅转发《最高人民法院、司法部关于加强新时期人民调解工作的意见》（中办发［2002］23号）

该意见提出要充分认识做好新时期人民调解工作的重要性和紧迫性，积极推进新时期人民调解工作的改革与发展，巩固、健全、发展多种形式的人民调解组织，规范人民调解委员会的工作，努力提高人民调解员的素质，充分发挥人民调解工作在维护社会稳定中的作用等等。该意见承继了1991年《民事诉讼法》对人民调解的定位，并且进一步发扬光大。从此，人民调解在解纷中的作用被重新重视。

（6）2002年司法部公布《人民调解工作若干规定》

该规定对人民调解委员会的组织形式、工作范围等进行了规定，进一步明确了调解行为以及调解程序，同时，还对规定可以根据需要设立跨区域的、行业性的调解组织①。

（7）2002年最高人民法院《关于审理涉及人民调解协议民事案件的若干规定》

该规定对人民调解协议的效力予以了明确，表现出了司法对人民调解的支持与监督，有利于人民调解的进一步发展。

（8）2007年《最高人民法院、司法部关于进一步加强新形势下人民调解工作的意见》（司发［2007］10号）

该意见进一步强调要充分认识新形势下人民调解工作的重要意义，指出人民调解的功能是化解纠纷以及预防纠纷，加强司法对人民调解工作的支持和工作指导，明确提出要大力推进人民调解的法治化，大力推行人民调解创新。该意见进一步加强了人民调解工作的司法性，淡化了人民调解的民间性，突出了其法治性与国家权力性。

（9）2011年《人民调解法》

根据司法部几年的调研论证，几易其稿，于2009年4月将《人民调解法

① 参见《人民调解工作若干规定》第十条。

(草案送审稿)》报请国务院审议。国务院法制办经过广泛征求意见，并会同司法部反复研究修改，最终形成《人民调解法（草案)》。2010 年 5 月，该草案经国务院第 110 次常务会议讨论通过，向社会公布，在征求社会各界的意见基础上，经再次修改，最终于 2010 年 8 月审议通过了《人民调解法》，并于 2011 年 1 月 1 日开始实施。

该法通过后，司法部有关负责人介绍了该法的七大亮点：一是坚持和巩固了人民调解的群众性、民间性、自治性的性质与特征。二是进一步完善了人民调解的组织形式。同时，为乡镇、街道人民调解委员会及一些特定区域，如依托集贸市场、旅游区、开发区设立的人民调解组织和基层工会、妇联、残联、消协等群众团体、行业组织设立的新型人民调解组织保留了制度空间。三是进一步明确了人民调解员的任职条件、选任方式、行为规范和保障措施，规定了人民调解员应接受业务培训；同时规定了人民调解员从事调解工作应当给予适当的误工补贴，在人民调解工作岗位上致伤致残或牺牲的人民调解员及其家属可以享受国家救助和抚恤。四是进一步体现了人民调解的灵活性与便利性，避免人民调解程序司法化的倾向。五是确认了人民调解与其他纠纷解决方式之间的衔接机制，规定基层人民法院、公安机关对适宜通过人民调解方式解决的纠纷，可以在受理前告知当事人申请人民调解。六是进一步明确了人民调解协议的效力和司法确认制度。七是加强了对人民调解工作的指导和保障。法律规定，国家鼓励和支持人民调解工作，县级以上地方人民政府对人民调解工作所需经费应当给予必要的支持和保障，规定了司法行政机关对人民调解工作的指导管理体制，明确了基层人民法院对人民调解委员会调解民间纠纷进行业务指导。①

尤其值得注意的是，在该法的立法过程中，经历了诸多利益的博弈，尤其是对于人民调解的定位问题。从上述对人民调解的发展历程的梳理可以看出，到《人民调解法》立法之时，人民调解组织化、多元化发展的趋势已经

---

① 参见《盘点人民调解法七大亮点》，2010 年 8 月 28 日，http：//news.xinhuanet. com/politics/2010－08/28/c _ 12494162. htm，2016 年 8 月 5 日。

彰显，人民调解在国家权力与基层自治、法治与自治、法律与民间规范、司法与民间纠纷解决机制之间的关系，以及群众性、自治性与司法化、行政化的矛盾已经日渐突出①。故而反映到《人民调解法》的立法中，则出现了是将人民调解定位为一种司法化、专业化的纠纷解决机制，从而超越《宪法》的定位，加强司法行政机关对其的管理与监督，增强人民调解的正规化，还是坚持《宪法》对人民调解的定位，继续保留其群众性、民间性以及自治性的性质与特征，这两者之间的博弈。所幸的是，最终该法坚持了后者，这也成为该法的最大亮点之一。

二、人民调解的性质

如上所述，人民调解的性质定位，一度成为《人民调解法》立法过程中的一大难点。事实上，把这个问题放大到整个当代中国立法的层面上看，其实为当今受到西方立法严重冲击的中国在吸纳西方先进立法经验与保留自身传统之间抉择。传统上，人民调解起源于我国民间调解，是民间解决纠纷的重要形式，但是如前所述，这种形式并不拘泥于固定的规范、程序，调解人可能是当地士绅等具有一定威望的人士或者与纠纷当事人有一定特殊关系的人，大多数调解人并不通晓国家法律，仅依靠地方民俗、道德规范等对纠纷进行调解。然而随着西方法治理念的兴起，将包含人民调解在内的民间调解纳入到司法的管理与监督下，似乎成了符合法治的理所当然的选择。但事实上，调解作为一种重要的 ADR，其存在的价值与意义就是尊重当事人的私权，信任当事人自己解决纠纷的能力，如若将调解囊括在司法的“大羽翼”下，则势必抹杀调解作为 ADR 的优势，出现调解司法化、行政化的危害。

《人民调解法》在保持人民调解的群众性、民间性以及自治性方面做了诸多努力，主要表现在以下几点：

---

① 范愉《人民调解与我国台湾地区乡镇市调解的比较研究》，《清华法学》2011 年第 1 期。

1. 对于人民调解委员会的定位

根据《人民调解法》第七条，人民调解委员会是依法设立的调解民间纠纷的群众性组织。将人民调解委员会定位为“群众性组织”，能够很好地坚持人民调解的群众性性质。

2. 对于调解主体

在这方面，主要涉及两方面的内容：一是人民调解员担任条件；二是人民调解员在调解过程中可以邀请的调解主体。

（1）人民调解员的担任条件。《人民调解法》对人民调解员的担任条件实行了“就低不就高”的规定，即只规定应由公道正派、热心人民调解工作，并具有一定文化水平、政治水平和法律知识的成年公民担任①。这种“就低不就高”的规定可以有效防止人民调解队伍完全走向专业化，将调解演变成法律精英主导的“调解法庭”。

（2）《人民调解法》在“就低不就高”的规定的基础上，还注重将曾经在传统调解中起到重要作用的群体吸纳到现代人民调解中，比如：该法第二十条第一款规定：“人民调解员根据调解纠纷的需要，在征得当事人的同意后，可以邀请当事人的亲属、邻里、同事等参与调解”，该条第二款还规定：“人民调解委员会支持当地公道正派、热心调解、群众认可的社会人士参与调解”。同时，该法为了适应某些调解纠纷专业性等特点，规定人民调解员可以邀请具有专门知识、特定经验的人员或者有关社会组织的人员参与调解②。这样，既有利于保持调解的群众性与民间性，也尽可能满足当下社会纠纷复杂化的需求，具有一定的积极意义。

3. 对于调解依据

《人民调解法》一改之前“严格依法调解”的原则，将表述改为“不违背法律、法规和国家政策”③。这样的表述实际上将调解的“合法性”定位为

---

① 参见《人民调解法》第十四条。

② 参见《人民调解法》第二十条第一款。

③ 参见《人民调解法》第三条第（二）项。

"不违法"，而不是简单适用法律条文，这种规定有利于纠正以往对"依法调解"的错误理解，鼓励在调解中采用各种民间社会规范作为依据，发挥其变通、协商、选择的价值和作用空间，更符合社区调解的需要和规律①。

4. 对于调解程序

《人民调解法》并未对人民调解的程序予以统一规范的规定，而是灵活地规定为，人民调解员根据纠纷的不同情情况，可以采取多种方式调解民间纠纷，充分听取当事人的陈述，讲解有关法律、法规和国家政策，耐心疏导，在当事人平等协商、互谅互让的基础上提出纠纷解决方案，帮助当事人自愿达成调解协议②。改变了该法出台以前相关法律文件明文规定人民调解的程序步骤，也改变了实践中一些民间调解组织一味追求司法化、规范化的做法，有利于调解的民间化，也有利于发挥调解的灵活性的特点。当然，该法未对人民调解的程序作出整齐划一的规定，并不意味着所有的调解都不具任何程序性的规定，而是鼓励各调解组织根据实际情况，根据纠纷的性质与特点等，采用合适的程序。而对于一些专业性较强的纠纷，如劳动、交通、医疗等纠纷，则可建立符合纠纷性质的专门程序。

三、人民调解员的行为规范

尽管在坚持人民调解的民间性、群众性的基础上，对于人民调解员的任职条件应该"就低不就高"，不应设置过高的专业、学历门槛，而且针对纠纷的类型、性质，还应倡导吸收与纠纷当事人有特殊关系的人士进行调解，但是，这并不代表人民调解员的行为可以随意进行。事实上，正是因为在人民调解员的任职条件方面采取了"就低不就高"的标准，所以，更有必要设置合适的行为规范。

在美国，十分重视调解员的行为规范，各调解机构均规定有调解员的行

① 范愉《〈中华人民共和国人民调解法〉评析》，《法学家》2011年第2期。

② 参见《人民调解法》第二十二条。

为规则以及伦理规则，包括各州和地方律师协会的纠纷解决委员会、社区调解项目等等。另外，作为全国性的调解员伦理规则，《家庭和离婚调解模范行为规则》以及《模范调解员行为规则》均在规范调解员行为，保证当事人自主地在调解中处分自己权利起到了极其重要的作用。

目前我国并没有专门针对人民调解员的行为规范，人民调解员在调解过程中应履行何种义务，其伦理规则、行为规范如何，均散见在相关立法以及法律文件中。比如：《人民调解法》第十五条①、《人民调解委员会组织条例》第十二条②、《人民调解工作若干规定》第十七条③、第十八条第二款④、《关于建立健全诉讼与非诉讼相衔接的矛盾纠纷解决机制的若干意见》第十九条⑤。从这些规定可以看出，目前我国对人民调解员的行为要求主要有四个方面：一是要求调解员廉洁，如：不得索取、收受财物或者牟取其他不正当利益、不得吃请受礼，或者直接规定要“廉洁自律”；二是要求调解员保守秘密，如：规定调解员不得泄露当事人的个人隐私、商业秘密；三是对调解员的中立要求，如：规定调解员不得偏袒一方当事人，不得徇私舞弊。四是尊重当事人，比如：规定调解员不得对当事人压制、打击报复，不得侮辱、处罚纠纷当事人。

上述关于调解员行为规范的规定重复、零散，不全面，具体而言，存在

---

① 该条规定：“人民调解员在调解工作中有下列行为之一的，由其所在的人民调解委员会给予批评教育、责令改正，情节严重的，由推选或者聘任单位予以罢免或者解聘：（一）偏袒一方当事人的；（二）侮辱当事人的；（三）索取、收受财物或者牟取其他不正当利益的；（四）泄露当事人的个人隐私、商业秘密的。”

② 该条规定：“人民调解委员会委员必须遵守以下纪律：（一）不得徇私舞弊；（二）不得对当事人压制、打击报复；（三）不得侮辱、处罚当事人；（四）不得泄露当事人的稳私；（五）不得吃请受礼。”

③ 该条规定：“人民调解员调解纠纷，必须遵守下列纪律：（一）不得徇私舞弊；（二）不得对当事人压制、打击报复；（三）不得侮辱、处罚纠纷当事人；（四）不得泄露当事人隐私；（五）不得吃请受礼。”

④ 该条规定：“人民调解员履行职务，应当坚持原则，爱岗敬业，热情服务，诚实守信，举止文明，廉洁自律，注重学习，不断提高法律、道德素养和调解技能。”

⑤ 该条规定：“从事调解的机关、组织、调解员，以及负责调解事务管理的法院工作人员，不得披露调解过程的有关情况，不得在就相关案件进行的诉讼中作证。”

以下几方面的不足：

1. 在要求调解员廉洁方面

调解员廉洁自律，是其进行公平合理调解的前提，故要求其廉洁是必需的，但是以我国目前仅列举一两种行为或者笼统规定均不妥当，笔者认为，可以进行总体规定“调解员应廉洁自律”，再对其具体行为辅之以开放式列举清单，这样既具有一定的具体性，又不至于遗漏某种具体行为。

2. 在要求调解员保守秘密方面

“不公开”是调解的原则。当事人之所以选择调解这一解纷方式，其中一个重要原因就在于调解的保密性。纵观主要发达国家有关调解员保密义务的规定，可以将其归纳为以下几方面：

（1）对于在调解过程中接触到的当事人的商业秘密、隐私等保密信息，调解员应当保守秘密，不得向对方当事人泄露，也不得对外泄露。

（2）人民调解员不得向外部公开调解结果，不得泄露调解协议的内容。

（3）人民调解员不得将其在调解过程中了解到的事实作为证据，在其他程序中进行作证。这既是调解员的义务，也是其权利。在美国，任何人都不可以强迫调解员就调解程序中的任何方面出庭作证①。在麦克卢索案中，联邦第九巡回法院认为，不应该要求联邦调解人开示调解程序中的信息，否则会损害甚至摧毁联邦调解和解服务机构所进行的调解程序，对于私人调解，也同样如此②。事实上，这一保密义务也是解除双方当事人在调解过程中因担心调解失败后作为不利证据而拒绝提供部分事实的后顾之忧。

（4）人民调解员不得向外部公开其在调解过程中接触到的、知晓的双方当事人的商业秘密、隐私等。事实上，法律保证当事人的商业秘密与隐私不被泄露，故而这并非调解员的特殊义务。

---

① ［美］麦圭尔，陈子豪，吴瑞卿《和为贵：美国调解与替代诉讼纠纷解决方案》，法律出版社，2011 年，第 57 页。

② ［美］戈德尔堡、桑德、罗杰斯、科尔《纠纷解决——谈判、调解和其他机制》，蔡彦敏、曾宇、刘晶晶译，中国政法大学出版社，2004 年，第 437 页。

3. 对调解员的中立要求方面

调解员中立，是公平公正调解纠纷的前提。调解员中立主要包括以下几个方面的要求：

（1）与“自己不得为自己的法官”相类似，调解员不能调解自己为一方当事人或与自己或自己的近亲属有利害关系的案件。

（2）在主观上，调解员不得偏袒一方当事人，歧视另一方当事人。值得注意的是，调解员对一方当事人的同情，不得视为其对该方当事人的偏袒。

（3）调解员保持中立并不代表调解员必须毫无作为。调解员积极地向双方当事人了解纠纷事实，提出解决纠纷的意见、建议或者方案，均不能作为调解员不中立的唯一认定条件。

第六章
我国自贸试验区诉讼、仲裁与调解衔接制度

第一节　我国自贸试验区司法介入仲裁制度

一、司法介入仲裁的意义与价值取向

1. 司法介入仲裁的意义

如前所述，仲裁作为一种独立的解决纠纷的方式，具有司法审判所无法比拟的优势，其灵活、快捷、经济等无一不深深地吸引着当今商事交易主体。尽管如此，这并不意味着仲裁应完全脱离司法，纵观世界各国的仲裁立法与实践，几乎所有国家均赞成司法对仲裁的介入。事实上，追溯仲裁制度的本源我们就不难发现，若要保持仲裁的生命力经久不衰，离不开司法对仲裁的介入，这种介入包括对仲裁的支持与监督，即利用司法审判权从外部对仲裁权进行制约、与监督，同时保障与支持合法的仲裁行为，这是仲裁程序获得正当性的必然要求。

2. 司法介入仲裁的价值取向

如前所述，司法介入仲裁包括司法对仲裁的支持与监督，那么二者之间的关系如何，司法介入仲裁的价值取向如何，是重在支持，抑或重在监督，

这在世界立法史上经历了一个变化的过程。这一过程大致可以总结为由较多的监督、较少的支持到有限的监督、积极的支持的过程。

（1）国内立法

英国国内的立法较好地反映了这一过程。1950 年的《英国仲裁法》对仲裁实施了全面的，甚至是强硬的监督和干预，根据该法的规定，法院对仲裁实施严格的控制。但是经过 1975 年和 1979 年的两次进行修订后，特别是 1996 年《英国仲裁法》彻底改变了这一状况，一改以往对仲裁实行严格的司法控制的态度，规定法院对仲裁进行有限干预，并将此作为了一项基本原则固定了下来，明确了在依据仲裁协议进行仲裁的过程中，除非另有规定，法院不得介入。英国贸易与工业部所属的仲裁法律咨询委员会（The Department Advisory Committee on Arbitration Law）曾在报告中明确指出，法院的职能是对仲裁程序的支持而不是干预，即："如果一项权力被赋予仲裁庭行使则只能由它而非当事人单方面向法院提出申请。但如果此项被赋予仲裁庭行使的权力，效率不高，且有必要提高效率的情况下，法院则可以介入。"① 可见，1996 年英国《仲裁法》规定的司法对仲裁的介入更多的是支持，而不是监督、干涉。

（2）国际立法

事实上，司法介入仲裁的价值在于支持仲裁，这一观念在得到众多国内立法的肯定外，也得到了国际立法的首肯。比如国际商事仲裁立法趋势的集大成者国际贸易法委员会制定的《国际商事仲裁示范法》（2006 年版）第五条在法院干预限度方面就明确规定："由本法管辖的事情，任何法院不得干预，除非本法有此规定"。同时，在《贸易法委员会秘书处关于 2006 年修正的 1985 年〈国际商事仲裁示范法〉的解释说明》中，进一步指出："最近对仲裁法的修正表现了一种趋势，这就是主张限制和明确界定法院对国际商事仲裁的参与程度。这样做之所以正当是因为事实上仲裁协议的当事人作出了有意识排除法院管辖权和选择仲裁程序终局性及方便性的决定"。

① 穆子砺《英国仲裁法（1997）简介（续）》，《仲裁与法律通讯》1997 年第 1 期。

（3）国际仲裁规则

国际主要仲裁规则也吸收了这一价值取向。比如：《国际商会仲裁规则》最大限度地排除了法院参与、影响仲裁庭行使仲裁权的可能性，规定只要双方当事人采用了国际商会仲裁院的仲裁规则，就意味着放弃了要求法院进行司法监督的权利。

3. 司法支持仲裁的价值取向的原因

之所以司法介入仲裁的价值取向会逐渐演变成今天的以支持为主，其主要原因有以下几个方面：

（1）出于对仲裁民间性的维护。从仲裁的发展历史可知，仲裁最初是商人之间自发形成的一种解决纠纷的形式，其民间性的性质赢得了商人的信任与依赖。直到今天，仲裁程序的民间性仍然是其超越诉讼等依靠国家公权力提供的解纷方式的一大优势。如果司法过度监督仲裁，将会使仲裁同诉讼一样，加大其对国家公权力的依赖，是对其民间性的损害。

（2）出于对仲裁裁决终局性的维护。仲裁程序之所以能受到商事主体的青睐，其一裁终局的高效性是其中的重要原因。司法对仲裁的监督主要表现在对仲裁裁决的监督，包括撤销仲裁裁决、不予执行仲裁裁决和强制执行仲裁裁决等，过多地强调司法对仲裁的监督将可能导致仲裁裁决不具有最终效力的后果，使仲裁程序丧失效率价值。

（3）出于对仲裁程序独立性的维护。仲裁作为一种独立的解决争议的方式，与诉讼、调解相并列。对其进行超出适当程度地司法监督，使其过于依赖诉讼程序，将使仲裁程序不具有独立运行的性质，是对其独立性的损害。

（4）出于提升本国仲裁业竞争力的考虑。在经济全球化背景下，国际商事仲裁领域本身已经成为国际市场的有机组成部分，并为贸易、资本、技术以及劳务市场提供服务。① 为了争夺国际商事仲裁市场，“许多国家不仅可以被认为是‘仲裁友好型的’，而且甚至可以被认为是‘仲裁渴望型的’，由此

---

① 郭晓文《国际商事仲裁制度发展规律探究》，《第三届中国仲裁与司法论坛暨中国仲裁法学研究会2009年年会论文集（上）》，第166页。

导致对国际仲裁'最佳'仲裁地的全球性竞争"①。事实上，各国国内法的修订历程也确实反映了上述趋势，正如有的学者论述的那样："英国仲裁法从1979年开始进行了大幅度的修订，其目的之一就是为了保持伦敦这一国际仲裁中心所在地对各国商人的吸引力。嗣后许多国家纷纷效仿英国，修改其国内仲裁法，诚然，这种修改某种程度上具有有限的和技术性特征，但进行该修改的主要原因还是出于维持一国对国际商事仲裁的吸引力或者提升缺乏仲裁传统的国家地位的考虑"②。为了达到上述目的，各国法院也配合立法，在司法实践中普遍奉行支持仲裁的司法政策，利用各种理由放松对仲裁的控制，以减轻法院的负担，增进国际商事交往，吸引国际仲裁。③

4. 我国《仲裁法》以及相关司法解释对司法介入仲裁的价值取向

我国《仲裁法》制定于1995年，与当今经济交往的发展相比较，诸多规定均明显滞后于现实需求，整部仲裁法表现出仲裁诉讼化严重倾向，除了在对临时措施的审查与执行方面，较少体现出司法对仲裁的支持。相关的司法解释在某种程度上顺应了社会的需要，比如将《仲裁法》中有关仲裁协议的"书面形式"要求一再做扩大解释④，尽量认定仲裁协议有效，等。但是并没有明确表明司法要对仲裁予以支持，直到2016年12月公布的《最高人民法院关于为自由贸易试验区建设提供司法保障的意见》。虽然在此之前，上海市第二中级人民法院在《关于适用〈中国（上海）自由贸易试验区仲裁规则〉仲裁案件司法审查和执行的若干意见》中明确指出要"支持仲裁制度发展与

---

① Dr. Stephan Wilske "The Global Competition for the Best Place of Arbitration for International Arbitrations", *HeinOnLine*-1 *Contemp. Asia Arb.* J. 21 2008.

② William W. Park "Book Review: National Legal System and Private Dispute Resolution: International Commercial Arbitration in New York", 82 *The American Journal International Law*, 616 (July, 1998).

③ Jay R. Sever "The Relaxation of Inarbitrability and Public Policy Checks on U. S. and Foreign Arbitration: Arbitration out of Control?", 65 *Tulane Law Review* 1661 (June, 1991). 转引自于喜富《国际商事仲裁市场竞争机制下国内法院对国际商事仲裁的支持》,《东岳论丛》，2014年第4期。

④ 2006年《最高人民法院关于适用〈中华人民共和国仲裁法〉若干问题的解释》第一条。

创新”，天津市高级人民法院在《天津法院服务保障中国（天津）自由贸易试验区建设的意见》（津高法发［2015］2号）中也指出要“支持仲裁在纠纷解决中的作用，注重回应自贸试验区仲裁新规则，出台相应意见，保障仲裁制度创新”，但是上述上海二中院以及天津高院的意见并非司法解释，效力仅及于上海市第二中级人民法院，对全国其他法院不具有强制执行的效力。2016年的《最高人民法院关于为自由贸易试验区建设提供司法保障的意见》（以下简称《最高院关于为自贸试验区建设提供司法保障的意见》）是我国首次在司法解释中明确提出“支持仲裁机构……的创新发展，为多元化解决自贸试验区民商事纠纷提供司法便利”①。应该说，上述《最高院关于为自贸试验区建设提供司法保障的意见》顺应了历史发展的潮流，具有非常积极的意义。

二、仲裁开庭前的司法介入

仲裁开庭前的司法介入主要发生在确认仲裁庭对仲裁案件的管辖权以及审查与执行“仲裁前”的临时措施等。由于有关审查与执行仲裁前临时措施，本书已在“临时措施”章节予以论述，故此处重点论述法院在确认仲裁庭对仲裁案件的管辖权方面的介入。主要包括以下几个问题：第一，法院对仲裁协议效力的认定与审查；第二，法院是否承认仲裁庭的自裁管辖权。

1. 法院对仲裁协议效力的认定与审查

尽管仲裁协议具有对法院管辖权予以排除的效力，但是各国法律依然规定法院具有对仲裁协议效力进行审查的权力。从以上关于司法介入仲裁的价值取向是支持仲裁的分析可知，法院在对仲裁协议的效力认定方面总体表现为尽量认定仲裁协议有效。

（1）法院对仲裁协议形式要件的认定

对于仲裁协议应采取何种形式，国际上大致有两类立法模式：一类是规定应采用“书面形式”，另一类是不限制何种形式，但是须具有仲裁协议存在

① 《最高院关于为自贸试验区建设提供司法保障的意见》第八条。

的证据。很显然，后者较前者的要求更低。随着各国对司法应支持仲裁这一观念的认同，各国国内法以及相关国际公约均对第一类中的“书面形式”予以了扩大化解释。以国际贸易法委员会的《国际商事仲裁示范法》为例。该示范法在第七条中对仲裁协议的形式用两个备选条文予以了规定。一个备选条文在规定“书面形式”的同时，对“书面形式”予以扩大化解释，以回应上述第一类立法模式。在对“书面形式”进行扩大化解释中，规定无论仲裁协议的内容以何种形式记录下来的，均为书面形式，无论该仲裁协议或合同是以口头方式、行为方式还是其他方式订立的①；电子通信所含信息只要可以调取以备日后查用的，即满足了仲裁协议的书面形式要求，这些电子通信包括但不限于电子数据交换、电子邮件、电报、电传或传真②。另外，仲裁协议如载于相互往来的索赔声明和抗辩声明中，且一方当事人声称有协议而另一方当事人不予否认的，认定为书面协议③。如果在合同中提及载有仲裁条款的任何文件的，只要此种提及可使该仲裁条款成为该合同一部分，也构成书面形式的仲裁协议④。另一个备选条文则未对仲裁协议的形式作出任何规定⑤。在《贸易法委员会秘书处关于 2006 年修正的 1985 年《国际商事仲裁示范法》的解释说明》中，进一步对上述规定的立法理由予以了解释，即如果当事人的仲裁意愿毫无疑问，即应当承认仲裁协议的有效性。所以 2006 年的示范法对该条作了修正，以更加符合国际合同惯例。可见，上述示范法的立法出发点是尽量认定仲裁协议有效，支持仲裁。事实上，各国国内法也对仲裁协议的形式要件予以了宽松的规定，比如：德国、瑞士、希腊的国内立法均吸纳

① 参见《联合国贸易法委员会国际商事仲裁示范法》第七条备选条文一第（3）款。
② 参见《联合国贸易法委员会国际商事仲裁示范法》第七条备选条文一第（4）款。
③ 参见《联合国贸易法委员会国际商事仲裁示范法》第七条备选条文一第（5）款。
④ 参见《联合国贸易法委员会国际商事仲裁示范法》第七条备选条文一第（6）款。
⑤ 参见《联合国贸易法委员会国际商事仲裁示范法》第七条备选条文二。

了上述示范法的规定①。

我国《仲裁法》第十六条规定仲裁协议必须具备书面形式，这样严格的规定与该法的立法背景有关。后在2006年《最高院关于〈仲裁法〉司法解释》中将《仲裁法》上述第十六条中的“书面形式”予以了扩大解释，规定以合同书、信件和数据电文（包括电报、电传、传真、电子数据交换和电子邮件）等形式达成的请求仲裁的协议，均符合“书面形式”的要件要求。上述司法解释扩展了仲裁协议书面形式的范围，适应了国际贸易发展的需要，与国际立法趋势一致，体现了司法支持仲裁的理念，值得肯定。

（2）法院对仲裁协议内容的要求

对于仲裁协议必须具备何种内容才不会有效力方面的瑕疵，各国法律一般只要求当事人表明了仲裁意愿即可，并不作具体的规定。比如：英国法院在其判例中就表现出了相当宽容的态度。对于约定了两个或两个以上的仲裁地或仲裁机构，由一方当事人进行选择的仲裁协议，英国法院肯定了其有效性，甚至对当事人指定的仲裁机构不存在或仲裁机构错误的仲裁协议，英国法院也对其效力予以了肯定。很显然，在这方面，各国的做法是尽量尊重当事人选择仲裁的意愿，并帮助其实现这种意愿，从而达到支持仲裁的目的。

反观我国《仲裁法》及相关司法解释的相关规定，却感受到更多的严格规定仲裁协议内容的倾向。我国《仲裁法》第十六条明确规定了仲裁协议必

---

①　1998年《德国民事诉讼法》第1031条规定“（1）仲裁协议应当包含于当事人签署的文件或交换的信件、电传、电报或其他可提供协议记录的电讯中。（2）如仲裁协议已经包括在一方传递给另一方或第三方传递给双方的文件中，并且其内容根据惯例被视为合同的一部分，则应认为已经符合第款规定的形式要求。（3）符合第款或第款形式要件的合同中援引包括仲裁条款的文件，如该援引是为了使所述仲裁条款成为合同的一部分，则该援引构成仲裁协议。（4）如海运提单明确援引了租船合同的仲裁条款，则提单的签发也可以达成仲裁协议。（5）消费者是一方当事人的仲裁协议应包括在当事人亲自签署的文件之中。除诉诸仲裁的协议外，此类文件中不应包括其他的协议，但这不适用于公证的情形。（6）在仲裁程序中对争议实体进行讨论即可弥补任何形式要件的不符点。”1996年《英国仲裁法》规定：“仲裁协议必须采用书面形式；（a）协议以书面形式达成（无论当事人签署与否），（b）协议以交换书面通讯达成，（c）协议有书面证据证实。”1989年《瑞士联邦国际私法》规定：“存在以电报、电传、传真或任何其他通讯方式，其内容可作为证据的书面形式，仲裁协议应为有效。”

须具备的三项内容：请求仲裁的意思表示、仲裁事项以及仲裁机构。同时，2006年《仲裁法》司法解释对于上述三项内容中的“请求仲裁的意思表示”以及“仲裁机构”作出了扩张性的解释。

在“请求仲裁的意思表示”方面，2006年《仲裁法》司法解释认可了默示的意思表示的效力。司法解释规定，如果一方当事人申请仲裁，而另一方当事人未在规定时间内对此提出异议的，不能再以仲裁协议无效为由向法院提起相关申请[①]。2016年的《最高院关于为自贸试验区建设提供司法保障的意见》第九条第二款进一步将这种认可默示意思表示的做法延伸到了自贸试验区内注册的外商投资企业，规定：“一方或者双方均为在自贸试验区内注册的外商投资企业，约定将商事争议提交域外仲裁，发生纠纷后，当事人将争议提交域外仲裁，相关裁决做出后，其又以仲裁协议无效为由主张拒绝承认、认可或执行的，人民法院不予支持；另一方当事人在仲裁程序中未对仲裁协议效力提出异议，相关裁决作出后，又以有关争议不具有涉外因素为由主张仲裁协议无效，并以此主张拒绝承认、认可或执行的，人民法院不予支持”。应该说，上述司法解释对默示意思表示的效力支持，扩大了仲裁协议有效性认定的范围，值得肯定。

在“仲裁机构”方面，2006年《仲裁法》司法解释进行了一系列的扩张性解释。对于下列情况均认定仲裁协议约定了“仲裁机构”，符合《仲裁法》的要求：其一，约定的仲裁机构的名称不准确，但能够确定具体的仲裁机构的[②]；其二，仅约定仲裁规则，但当事人达成补充协议或按照约定的仲裁规则能够确定仲裁机构的[③]；其三，约定两个以上仲裁机构，当事人能够就选择仲裁机构达成一致的[④]；其四，约定由某地的仲裁机构仲裁且该地仅有一个仲裁机构的，或者该地有两个以上仲裁机构的，当事人可以就选择仲裁机构达成

① 参见2006年《仲裁法》司法解释第七条、第十三条以及第二十七条。

② 参见2006年《仲裁法》司法解释第三条。

③ 参见2006年《仲裁法》司法解释第四条。

④ 参见2006年《仲裁法》司法解释第五条。

一致的①。2016年的《最高院关于为自贸试验区建设提供司法保障的意见》甚至进一步对“仲裁机构”这一要件予以更为宽松的要求，该意见第九条第三款规定“在自贸试验区内注册的企业相互之间约定在内地特定地点、按照特定仲裁规则、由特定人员对有关争议进行仲裁的，可以认定该仲裁协议有效”，根据前文的分析，该款规定事实上已经允许在特定条件下未约定仲裁机构的仲裁协议具有法律效力，实则为临时仲裁打开了一扇门，这无疑是一大进步。同时，该款进一步规定了认定上述临时仲裁协议无效需层级上报给最高人民法院，实则排他性地授予最高人民法院享有否决临时仲裁协议效力的权力，这种谨慎地判定仲裁协议无效的态度与规定体现了司法支持仲裁的理念，具有积极意义。

总体而言，上述司法解释对仲裁协议所需的内容方面作的扩大性解释一定程度上顺向了世界仲裁立法的潮流，具有一定意义。但是，这种以司法解释进行的“修修补补”的规定，不仅不能从根本上解决问题，而且还可能在立法与司法解释的关系方面遭到质疑。上述《最高院关于为自贸试验区建设提供司法保障的意见》则适用范围限定在自贸试验区内注册的外商投资企业或自贸试验区内注册的企业，范围过窄，司法支持仲裁的理念实难借此得以全面贯彻。

2. 法院是否承认仲裁庭的自裁管辖权

在世界立法的范围内，几乎所有发达国家均承认仲裁庭有自裁管辖权。对于仲裁庭做出的管辖权裁决的效力问题，有两种立法模式。一种立法模式是“仲裁庭终局决定”的模式。在这种模式下，仲裁庭拥有对管辖权的终局决定权，法院无权审查仲裁庭作出的管辖权裁决。② 比如：美国法院将仲裁庭作出的此类裁决与其他终局裁决一样对待，一般不再对此类裁决进行实体审查。另一种立法模式是“并存控制制度”模式。该模式虽然也赋予仲裁庭对管辖权有决定权，但是这种决定权只是初步的，不具有终局性。法院有权对

---

① 参见2006年《仲裁法》司法解释第七条。

② 高菲《中国海事仲裁的理论与实践》，中国人民大学出版社，1998年，第225页。

此类裁决进行实体审查。[1] 也就是说，如果当事人对仲裁庭作出的管辖权裁决不服，可以再向法院申请救济。在该模式下，一般由仲裁庭先行对管辖权作出决定，法院的审查在其后。通常为了体现司法支持仲裁的理念，规定法院的审查不影响仲裁程序的继续进行。联合国国际贸易法委员会的《国际商事仲裁示范法》就采取了这一立法模式[2]。

我国《仲裁法》第二十条规定有权裁定仲裁协议效力的可以是仲裁机构，也可以是人民法院[3]，后在1998年的《最高人民法院关于确认仲裁协议效力几个问题的批复》中对该问题进行了进一步细化规定[4]。针对这些规定，笔者进行以下简要分析：

（1）根据上述规定，我国并没有赋予仲裁庭自裁管辖权，而是将这一权力赋予了仲裁机构。这样的规定体现了立法当时对仲裁庭的不信任，这与上述发达国家立法以及《国际商事仲裁示范法》均不一致。仲裁庭作为审理案件的主体，最了解案件情况，由它审查案件管辖权，无论在效率价值方面还是在公正价值方面均具备合理性，如前所述，符合当今仲裁业高速发展需求的是，仲裁机构退居在仲裁活动的“二线”，主要职能是为仲裁庭的仲裁活动提供辅助性管理与服务，同时，仲裁机构不了解案件情况，由其审查案件管辖权无疑是耗时耗力的，这将导致典型的“审者不裁，裁者不审”的情形。而且，在临时仲裁制度下，规定由仲裁机构审查管辖权，根本无法在现实中实现。

（2）根据《最高人民法院关于确认仲裁协议效力几个问题的批复》第三

① 韩健《现代国际商事仲裁法的理论与实践》，法律出版社，2000年，第117页。

② 参见《国际商事仲裁示范法》第十六条。

③ 该条规定：“当事人对仲裁协议的效力有异议的，可以请求仲裁委员会作出决定或者请求人民法院作出裁定。一方请求仲裁委员会作出决定，另一方请求人民法院作出裁定的，由人民法院裁定。”

④ 参见该批复第三条、第四条。

条、第四条的规定①，在法院对仲裁案件管辖权进行审查的过程中，仲裁程序必须中止，一定条件下还可能导致仲裁案件的撤销。这与上述其他国家立法不一致，没有体现司法支持仲裁的价值取向。

（3）根据《最高人民法院关于确认仲裁协议效力几个问题的批复》第三条的规定，如果一方当事人向仲裁机构提出管辖权异议，且仲裁机构对此作出了决定，另一方向法院提出异议的，则法院不予受理，这表明法律确认仲裁机构作出的决定的法律效力，似乎在某种程度上与上述立法中的“仲裁庭终局决定制”类似。但是，该条同时又规定如果仲裁机构尚未作出决定，则法院予以受理，且通知仲裁机构终止仲裁，可见，单从这条规定来看，我国与上述“仲裁庭终局决定制”是截然不同的，仲裁机构只在抢先做出决定的情况下享有终局决定权，否则，将丧失审查权。

总体而言，我国《仲裁法》以及相关司法解释在是否承认仲裁庭的自裁管辖权方面与世界立法趋势相去甚远，仲裁庭没有自裁管辖权，即使是仲裁机构享有的自裁管辖权也是非常不彻底的，司法审查会导致仲裁程序中止甚至撤销仲裁，这是司法支持仲裁相去甚远。

三、仲裁程序中的司法介入

在仲裁程序中的司法介入主要是以协助为主，包括获取证据与采取临时措施方面、仲裁庭组成方面的协助。由于有关临时措施的司法协助已在“临时措施”章节予以论述，此处重点论述司法对仲裁庭组成方面的协助。

---

① 该批复第三条规定：“当事人对仲裁协议的效力有异议，一方当事人申请仲裁机构确认仲裁协议效力，另一方当事人请求人民法院确认仲裁协议无效，如果仲裁机构先于人民法院接受申请并已作出决定，人民法院不予受理；如果仲裁机构接受申请后尚未作出决定，人民法院应予受理，同时通知仲裁机构终止仲裁。”第四条规定：“一方当事人就合同纠纷或者其他财产权益纠纷申请仲裁，另一方当事人对仲裁协议的效力有异议，请求人民法院确认仲裁协议无效并就合同纠纷或者其他财产权益纠纷起诉的，人民法院受理后应当通知仲裁机构中止仲裁。人民法院依法作出仲裁协议有效或者无效的裁定后，应当将裁定书副本送达仲裁机构，由仲裁机构根据人民法院的裁定恢复仲裁或者撤销仲裁案件。”

1. 协助当事人指定仲裁员，组成仲裁庭

通常法院只在当事人指定仲裁员或者组成仲裁庭发生困难时，才应当事人的申请予以协助。联合国国际贸易法委员会《国际商事仲裁示范法》第十一条规定了法院可以依当事人的申请协助指定仲裁员，受该示范法的影响，欧洲大陆法系各国均作了类似规定。值得注意的是，各国在规定法院协助当事人指定仲裁员时，均要求必须由当事人提出申请，法院无权自动介入进行协助。

2. 处理当事人对仲裁员的异议

在仲裁庭是否具有对当事人提出的仲裁员异议的终局决定权方面，与仲裁庭是否拥有管辖权的最终决定权一样，各国有两种立法模式：一是“仲裁庭终局决定”模式，在这种模式下，仲裁庭享有对仲裁员异议的终局裁决权，法院不能对此裁决进行实体审查，另一种模式则是“法院与仲裁庭共同决定”模式，在这种模式下，仲裁庭只可以对仲裁员异议作出初步决定，法院还可依当事人的申请对该异议作出最终裁定。联合国国际贸易法委员会《国际商事仲裁示范法》采取了第二种模式①。受其影响，俄罗斯、德国等也采取了这种模式②。同时，为了体现司法支持仲裁的价值取向，均规定法院的审查不影响仲裁程序的进行③。

我国《仲裁法》第三十二条以及第三十六条将仲裁员的指定授予了仲裁委员会主任，将对仲裁员异议的决定权授予了仲裁委员会主任以及仲裁委员会集体。可见，我国法律并未将仲裁员异议的决定权交由仲裁庭，而且对于仲裁委员会主任以及集体做出的决定是否终局性，法律并未作出相应规定。这些不足显然是不利于保护当事人的利益的。

---

① 参见示范法第13条的规定。

② 参见1993年《俄罗斯联邦国际商事仲裁法》第13条第二款、第三款的规定。1998年《德国民事诉讼法典》第1037条第二款、第三款的规定。

③ 参见示范法第13条第三款：“……在对该请求未决期间，仲裁庭包括被申请回避的仲裁员可以继续进行仲裁程序和作出裁决”。1999年《瑞典仲裁法》第10条规定，在法院作出决定前，仲裁员可以继续仲裁。1996年《英国仲裁法》第24条第三款也规定，仲裁庭在法院就仲裁员异议案件没有审理完毕前，可以继续仲裁并作出裁决。

四、仲裁裁决作出后的司法介入

仲裁裁决具有终局性，但是如果裁决确有错误，为了保障社会公正，此时司法予以介入，这是世界各国普遍接受的制度。

1. 司法介入的形式

仲裁裁决作出后，司法通过何种形式介入，也即当事人如果认为裁决有误，可以向法院进行何种申请以此救济自己的权利，此即司法介入的形式。

尽管在仲裁裁决作出后的司法介入方面，世界发达国家之间存在诸多不一致的立法内容与司法实践，但是在司法介入形式方面却出奇的一致，均规定“撤销仲裁裁决”为唯一救济方式。比如：联合国国际贸易法委员会的《国际商事仲裁示范法》第三十四条第（1）款就明确规定，申请撤销仲裁裁决是当事人不乳臭仲裁裁决从而向法院提起追诉的唯一途径。

我国《仲裁法》第五十八条①、第七十条②规定了不服仲裁裁决的“申请撤销裁决”的救济方式，同时，《仲裁法》第六十三条③、第七十一条④、

---

① 该条规定：“当事人提出证据证明裁决有下列情形之一的，可以向仲裁委员会所在地的中级人民法院申请撤销裁决：

“（一）没有仲裁协议的；

“（二）裁决的事项不属于仲裁协议的范围或者仲裁委员会无权仲裁的；

“（三）仲裁庭的组成或者仲裁的程序违反法定程序的；

“（四）裁决所根据的证据是伪造的；

“（五）对方当事人隐瞒了足以影响公正裁决的证据的；

“（六）仲裁员在仲裁该案时有索贿受贿，徇私舞弊，枉法裁决行为的。

“人民法院经组成合议庭审查核实裁决有前款规定情形之一的，应当裁定撤销。

“人民法院认定该裁决违背社会公共利益的，应当裁定撤销。”

② 该条规定：“当事人提出证据证明涉外仲裁裁决有民事诉讼法第二百六十条第一款规定的情形之一的，经人民法院组成合议庭审查核实，裁定撤销。”

③ 该条规定：“被申请人提出证据证明裁决有民事诉讼法第二百一十七条第二款规定的情形之一的，经人民法院组成合议庭审查核实，裁定不予执行。”

④ 该条规定：“被申请人提出证据证明涉外仲裁裁决有民事诉讼法第二百六十条第一款规定的情形之一的，经人民法院组成合议庭审查核实，裁定不予执行。”

2012年《民事诉讼法》第二百三十七条[①]、第二百七十四条[②]规定了司法介入的另一种形式，即“不予执行”。比较“撤销裁决”与“不予执行”，二者审查的内容是一致的，这样规定的后果是可能导致法院对同一裁决实施两次监督的情况。实践中，也确实出现过当事人先后行使上述两种追诉权的案例[③]。如果不明确规制两种追诉方式的关系，就会使仲裁程序受到拖延，损害仲裁的效率性，并浪费司法资源。所幸的是，2006年的《仲裁法》司法解释规定，一方当事人申请撤销仲裁裁决后，另一方当事人请求人民法院对该裁决予以执行的，受理执行申请的法院应在受理后中止执行，同时，为了避免上述重复申请救济的情形，该司法解释还规定，当事人向人民法院申请撤销仲裁裁

① 该条规定：“对依法设立的仲裁机构的裁决，一方当事人不履行的，对方当事人可以向有管辖权的人民法院申请执行。受申请的人民法院应当执行。

“被申请人提出证据证明仲裁裁决有下列情形之一的，经人民法院组成合议庭审查核实，裁定不予执行：

“（一）当事人在合同中没有订有仲裁条款或者事后没有达成书面仲裁协议的；

“（二）裁决的事项不属于仲裁协议的范围或者仲裁机构无权仲裁的；

“（三）仲裁庭的组成或者仲裁的程序违反法定程序的；

“（四）裁决所根据的证据是伪造的；

“（五）对方当事人向仲裁机构隐瞒了足以影响公正裁决的证据的；

“（六）仲裁员在仲裁该案时有贪污受贿，徇私舞弊，枉法裁决行为的。

“人民法院认定执行该裁决违背社会公共利益的，裁定不予执行。

“裁定书应当送达双方当事人和仲裁机构。

“仲裁裁决被人民法院裁定不予执行的，当事人可以根据双方达成的书面仲裁协议重新申请仲裁，也可以向人民法院起诉。”

② 该条规定：“第二百七十四条 对中华人民共和国涉外仲裁机构作出的裁决，被申请人提出证据证明仲裁裁决有下列情形之一的，经人民法院组成合议庭审查核实，裁定不予执行：

“（一）当事人在合同中没有订有仲裁条款或者事后没有达成书面仲裁协议的；

“（二）被申请人没有得到指定仲裁员或者进行仲裁程序的通知，或者由于其他不属于被申请人负责的原因未能陈述意见的；

“（三）仲裁庭的组成或者仲裁的程序与仲裁规则不符的；

“（四）裁决的事项不属于仲裁协议的范围或者仲裁机构无权仲裁的。

“人民法院认定执行该裁决违背社会公共利益的，裁定不予执行。”

③ 宋家法《国际商事仲裁司法审查制度研究》，武汉大学博士论文，2014年，第125页。

决被驳回后，又在执行程序中以相同理由提出不予执行抗辩的，人民法院不予支持[①]。应该说，上述司法解释的规定一定程度地解决了双重救济的问题，减少了司法对仲裁的介入，值得肯定，但是，这仅仅是在司法解释层面。《上海市第一中级人民法院涉中国（上海）自由贸易试验区案件审判指引（试行）》第六十八条对这一问题作出了创新性的规定，根据该条规定，如果不当事人向上海市第一中级人民法院申请行使仲裁裁决监督权的，该院将通过法律释明等方式，引导当事人一次性提交行权理由，并择一行使“撤销仲裁裁决”或“不予执行仲裁裁决”权，救济权一经选定即不得变更，分散提交行权理由或就同一理由申请双重救济的，该院将对其后续诉请不予受理。

2. “撤销裁决”的裁决范围

一般而言，一国法院只限于对具有本国国籍的仲裁裁决享有审查权，进而对其进行撤销，对于外国国籍的仲裁裁决，只能就是否承认与执行该裁决作出裁定，而无权撤销该裁决。所以，确定一份仲裁裁决的国籍就显得尤为重要。

（1）各国确定仲裁裁决国籍的标准

各国立法与实践在依何标准确定仲裁裁决国籍方面并不一致，主要有四种标准：其一，仲裁地标准。即裁决的国籍为进行仲裁的地点所在国。这一标准得到大多数国家的认同。比如：保加利亚、瑞典、荷兰等[②]。一些国际公约，如：1958 年《纽约公约》等也将仲裁地作为判断仲裁裁决国籍的重要标准[③]。联合国国际贸易法委员会《国际商事仲裁示范法》明确规定，该法只适用事仲裁地点在本国领土内的情况[④]，明确仲裁地是判断仲裁裁决国籍的唯一标准。其二，仲裁程序适用法律国标准。依据该标准，仲裁程序适用的法律

---

① 参见 2006 年《仲裁法》司法解释第二十五条、第二十六条。

② 参见保加利亚 1988 年《国际商事仲裁法》第一条第一款；荷兰 1986 年《民事诉讼法典》第 1076 条。

③ 1958 年《纽约公约》采取两个标准，除仲裁地外，还以仲裁程序适用法律所属国标准作为补充。

④ 参见示范法第一条第（2）款。

国即为仲裁裁决的国籍国。适用这一标准的有 1958 年《纽约公约》，法国与德国也曾在一段时期内适用该标准。其三，非内国化理论。该理论的核心观点是：国际商事仲裁程序不受仲裁地法的约束，相应的，仲裁裁决也不应受仲裁地法院规制，应该认为，国际商事仲裁裁决是非内国裁决，法院对其的支持与监督只体现在执行或不予执行该裁决方面，除此之外，没有任何管辖权与监督权①。其四，其他标准。比如：仲裁员国籍标准，裁决书签署地标准，等等②。

（2）我国认定仲裁裁决国籍的标准

对于仲裁裁决的国籍认定标准，我国作出了与上述几种标准不同的认定标准。根据我国《仲裁法》的相关规定，我国认定裁决国籍的标准是做出该裁决的仲裁机构所属的国籍。比如：新加坡国际仲裁中心作出的仲裁裁决在我国法下就属于外国仲裁裁决，即使仲裁地在我国，依我国现行法律，也依然会被认定为外国裁决。事实上，这样的规定在实践中会带来一定的混乱。比如：在上述这个例子中，如果依据 1958 年《纽约公约》，可适用“非内国标准”，从而适用该公约对该裁决予以承认与执行。但是，我国对该公约中的“非内国标准”声明了保留，所以，对于该标准，我国无法适用，只能适用《纽约公约》中的仲裁地标准，由于该仲裁的仲裁地在我国，故依该标准，该裁决的国籍为我国。但是，依我国内国法的相关规定，如上所述，由于作出该裁决的仲裁机构为外国仲裁机构，故而该裁决的国籍为新加坡。可见，同一裁决在我国内国法的标准下与国际公约的标准下出现了不同的国籍，会带来认识上的混乱。

3. “撤销裁决”的事由

（1）我国的“双轨制”

依据我国《仲裁法》以及《民事诉讼法》的相关规定，根据仲裁裁决是

---

① 赵秀文《国际商事仲裁及其适用法律研究》，北京大学出版社，2002 年，第 106—108 页。

② 赵秀文《论国际商事仲裁裁决的国籍及其撤销的理论与实践》，《法制与社会发展》2002 年第 1 期。

否具有涉外因素，将内国裁决分为了纯国内裁决与涉外裁决，在“撤销仲裁裁决”方面，针对上述两类裁决适用不同的撤销事由。针对纯国内裁决，撤销事由主要有：七类：没有仲裁协议的；裁决的事项不属于仲裁协议的范围或者仲裁委员会无权仲裁的；仲裁庭的组成或者仲裁的程序违反法定程序的；裁决所根据的证据是伪造的；对方当事人隐瞒了足以影响公正裁决的证据的；仲裁员在仲裁该案时有索贿受贿，徇私舞弊，枉法裁决行为的；人民法院认定裁决违背社会公共利益的。分析该七项法定事由可知，对于纯国内裁决，撤销事由既包括实体性的事由，如：裁决所根据的证据是伪造的、对方当事人隐瞒了足以影响公正裁决的证据的，也包括程序性的事由，如：仲裁庭的组成或者仲裁的程序违反法定程序的，等等。而针对涉外仲裁裁决，撤销事由有四类事由：当事人在合同中没有订有仲裁条款或者事后没有达成书面仲裁协议的；被申请人没有得到指定仲裁员或者进行仲裁程序的通知，或者由于其他不属于被申请人负责的原因未能陈述意见的；仲裁庭的组成或者仲裁的程序与仲裁规则不符的；裁决的事项不属于仲裁协议的范围或者仲裁机构无权仲裁的。仔细研读上述撤销事由可知，在撤销涉外裁决方面，仅对程序性事项予以审查。由此，我国对仲裁裁决的撤销实行纯国内与涉外的“双轨制”。

(2) 针对“双轨制”所引发的理论纷争

针对上述“双轨制”，我国理论界一直争论不休，其中最具代表性的当属厦门大学陈安教授与武汉大学生肖永平教授之间的理论争鸣①。陈安教授认为

---

① 二者之间的理论争鸣参见陈安《中国涉外仲裁监督机制评析》，《中国社会科学》1995 年第 4 期；陈安《论中国的涉外仲裁仲裁监督机制及其与国际惯例的接轨》，《比较法研究》1995 年第 4 期；陈安《中国涉外仲裁监督机制申论》，《中国社会科学》1998 年第 2 期；陈安《英、美、德、法等国涉外仲裁监督机制辨析——与肖永平先生商榷》，《法学评论》1998 年第 5 期；陈安《再论中国涉外仲裁的监督机制及其与国际惯例的接轨—兼答肖永平先生等》，《国际经济法论丛》1999 年第 2 卷；肖永平《也谈我国法院对仲裁的监督范围——与陈安先生商榷》，《法学评论》1998 年第 1 期；肖永平《内国、涉外仲裁监督机制之我见——对〈中国涉外仲裁监督机制评析〉一文的商榷》，《中国社会科学》1998 年第 2 期。

我国法院在撤销仲裁裁决方面应不区分纯国内仲裁裁决与涉外仲裁裁决，均进行程序性事项以及实体性事项的审查，后来学者将这一观点称为“统一全面监督论”；肖永平教授的观点则不同，他认为应区分国内仲裁裁决与涉外仲裁裁决，对于涉外仲裁裁决应仅就程序性事项进行审查，学者们将这一观点归纳为“双轨监督论”。更进一步的，部分持“双轨监督论”的学者认为，由于目前条件不具备，故暂时对纯国内裁决与涉外裁决实行双轨制，到条件具备的时候，应对于纯国内裁决与涉外裁决一视同仁，均只进行程序性事项的审查①。

(3) 对由“双轨制”引发的理论纷争的分析

归纳“统一全面监督论”与“双轨监督论”的观点，二者争议的焦点集中在以下两个方面：一是我国是否需要区分纯国内裁决与涉外裁决，对二者实行不同的撤销事由审查；二是我国司法是否应对仲裁裁决进行实体事项方面的审查。

针对第一个问题，是否应区分纯国内裁决与涉外裁决。笔者认为，我国做出这样的区分是有一定的历史背景的。我国《仲裁法》制定之初，我国仲裁业处于初步发展阶段，无论是仲裁机构、仲裁员还是当事人均缺乏相应的仲裁知识与经验，为了保证仲裁程序的公正性以及当事人解纷的公平正义，对仲裁裁决实行包括实体与程序两方面的审查是符合当时历史条件的。而对于涉外裁决，我国为了与国际仲裁立法保持一致，不得已仅对程序性事项进行审查，这就形成了当今的“双轨制”。事实上，这样的区分在实践中造成了许多混乱。比如：以何种标准判断仲裁裁决是“纯国内”还是“涉外”？依我国《仲裁法》以及 2013 年《民事诉讼法》的规定，“涉外仲裁”似乎是指涉外经济贸易、运输和海事中发生的纠纷的仲裁②。根据《最高人民法院关于适

---

① 肖永平《也谈我国法院对仲裁的监督范围——与陈安先生商榷》，《法学评论》1998 年第 1 期。

② 参见《仲裁法》第六十五条：“涉外经济贸易、运输和海事中发生的纠纷的仲裁，适用本章规定，本章没有规定的，适用本法其他有关规定”。《民事诉讼法》第二百七十一条也有类似规定。

用〈中华人民共和国涉外民事关系法律适用法〉若干问题的解释（一）》第一条规定："民事关系具有下列情形之一的，人民法院可以认定为涉外民事关系：（一）当事人一方或双方是外国公民、外国法人或者其他组织、无国籍人；（二）当事人一方或双方的经常居所地在中华人民共和国领域外；（三）标的物在中华人民共和国领域外；（四）产生、变更或者消灭民事关系的法律事实发生在中华人民共和国领域外；（五）可以认定为涉外民事关系的其他情形。"似乎可以判断何为涉外仲裁，但事实上并没有那么简单。在西门子诉上海黄金置地公司申请外国仲裁一案中，2005 年 9 月 23 日，黄金置地公司与西门子公司通过招标方式签订了一份货物供应合同，约定如发生争议须提交新加坡国际仲裁中心进行仲裁解决。后在合同履行过程中双方发生争议，遂依照合同的仲裁条款将争议提交给新加坡国际仲裁中心进行仲裁。在履行仲裁裁决的过程中，黄金置地公司对部分裁决内容拒绝执行，于是西门子公司向上海第一中级人民法院申请承认并执行该仲裁裁决。上海第一中级人民法院在审判中指出：本案审理中最核心的问题在于涉外因素的识别，西门子公司与黄金置地公司虽然都是中国法人，但注册地均在上海自贸试验区内，且其性质均为外商独资企业，由于此类公司的资本来源、最终利益归属、公司的经营决策一般均与其境外投资者关联密切，故此类主体与普通内资公司相比具有较为明显的涉外因素。合议庭认为，在自贸试验区推进投资贸易便利的改革背景下，上述涉外因素更应给予必要重视。最终，上海一中院裁定以《纽约公约》和《涉外法律适用法司法解释》相关规定为依据，认定系争合同关系具有涉外因素，双方当事人约定将合同争议提交新加坡国际仲裁中心进行仲裁解决的条款有效，而仲裁裁决内容没有与我国公共政策抵触之处，因此承认与执行该仲裁裁决并不违反我国公共政策。[①] 2016 年的《最高院关于为自贸试验区建设提供司法保障的意见》对上海第一中级人民法院的上述司法实践予以了确认，在第九条第一款中明确规定："在自贸试验区内注册的外商

① 西门子国际贸易（上海）有限公司诉上海黄金置地有限公司仲裁裁决案上海市第一中级人民法院民事裁定书，（2013）沪一中民认（外仲）字第 2 号。

独资企业相互之间约定商事争议提交域外仲裁的，不应仅以其争议不具有涉外因素为由认定相关仲裁协议无效。”尽管上述司法解释对“涉外仲裁”进行了一定程度的明确，但是，不可否认的是，对于何为涉外仲裁，何为纯国内仲裁，在某些情况下并不容易区分，对二者在撤销事由上的不同审查标准，容易造成对实践指引的不清晰。

综上分析，笔者认为，不应对涉外仲裁与纯国内仲裁予以区分规定撤销事由，应该取消“双轨制”。

针对第二个问题，对于仲裁裁决的撤销事由应否包括实体性事由。笔者认为，可以从以下几方面进行探讨：

其一，仲裁制度相较于诉讼的一大优势是其高效性，高效快捷的“一裁终局”的仲裁程序吸引了众多商事主体将争议提交仲裁，而非诉讼。如若对仲裁裁决采取包括实体方面地全面审查，将可能形成实质意义的仲裁上诉审，破坏仲裁裁决的终局性，也使当事人之间的纠纷得不到及时的解决，同时也不利于仲裁的独立性。

其二，如上所述，我国仲裁立法之所以对纯国内仲裁裁决实行实体与程序全方面的审查，主要基于立法之初，新组建的国内仲裁机构独立性不够，很多仲裁机构行政化严重，在一定程度上依附于当地行政机关，仲裁员的办案素质也不能与涉外仲裁机构的仲裁员“同日而语”，为了保证仲裁的公正性，由司法对其进行全面监督，符合当时的社会背景。如今，当初的涉外仲裁机构，如：贸仲，早已开始接手纯国内仲裁案件，而所谓的国内仲裁机构也早已涉足涉外仲裁案件，这种业务的交叉某种程度上表明国家司法对仲裁的不信任已经不符合当下社会的发展。

其三，如前所述，司法介入仲裁的价值取向是支持仲裁，这是目前已经得到世界公认的理念。这一理念体现在司法对仲裁裁决的审查方面就是尽量减少审查范围，而保证程序的公正是司法进行审查的目的，只要是按照公正程序进行的仲裁，无论其实体的裁决结果公正与否，当事人均应该接受，事实上这也是当事人当初选择仲裁程序时可以预见或应该预见到的结果，让其承受这个结果，是符合法律意义上的“公正”的。

而且，纵观世界大部分发达国家，基本上对“国内仲裁”与“涉外仲裁”一视同仁，即使对二者进行区分，亦适用类似的撤销事由，且主要审查程序性事项。比如：

法国《民事诉讼法典》第 1484 条、第 1502 条以及第 1504 条对撤销仲裁裁决的法定事由予以了规定。其中第 1484 条针对国内仲裁裁决，第 1504 条针对涉外仲裁裁决。第 1484 条规定了撤销国内仲裁裁决的六种法定事由，其中第一、二、三、四、五项均为程序性事项，第六项是关于不得违反公共秩序的规定。第 1502 条规定了可以对涉外仲裁裁决提起上诉的情形，将其与第 1484 条相比较，存在细微的差别，如：第 1502 条未包含第 1484 条中有关“裁决书中没有写明裁决理由或仲裁员没有署名”等纯粹性事项。可见，法国《民事诉讼法典》虽然区分了国内仲裁与涉外仲裁，但是对二者的司法审查范围几乎一致，且以程序性事项为主。

韩国 2002 年《仲裁法》在第 2 条明确规定了该法的适用范围为仲裁地位于韩国的仲裁，其未区分纯国内仲裁与涉外仲裁。该法第 36 条第二款对纯国内仲裁与涉外仲裁裁决的撤销规定了法定事由①。纵观所列事项，除“裁决的承认和执行与韩国的正确道德与其他公共政策相抵触”外，其余均为程序性事项。

---

① 该款规定：“法院仅可以在下列情况下撤销裁决：

“1. 请求撤销的当事人举证证明：

“A. 根据准据法，仲裁协议的一方当事人存在无行为能力的情形，或者根据当事人约定的法律，或在不明确的情况下根据韩国的法律，仲裁协议无效；

“B. 申请撤销的一方当事人未得到指定仲裁员或关于仲裁程序的适当通知，或因其他原因无法陈述其主张；

“C. 仲裁裁决所针对的争议不属于提交仲裁的范围，或裁决中包含未提交仲裁的事项。如果可裁决之事项可以与未提交仲裁的事项分离，仅应撤销就超出可裁决事项部分所作出的裁决；

“D. 仲裁庭的组成或仲裁程序与当事人约定的不符，除非该约定与当事人不可违背的本法相抵触；或，如当事人无此约定，与本法不符。

“2. 法院自行认定

“A. 根据韩国法律，争议标的不能通过仲裁解决；

“B. 裁决的承认和执行与韩国的正确道德或其他公共政策相抵触。”

荷兰1986年《民事诉讼法典》亦未区分纯国内仲裁与涉外仲裁，该法第1065条第一款对撤销仲裁裁决的事由进行了规定[①]。与上述韩国2002年《仲裁法》类似，除了“裁决或其作出方式违反公正秩序或善良风俗”属于实体性事项外，其余均为程序性事项。

联合国国际贸易法委员会的《国际商事仲裁示范法》第三十四条第（2）款规定了可以撤销仲裁裁决的事由[②]。从该规定看，示范法并未区分纯国内仲裁与涉外仲裁，而是针对二者规定了同样的撤销事由。这些撤销事由分为两类，一类是须由当事人申请的，另一类则是由法院主动发起的，前者均为程序性事项，而后者则主要是对法院地公共秩序的维护。该示范法规定的撤销裁决的理由与1958年《纽约公约》中规定的不予执行的理由完全一致，事实上将撤销国内仲裁裁决与对外国仲裁裁决的不予执行的审查范围一致化，体现了“非内国化”理论，更加有利于《纽约公约》成员国履行公约义务。

综上所述，不管是出于保证履行相关国际义务的需要，还是出于“非内国化”理论的实践，大部分世界发达国家以及《国际商事仲裁示范法》均对

---

① 该款规定：“裁决的撤销仅在下列一个或几个情形下才能成立：

“（1）缺乏有效的仲裁协议；

“（2）仲裁庭的组成违反适用的规则；

“（3）仲裁庭未遵守其委任；

“（4）裁决未按照第1057条规定签署或附具理由；

“（5）裁决或其作出方式违反公正秩序或善良风俗。”

② 该款规定：“有下列情形之一的，仲裁裁决才可以被第6条规定的法院撤销：

“（a）提出申请的当事人提出证据，证明有下列任何情况：（ⅰ）第7条所指仲裁协议的当事人有某种无行为能力情形；或者根据各方当事人所同意遵守的法律或在未指明法律的情况下根据本国法律，该协议是无效的；（ⅱ）未向提出申请的当事人发出指定仲裁员的适当通知或仲裁程序的适当通知，或因他故致使其不能陈述案情；或（ⅲ）裁决处理的争议不是提交仲裁意图裁定的事项或不在提交仲裁的范围之列，或者裁决书中内含对提交仲裁的范围以外事项的决定；如果对提交仲裁的事项所作的决定可以与对未提交仲裁的事项所作的决定互为划分，仅可以撤销含有对未提交仲裁的事项所作的决定的那部分裁决；或（ⅳ）仲裁庭的组成或仲裁程序与当事人的约定不一致，除非此种约定与当事人不得背离的本法规定相抵触；无此种约定时，与本法不符；或（b）法院认定有下列任何情形：（ⅰ）根据本国的法律，争议事项不能通过仲裁解决；或（ⅱ）该裁决与本国的公共政策相抵触。”

国内仲裁裁决与涉外仲裁裁决一视同仁，甚至《国际商事仲裁示范法》还将其与外国裁决的不予执行统一起来，且多数立法除要求裁决不得违反当地公共秩序外，仅审查程序性事项，事实上，根据贸易法委员会秘书处关于 2006 年修正的 1985 年《国际商事仲裁示范法》的解释说明，“争议事项无法仲裁”或“违反公共政策”与普通的实体性事项不同，其应被理解为对程序公正的根本概念的严重背离，所以，从这个角度上说，上述立法规定的撤销仲裁裁决的事项仅限于程序性事项。

综上所述，我国在撤销裁决事项方面，应该尽早取消对纯国内仲裁裁决与涉外仲裁裁决的区分，将二者统一起来，仅对其程序性事项予以审查。但是，在自贸试验区的相关司法支持文件中我们并未看见与之相关的创新，实难不说是一大遗憾。

4. 关于重新仲裁的问题

当仲裁裁决存在严重瑕疵时，当事人除可以如上文论述的请求法院撤销裁决外，还有一种重要的救济方式即为重新仲裁。由于是否进行重新仲裁需经法院进行审查，故此为司法介入仲裁的一个重要途径。

（1）我国的规定

我国《仲裁法》第六十一条对重新仲裁进行了规定。该条规定：“人民法院受理撤销裁决的申请后，认为可以由仲裁庭重新仲裁的，通知仲裁庭在一定期限内重新仲裁，并裁定中止撤销程序。仲裁庭拒绝重新仲裁的，人民法院应当裁定恢复撤销程序”。该法在第七章“涉外仲裁的特别规定”中未对涉外仲裁的重新仲裁问题进行另行规定，根据该法第六十五条关于“本章没有规定的，适用本法其他有关规定”，我们似乎可以得出以下结论：我国在重新仲裁方面并未区分纯国内仲裁与涉外仲裁。但是，2006 年的《仲裁法》司法解释第二十一条规定的重新仲裁的适用情形明确将适用主体限定为“国内仲裁案件”，由此可知，在重新仲裁方面，我国依然实行国内仲裁与涉外仲裁并行的“双轨制”。

2006 年《仲裁法》司法解释第二十二条还进一步规定了仲裁庭开始重新仲裁后人民法院对撤销程序的处理，即裁定终结撤销程序。第二十三条则规定了当事人对重新仲裁裁决不服的救济，即可对重新仲裁作出的裁决再次申请撤销。

从上述规定可知，我国的重新仲裁程序并非一项独立的救济程序，法院处理撤销裁决这一救济申请的过程中依职权决定的一项救济程序。当事人只能申请撤销裁决，而不能单独提出重新仲裁的申请，故在我国，重新仲裁是附属于撤销程序的可选择性的救济程序。

（2）重新仲裁程序启动的主体

根据我国《仲裁法》的规定，重新仲裁启动的主体是人民法院，由人民法院在受理撤销裁决的申请后，依职权决定是否重新仲裁，当事人并不能启动重新仲裁。这一规定显然在尊重当事人意志方面是有瑕疵的。在实践中，很可能当事人经过仲裁程序以后，已经对仲裁程序失去信任，试图寻求其他救济方式解决纠纷，故而向人民法院提起撤销仲裁裁决的申请，而法院却不顾当事人的意愿，直接决定是否进行重新仲裁。这种在有违当事人意愿的情况下进行的仲裁已经失去了其最根本的属性——意思自治，故而值得商榷。

联合国国际贸易法委员会的《国际商事仲裁示范法》在规定重新仲裁时，虽然也将重新仲裁程序定位于附属于撤销裁决的一项救济措施，但是，与我国上述规定不同的是，其注重当事人的意思自治，规定必须由一方当事人提出请求方可启动重新仲裁程序①。笔者认为，上述示范法的规定值得借鉴。

（3）法院决定是否重新仲裁时的审查事项

如上所述，我国《仲裁法》并没有规定法院在决定是否重新仲裁时应审查哪些事项，2006 年的《仲裁法》司法解释则对国内仲裁案件的重新仲裁规定了具体的适用情形，根据该司法解释第二十一条的规定，在“仲裁裁决所依据的证据是伪造的”以及“对方当事人隐瞒了足以影响公正裁决的证据的”这两种情况下，法院可以决定重新仲裁。而对于涉外仲裁案件，法律则没有

① 参见《国际商事仲裁示范法》第 34 条第（4）款：“向法院申请撤销裁决时，如果适当而且一方当事人也提出请求，法院可以在其确定的一段时间内暂时停止进行撤销程序，以便仲裁庭有机会重新进行仲裁程序或采取仲裁庭认为能够消除撤销裁决理由的其他行动。”

明确其审查事项。对于这样的规定，笔者认为有以下几个方面值得改进：

其一，上述司法解释的规定并不明确，从字面上看，无法得知该解释第二十一条所列的两种情形是穷尽式列举还是举例式列举，也即是否只能是这两种情形下，人民法院才能决定重新仲裁。

其二，上述两种适用情形实质上是赋予人民法院对纯国内仲裁的案件的实体性问题进行审查，最高人民法院对此作出的解释是，有必要对仲裁裁决中存在的实体判断错误进行纠正，尽管各国的仲裁司法监督主要针对仲裁程序，但也包括了某些实体错误，如有些国家规定以“欺诈、舞弊等不正当”手段获得裁决的，可以撤销或发回重新仲裁①。笔者认为，上述最高人民法院的解释较牵强。诚然，当发现仲裁裁决中存在实体判断错误时，对其进行纠正是必要的，但是，纠正的方式是否就必须是此处的重新仲裁，值得思考。事实上，纠正实体的错误也可以通过撤销裁决，当事人进而选择其他解纷方式解决纠纷，也同样可行。另外，认为以“欺诈、舞弊等不正当”手段获得裁决是实体事项审查，值得推敲②。

值得注意的是，国际贸易法委员会《国际商事仲裁示范法》在规定是否重新仲裁时考查的事项与撤销裁决是一致的，均只针对程序性事项进行审查。在起草该示范法时，关于是否将重新仲裁制度纳入示范法，各国争议较大，但是最终一致认为重新仲裁是一个弥补程序缺陷的有效机制③。可见，重新仲裁制度是对原有仲裁程序的程序上的修正，而非对实体方面的纠正，这与我

---

① 沈德咏，万鄂湘《最高人民法院仲裁法司法解释的理解与适用》，人民法院出版社，2007 年，第 196—197 页。

② 王哲《国际商事仲裁中重新仲裁的价值取向与制度设计》，博士学位论文，华东政法大学，2015 年，第 103 页。

③ Howard M. Holtzmann，Joseph. E. Neuhaus “ A Guide to the UNCITRAL Model Law on International Commercial Arbitration ”，Kluwer Law and Taxation Publishers，1994，p. 920.

Stefan Riegler “ The Award and the Courts：Remission of the Case from the State Court to the Arbitral Tribunal”，in Christian Klausegger，Peter Klein，et al. （eds），*Austrian Yearbook on International Arbitration*，Manz'sche verlags-und Universitatsbuchhandlung，2012，p. 232.

国上述的立法考虑相去甚远。

另外，适用重新仲裁时司法审查的范围限于实体性事项，同样也会具有上述撤销裁决时审查实体事项的弊端，与司法介入仲裁的最终价值目标相悖。

其三，将重新仲裁的范围限定在上述两种情形，过于狭窄。最高人民法院对此作出解释：由于仲裁程序违法，仲裁庭因此而失去了当事人的信任，如果仍由该仲裁庭重新仲裁，并不适当；仲裁程序的违反，势必将导致仲裁程序从错误之点重新开始，就不再是对原仲裁裁决的改正，而是全新的仲裁①。笔者认为，上述理由值得商讨。对于仲裁庭已经丧失当事人的信任这一问题，如果出现的实体性错误，当事人就不会丧失对仲裁庭的信任吗？所以，这一理由是不充分的。对于仲裁程序从错误点重新开始，实则为一个全新的仲裁程序这一问题，与前一个理由类似，在出现实体性错误的情况下，仲裁庭依旧是从错误点重新开始，成为一个全新的仲裁程序，因此这一理由也比较迁强。

重新仲裁给予仲裁庭纠错的机会，相较于撤销裁决而言，其支持仲裁的观念更为明显。我国司法解释将所有的程序性事项排除在外，是不科学的。

（4）进行重新仲裁的主体

根据我国《仲裁法》的规定，重新仲裁的主体是“仲裁庭”，由于新的仲裁庭彼时并未组成，故可以推断出有权进行重新仲裁的主体是原来的仲裁庭。规定由原先的仲裁庭进行重新仲裁有助于案件的快速审理，因为其对案件最为熟悉，这样的规定符合低成本高效率的原则。但是，如果是完全无视当事人的意愿，强制性地由原先的仲裁庭予以重新仲裁，则不符合仲裁的意思自治原则，是不合理的。实践中，曾出现过当事人对原先的仲裁庭已经完全失去信任，要求重新组建仲裁庭但得不到满足的情况。比如：在一重新仲裁案件中，提出撤销裁决的申请人也即仲裁被申请人于2003年3月18日向仲裁委员会递交了《关于重新组建仲裁庭的意见》，要求仲裁委员会重新组成仲裁

---

① 沈德咏，万鄂湘《最高人民法院仲裁法司法解释的理解与适用》，人民法院出版社，2007年，第196页。

庭，仲裁委员会于 2003 年 3 月 20 日作出了不予同意的书面答复。2003 年 3 月 25 日开庭时，该仲裁被申请人再次提交《应重新组庭审理的意见》，仲裁委员会依旧作出了不同意重新组庭的决定①。这种剥夺当事人意思自治的重新仲裁已经完全偏离了仲裁的根本属性，应当在今后的立法中予以修改。

5. 关于针对涉外仲裁的内部报告制度

（1）内部报告制度的内容

我国针对涉外仲裁裁决的撤销、不予执行、重新仲裁以及外国裁决的拒绝执行问题建立了内部报告制度。该内部报告制度是由一系列最高人民法院的司法解释以及发文组成的。大致内容为：凡一方当事人向人民法院申请撤销或执行我国涉外仲裁机构裁决，或申请承认和执行外国仲裁机构的裁决，如果人民法院认为应对该裁决应予撤销或不予执行或拒绝承认与执行的，在作出决定前必须报请本辖区所属高级人民法院进行审查；如果高级人民法院同意该中级人民法院的意见，应报最高人民法院。待最高人民法院答复后，方可裁定撤销裁决、不予执行或者拒绝承认和执行。凡起诉到人民法院的涉外纠纷案件，如果人民法院认为当事人间的仲裁条款或者仲裁协议无效、失效或者内容不明确无法执行的，在决定受理一方当事人起诉之前，必须报请本辖区所属高级人民法院进行审查；如果高级人民法院同意受理，应将其审查意见报最高人民法院。在最高人民法院未作答复前，可暂不予受理。同时，还对各级法院向上级法院层报的期限予以了规定②。

（2）内部报告制度的历史原因

我国针对涉外仲裁裁决以及外国裁决设置内部报告制度有其历史原因。

---

① 王哲《国际商事仲裁中重新仲裁的价值取向与制度设计》，华东政法大学博士学位论文，2015 年，第 109 页。

② 参见《最高人民法院关于人民法院处理与涉外仲裁及外国仲裁事项有关问题的通知》（法经发〔1987〕5 号），《最高人民法院关于人民法院处理与涉外仲裁及外国仲裁事项有关问题的通知》（法发〔1995〕18 号），《最高人民法院关于人民法院撤销涉外仲裁裁决有关事项的通知》（法〔1998〕40），《关于人民法院撤销涉外仲裁裁决有关事项的通知》（法释〔1998〕28），《最高人民法院关于审理和执行涉外民商事案件应当注意的几个问题的通知》（法〔2000〕51）。

我国刚入1958年《纽约公约》之初，我国一些法院在承认与执行国外仲裁裁决的过程中出现了对“社会公共利益”进行扩大解释的实践。有的法院甚至将“社会公共利益”解释为地方利益或本地企业利益，成为其进行地方保护的盾牌，严重影响了我国的国际形象。比如1989年郑州市中级人民法院审理的河南省开封市东风服装厂申请执行贸仲仲裁裁决案，在该案中郑州市中级人民法院就将一般商事仲裁中的商业利益作为“国家经济利益与社会公共利益”，拒绝执行仲裁裁决。最高人民法院在函告河南省高级有民法院中写道：“经我院审查认为，郑州市中级人民法院以仲裁裁决的执行将严重损害国家经济利益和社会公共利益，影响国家对外贸易秩序为由，裁定不予执行，是不正确的”。于是，最高人民法院在对各个法院进行充分而广泛调查的基础上，综合我国承认和执行国际商事仲裁裁决的实践，同时考虑到涉外仲裁同样会影响我国对外形象，制定了内部报告制度。

（3）对内部报告制度的评析

对于内部报告制度，我国学者所持意见不一，有的持赞成意见①，有的持反对意见②。

笔者认为，内部报告制度的制定，有其历史的积极性。而且从另一个层面看，内部报告制度仅对不予执行、同意撤销、拒绝执行仲裁裁决等对仲裁持否定意见的裁定进行内部报告，其用意很明确，即尽量减少对仲裁审查的负面结论，这与司法支持仲裁的价值取向是一致的。诚然，内部报告制度确实存在诸多弊端，如：缺少透明度，效率低下，与司法审查一裁终局的原则相悖等等，但是这些弊端可以通过对建立更具有透明度的、时限更加规范的司法追诉上诉机制予以解决。事实上，世界一些发达国家如美国、法国、比利时等均建立该制度，为当事人对有瑕疵的司法追诉提供救济，我国可以考虑予以借鉴。

---

① 于喜富《国际商事仲裁市场竞争机制下国内法院对国际商事仲裁的支持》，《东岳论丛》2014年第4期。

② 刘想树《中国涉外仲裁裁决制度与学理研究》，法律出版社，2001年，第239—240页。

第二节　我国自贸试验区调诉对接机制的创新

一、诉调对接机制概述

1. 诉调对接机制的含义

我国诉调对接机制是在社会转型时期“大调解”格局下，司法在探索多元化纠纷解决机制实践方面形成的一种路径。在自贸试验区背景下，社会生活复杂多样，维权意识深入人心，大量的纠纷、矛盾经诉讼形式提交至法院，依靠单一的传统诉讼机制很难解决当下的新型社会问题，人们寻求利益的多元化，人与人之间的交往频繁，带来的影响便是这种新形势下的大量的矛盾纠纷急需解决，各自贸试验区司法机关在近年来各级各地人民法院的探索下，进行了进一步的研究与实践，其意义不可小觑。

然而，因为立法上的缺失以及实践的多样性，迄今为止，对于“诉调对接机制”这一概念并没有一个明确的定义。在学理上，对于“诉调对接”机制的理解至少有以下三种：一是认为“诉调对接”机制是诉讼调解与人民调解的对接而形成的纠纷解决机制①。这种观点实质上认为“诉调对接”是两种调解的对接。二是认为“诉调对接”机制是将人民调解、行政调解和司法调解进行有机结合，是诉讼调解与社会矛盾纠纷大调解的对接②。事实上，这种

---

①　姬文清、任玉峰《“诉调对接”实务问题与规制》，《法律适用》2009 年第 8 期。《最高人民法院、司法部关于印发肖扬同志和吴爱英、郝赤勇同志在全国人民调解工作会议上的讲话的通知》：“要探索多种形式，加强诉调对接等运行机制建设。要切实采取有效措施，努力实现诉讼调解、人民调解、行政调解的相互衔接与配合，把指导人民调解工作与审判质量效率评估体系建设结合起来，用制度激励、引导法官在实践中努力实现审判活动与非诉讼程序的协调运行”。

②　沈明磊《诉调对接么路的理论与实践》，《人民司法》2006 年第 11 期。

观点与第一种观点并没有实质性的区别，其只是将与“诉讼调解”相对接的对象由“人民调解”扩大到了包括人民调解、行政调解在内的调解方式。第三种观点认为，顾名思义，“诉调对接”从字面意思上看，“诉”即诉讼，“调”即调解，代表人民调解、行政调解、行业调解等非诉调解系统，“诉调对接”机制实质是法院诉讼纠纷解决机制与法院外非诉纠纷解决机制的相互对接，形成人民法院与社会调解组织在职能上动态对接、在作用上优势互补①。第四种观点则认为" 诉调对接" 机制是法院诉讼制度与人民调解制度的对接，在实践中典型的做法就是法院与司法局联动，共同构建对接平台，通过法院将部分来院起诉的纠纷分流到对接机构先进行诉前人民调解，实现诉前人民调解与法院诉讼的动态对接，充分发挥司法诉讼与人民调解机制各自的优势，实现定纷止争②。

应该说，上述四种观点均有其合理性，体现了多种纠纷解决方式的相互融合与支持。但是第一种定义与第二种定义实质相同，仅囊括了诉讼调解与其他调解，未包括诉讼这一重要的解纷方式，事实上，在诉调对接机制中，诉讼对于调解的支持与监督是极为重要的一个方面，将其排除在诉调对接机制之外，是不科学的。第四种定义将诉调对接机制限定为诉讼与人民调解之间的对接，范围也过于狭窄。诚然，在我国，人民调解是除诉讼调解外的主要调解方式，但是，因此而将诉调对接限定为其与诉讼间的对接，实为不妥。相比较而言，笔者认为，上述第三种定义比较科学。将“诉调对接”机制的内涵界定为诉讼纠纷解决方式与非诉调解纠纷解决方式的有效对接、动态合作、优势互补才是该机制的应有之义。

2. 诉调对接机制的类型

由于我国在立法中并没有明确规定诉调对接机制的内涵，所以，实践中，我国各地法院出现了多种诉调对接的类型。

---

① 姚小林《司法确认的诉调对接试验及其法治完善》，《法治研究》2010 年第 8 期；胡博文《“诉调对接”的现状及展望》，2012 年 4 月 24 日，http：//hnfy. chinacourt. org/article/detail/2012/04/id/782890. shtml，2016 年 4 月 18 日。

② 冯伟《“诉调对接”的理论透视及制度建构》，《中南大学学报》2008 年第 1 期。

从 2012 年《民事诉讼法》以及先前的各类规范性法律文件[①]来看，我国已经形成了由立案前的委派调解（诉前调解）、立案后移送审判庭之前的立案调解、开庭审理前的审前调解、审理过程中的庭审调解以及辩论终结后判决作出前的判前调解所构成的全方位、多样化的司法（或司法附设）调解制度体系。在每一分支系统项下又分为不同的具体模式，诉前调解可进一步细分为法院不予介入的诉前委派调解与法院部分介入的诉前法院附设型调解；立案调解可划分为立案庭主持下的调解与立案后的委托调解；审前调解又分为审前委托调解与审前邀请协助调解；判前调解又分为判决作出前的委托调解与邀请调解[②]。

3. 诉调对接机制的重要意义

（1）“诉调对接”是建构我国当前多元化纠纷解决机制的需要

在当今社会转型期里，引发社会矛盾纠纷的因素是多方面的，且矛盾呈现出多样化、复杂化与专业化的特点，法院诉讼解决显然不是解决纠纷的唯一途径，司法救济只是社会正义的最后一道防线，法院充当纠纷解决的最终机构，而不应首当其冲，符合了司法终局原则。同时，在纠纷解决机制中法院诉讼受自身局限性与司法资源有限性的影响，并不能包揽包办一切解纷，而非诉讼解纷方式又受欠缺权威性与强制力保障等因素的影响，导致我国调解、仲裁等非诉解纷资源供大于求的局面。

在自贸试验区内，上述情形更加明显，同时，还由于涉自贸试验区纠纷的“涉外性”、“专业性”等原因，使得构建多元化解纷机制意义更为重大。

故解决纠纷的方式和渠道应当是多渠道的，应统筹社会力量，充分发挥不同主体的优势，完善诉讼与非诉相衔接的矛盾纠纷解决机制。“诉调对接”

---

① 参见 2004 年 8 月最高人民法院《关于人民法院民事调解工作若干问题的规定》第 12 条；2007 年最高人民法院《关于进一步发挥诉讼调解在构建社会主义和谐社会中积极作用的若干意见》；2009 年 7 月最高人民法院《关于建立健全诉讼与非诉讼相衔接的矛盾纠纷解决机制的若干意见》。2012 年 3 月 31 日最高人民法院关于印发全国法院优秀调解案例的通知（法〔2012〕101 号）及其附件。

② 潘剑锋《民诉法修订背景下对“诉调对接”机制的思考》，《当代法学》2013 年第 3 期。

机制的构建，使诉讼与调解机制在纠纷解决过程中形成了一种功能互补、协调互动的关系，高效、经济、快捷化解了社会矛盾，促进了社会的和谐稳定，同时也有效地维护了司法权威，实现了纠纷解决机制的多元化。

（2）“诉调对接”有利于缓解法院压力，合理配置司法资源

在中国老百姓的心中普遍存在着“和为贵”“厌诉”“息诉”的心态，当人们发生了纠纷不愿意采用诉讼的方式解决；然而近年来，随着社会的发展，尤其是改革开放以来，法制建设不断深入，法治观念不断深入人心，在人人平等追求公平正义的理念下，依赖第三方调解的方式逐渐没落，取而代之的是诉讼，以法律解决纠纷是公平正义的体现；而恰恰也正是随着我国市场经济的发展，社会结构的调整，多元化的社会利益格局日益明显，不同利益群体之间的冲突日益增多，大量的矛盾纷争涌至法院，法院承受着越来越大的审判压力，此时迫切需要将诉讼与调解两者结合起来，实现各种调解制度与司法程序的衔接，克服各自自身的缺陷，充分发挥其定纷止争的作用。“诉调对接”机制将调解介入诉讼领域，实现案件的繁简分流，使法院的审判量大幅度下降，法院工作人员诉累的问题得到缓解，法官能够把精力集中在审判疑难复杂案件当中，提高了司法效率，而老百姓打官司也变得不再那么难，那么累，维护了民众的合法权益，真正实现了利益的双赢。

（3）“诉调对接”顺应了替代性纠纷解决机制的世界潮流

替代性纠纷解决机制的概念源于美国，原来是指 21 世纪逐步发展起来的各种诉讼外纠纷解决方式，现已引申为对世界各国普遍存在着的、民事诉讼制度以外的非诉讼纠纷解决程序或机制的总称。我国通译为“替代性纠纷解决机制”或“诉讼外纠纷解决手段”。当今世界，替代性纠纷解决机制已经发展成为主要包括谈判、仲裁、调解及其派生形式在内的纠纷解决方法体系，这种解纷机制被西方许多国家纷纷效仿，并使其成为司法改革的重要内容，随着替代性纠纷解决方式在社会的功能和地位的日益提高，并逐步法制化，形成了与民事诉讼机制相衔接的多元化纠纷解决机制，而这种机制的构建尤以美、英、日三国所取得的成效最为突出。我国借鉴域外国家法院鼓励当事人利用、促进与诉讼机制相衔接方面的成功经验来构建与完善诉调对接机制，

既挖掘和利用传统的调解资源，又对司法诉讼注入新的活力，为解纷方式拓展了新途径，具有鲜明的时代特色，顺应了替代性纠纷解决机制的世界潮流。

二、我国关于诉调对接机制的法律规定与实践

1. 我国关于诉调对接机制的法律规定

(1) 设立自贸试验区以前的相关法律规定

在设立自贸试验区以前，我国在诉调对接机制方面已经有了相当的法律规定，整个立法进程经历了从“司法实践到司法解释再到立法”的自下而上的过程。诉调对接机制起源于2003年江苏南通大调解的兴起，在大调解背景下出现了地方“诉调对接”实践。一开始的司法解释如：最高人民法院2002年的《关于审理涉及人民调解协议的民事案件的若干规定》等，只是对人民调解等调解机制予以规范，虽然没有直接回应诉调对接机制，但为此后诉调对接机制的规范打下了一定基础。这阶段的立法包括：2002年的《关于审理涉及人民调解协议的民事案件的若干规定》(法释〔2002〕29号)，2002年的《中华人民共和国司法部人民调解工作若干规定》，2004年最高院发布的《关于人民法院民事调解工作若干问题的规定》(法释〔2004〕12号)。2002年的《关于审理涉及人民调解协议的民事案件的若干规定》对处理涉及人民调解协议类型的案件提供了重要指导，规定了人民调解协议的民事合同性质①，并对人民法院认定调解协议的效力②、变更或撤销人民调解协议③等予以了规定。《中华人民共和国司法部人民调解工作若干规定》规定了人民调解委员会调解民间纠纷的范围、应遵守的原则、工作规则以及调解协议等做出了具体的规

---

① 参见《最高人民法院关于审理涉及人民调解协议的民事案件的若干规定》第一条：“经人民调解委员会调解达成的、有民事权利义务内容，并由双方当事人签字或者盖章的调解协议，具有民事合同性质。当事人应当按照约定履行自己的义务，不得擅自变更或者解除调解协议。”

② 参见该规定第四条、第五条。

③ 参见该规定第六条、第七条。

定，为之后开展"诉调对接"工作奠定了良好的基础。最高院 2004 年发布的《关于人民法院民事调解工作若干问题的规定》则规定了人民法院调解的范围、邀请调解、委托调解以及确认调解协议的效力等事宜，有利于保证人民法院正确调解民事案件，妥善化解矛盾，为当事人行使诉权提供了制度上的保障和便利，从而整合法院资源、提高办案效率。

随着实践中诉调对接机制的蓬勃发展，相关文件开始对该机制作出直接回应，此阶段以最高人民法院的司法解释为主，如：2009 年最高院发布《关于建立健全诉讼与非诉讼相衔接的矛盾纠纷解决机制的若干意见》（法发〔2009〕45 号），2010 年最高人民法院发布《关于进一步贯彻"调解优先、调判结合"工作原则的意见》（法发〔2010〕16 号），2011 年在中央部委的联合推动下出台《关于深入推进矛盾纠纷大调解工作的指导意见》，2012 年 3 月最高人民法院发布《关于人民调解协议司法确认程序的若干规定》（法释〔2011〕5 号），2012 年最高人民法院发布《关于扩大诉讼与非诉讼相衔接的矛盾纠纷解决机制改革试点总体方案》（法〔2012〕116 号）。《关于建立健全诉讼与非诉讼相衔接的矛盾纠纷解决机制的若干意见》对各地司法在“诉调对接”机制方面的实践做出的积极回应，首次将“诉调对接”界定为诉讼纠纷解决方式与非诉讼纠纷解决方式的对接，提出诉讼应促进非诉讼纠纷解决机制的发展，将实践中出现的诉前调解、立案调解以及委托调解、邀请调解等方式予以了一定程度的规范，并对调解协议的效力确认方面在此前的基础上作出进一步的规定。《关于进一步贯彻"调解优先、调判结合"工作原则的意见》则进一步促进了调解的发展，同时也间接地促进了“诉调对接”机制的发展。《关于深入推进矛盾纠纷大调解工作的指导意见》要求法院增强和完善相关职能设置，以科学地对接大调解，达到案件分流、有效解决纠纷的目标；同时，该指导意见也要求其他包括工商行政管理部门、民政部门等司法行政机关加强与人民法院的良性互动，合力推进诉讼与非诉讼纠纷解决方式的动态衔接，整合社会纠纷解决资源，共同构建网状纠纷解决机制。《关于人民调解协议司法确认程序的若干规定》对调解协议的司法确认案件的管辖、当事人申请材料、法院关于司法确认案件的受理、审限以及审理内容等做了详细规定，这一规定的出台一定程度上弥补了法院在确认调解协议的程序方面的空白，为推动“诉调对接”机制的良性发展起到了不容忽视的作用。《关于扩大诉讼与非诉讼相衔接的矛盾纠纷解决机制改革试点总体方案》则在总结前期试点经验的基础上，继续扩大试点工作范围，构建“诉调对接”工作平台，完善和创新“诉调对接”工作机制，提出了诸如民商事纠纷中立评估、无异议调解方案认可机制等探索性改革内容，在促进多元纠纷解决机制改革方面踏上了一个新台阶。

从2010年《人民调解法》的出台开始，我国开始在法律层面回应“诉调对接”机制的司法实践。《人民调解法》虽然主要是规范人民调解的法律，但是该法对人民调解所确立自愿、平等、合法的调解基本原则同样适用于“诉调对接”机制中的调解。该法对人民调解委员会成立的要件、组成规模、调解员的担任条件、任期，加强人民调解员专业素养，建立调解案卷档案，规范调解程序等，一方面规范了人民调解，另一方面由于“诉调对接”中的“调”常常即为人民调解，故事实上该法也为“诉调对接”机制的规范做出了贡献。而且，该法第十八条对基层人民法院在受理案件前的先行调解进行了规定，第三十二条法院对调解协议的履行给予司法支持进行了明确，第三十三条规范了调解协议的司法确认问题，这其中一些内容虽然在此前的司法解释中已有涉及，但是，《人民调解法》将其上升为法律予以规范，不得不说是一大进步。继《人民调解法》之后，我国在2012年新修订的《民事诉讼法》中也对“诉调对接”机制予以了规定。该法第一百二十二条、第一百三十三条、第一百九十四条以及第一百九十五条对该机制进行了直接规范。尽管这四个条款相对于目前我国“诉调对接”机制的实践发展需求而言仍显不足，但是，能在《民事诉讼法》这样的高位阶法律中对该机制予以明确规定，实属立法上的一大进步，意义重大。该法第一百二十二条规定了先行调解，与《人民调解法》第十八条相互对应，第一百三十三条规定了诉前调解，第一百九十四条与第一百九十五条则对调解协议的司法确认事宜予以了规定。总之，《民事诉讼法》的上述规定足以说明“诉调对接”机制已经成为一种有法可依的纠纷解决机制。

（2）我国自贸试验区关于“诉调对接”机制的法律规定

如上所述，由于涉自贸试验区纠纷的“涉外性”、“专业性”等特点，“诉调对接”机制在自贸试验区显得尤为重要。故从 2013 年 9 月设立中国（上海）自由贸易试验区以来，相关机构对“诉调对接”机制进行了规定。比如：《最高院关于为自贸试验区建设提供司法保障的意见》、《天津法院服务保障中国（天津）自由贸易试验区建设的意见》（津高法发〔2015〕2 号）、《上海市第一中级人民法院涉中国（上海）自由贸易试验区案件审判指引（试行）》、《上海法院服务保障中国（上海）自由贸易试验区建设的意见》、《厦门法院自由贸易区案件审判工作指导意见（试行）》等。这些文件多强调相关法院应支持自贸试验区的多元化纠纷解决机制，鼓励运用调解等多元化机制解决自贸试验区民商事纠纷，进一步探索和完善诉讼与非诉讼相衔接的矛盾纠纷解决机制。支持人民调解委员会、商事和行业调解组织的创新发展，为多元化解决自贸试验区民商事纠纷提供司法便利，等等。这样的规定无疑为自贸试验区创新“诉调对接”机制提供了制度便利，有其积极的意义，但是，如此笼统的规定对于实践中制度创新的支持仍然不够。可喜的是，《上海市第一中级人民法院涉中国（上海）自由贸易试验区案件审判指引（试行）》对“诉调对接”机制进行了一系列较为详细的规定，主要体现在该指引的第七十七条至第八十五条，分别对多方参与调解机制①、专业案件的调解前置程序②、特邀调解③、特邀组

---

① 参见《上海市第一中级人民法院涉中国（上海）自由贸易试验区案件审判指引（试行）》第七十七条。

② 参见《上海市第一中级人民法院涉中国（上海）自由贸易试验区案件审判指引（试行）》第七十七条。

③ 参见《上海市第一中级人民法院涉中国（上海）自由贸易试验区案件审判指引（试行）》第七十八条。

织名册[①]、特邀调解员名册[②]、依据调解协议申请支付令[③]、调解依据[④]、民商事纠纷中立评估机制[⑤]、无异议调解方案认可机制[⑥]、无争议事实记载机制[⑦]等进行了规定。其中不乏落实《最高人民法院关于扩大诉讼与非诉讼相衔接的矛盾纠纷解决机制改革试点总体方案》中的探索性改革内容，具有一定的创新价值。另外，《厦门市中级人民法院自由贸易区案件审判工作指导意见（试行）》也对自贸试验区内的“诉调对接”机制予以了创新性的规定，明确要在自贸试验区司法机构内探索建立涉厦门自贸试验区案件的多方参与调解机制及设立专业案件的调解前置程序[⑧]，鼓励当事人通过厦门国际商事调解中心进行调解[⑨]，还对委托调解与邀请调解进行了明确规定[⑩]。

2. 我国关于诉调对接机制的实践

（1）我国自贸试验区以外的相关实践

21世纪初，江苏南通成立了由党委、政府为主导的，以法院、综治、信访、司法等多部门组成的社会矛盾纠纷解决工作机构，负责诉调对接工作的

---

① 参见《上海市第一中级人民法院涉中国（上海）自由贸易试验区案件审判指引（试行）》第七十九条。

② 参见《上海市第一中级人民法院涉中国（上海）自由贸易试验区案件审判指引（试行）》第八十条。

③ 参见《上海市第一中级人民法院涉中国（上海）自由贸易试验区案件审判指引（试行）》第八十一条。

④ 参见《上海市第一中级人民法院涉中国（上海）自由贸易试验区案件审判指引（试行）》第八十二条。

⑤ 参见《上海市第一中级人民法院涉中国（上海）自由贸易试验区案件审判指引（试行）》第八十三条。

⑥ 参见《上海市第一中级人民法院涉中国（上海）自由贸易试验区案件审判指引（试行）》第八十四条。

⑦ 参见《上海市第一中级人民法院涉中国（上海）自由贸易试验区案件审判指引（试行）》第八十五条。

⑧ 参见《厦门市中级人民法院自由贸易区案件审判工作指导意见（试行）》第十三条。

⑨ 参见《厦门市中级人民法院自由贸易区案件审判工作指导意见（试行）》第十四条。

⑩ 参见《厦门市中级人民法院自由贸易区案件审判工作指导意见（试行）》第十五条。

决策，部署和督查①。从此，南通市的“大调解机制”开启了构建我国“诉调对接”机制的序幕。江苏省自2009年开始在全省推广南通市的“大调解”机制实践，并在诉讼与非诉讼衔接的实践中取得了较好的效果。为了推动江苏省各法院以大调解机制为主，实现宽领域、全过程、深层次地推进诉讼与社会大调解机制的有效对接，江苏省先后颁布了一系列文件，就如何深入推进“诉调对接”工作、如何加强全省法院调解工作、如何对调解协议进行司法确认以及如何深入推进诉前调解工作等问题进行了规定。这些文件在指导江苏省“诉调对接”的实践工作方面起到了举足轻生的作用。

江苏省在司法实践中将调解的类型规定为委托调解、协助调解和诉中调解，在“诉调对接”机制的设施建设上，江苏省辖下法院设立了人民调解室、“调解窗口”、诉讼服务中心等专门机构，对于涉及婚姻家庭纠纷、社会性群体纠纷、交通事故损害赔偿、医疗损害赔偿纠纷、宅基地以及相邻权纠纷、与劳动者有关的劳动争议等案件，通过这些专门的“诉调对接”机构先行调解，为“诉调对接”提供了物质保障以及相应平台。

同时，江苏省相关文件还规定，对于能够达成调解协议的，则以调解协议结案；对于经过调解，双方当事人无法达成调解合意的，则应转而立案，进入诉讼程序。在主持调解的主体方面，发展了人民调解委员会、社区矛盾纠纷调处中心、商事或行业协会调解组织。为了避免“久调不决”，江苏省规定了调解的期限，一般必须在20日内达成调解，特殊情况下可以适当延长。为了保证“诉调对接”工作的顺利进行，相关文件还规定法院直接领导并监督“诉调对接”工作，并规定了各级法院定期考核、层层监督的工作机制。

江苏省通过近年来的司法实践，以一站式诉讼服务中心为平台，以多领域对接方式为基础、以积极的姿态促进涉诉矛盾的解决、努力完善“诉调对接”机制，通过诉前对案件进行分流，不仅大大加快化解矛盾速度、减少了进入审判环节的案件数量、减轻了法官的压力、提高了案件解决的质量，而

① 《南通市构建社会矛盾纠纷大调解机制资料汇编》，年月中共南通市委政法委员会编。

且也间接地推动了法院的制度改革，具有积极意义①。

（2）我国自贸试验区的相关实践

我国已有的四大自由贸易试验区均对“诉调对接”机制进行了创新性的实践。比如：天津滨海新区人民法院自贸法庭积极与中国国际贸易促进委员会、中国国际经济贸易仲裁委员会两家组织共同建立涉自贸试验区商事纠纷诉调对接平台，将商事调解组织引入自贸试验区法庭，建立特邀调解组织名册，将属于自贸试验区法庭受案范围的、适宜委托调解的自贸试验区商事纠纷，经当事人同意，启动非诉调解程序，诉前委派、诉中委托或诉中邀请相关调解组织进行调解②。上海浦东法院在自贸试验区法庭内建立司法与非诉讼纠纷解决的对接平台，引入商事调解组织、行业协会、商会及其他具有调解职能的组织，建立自贸试验区商事纠纷特邀调解组织名册，对属于自贸试验区法庭受案范围的、适宜委托调解的涉自贸试验区的商事纠纷，经当事人同意、选择后，在立案前委派或者立案后委托调解组织先行调解，法院依照有关规定审查确认调解协议的法律效力。目前可委派或委托非诉调解的纠纷主要是属自贸试验区法庭审理的，与自贸试验区相关联的投资、贸易、金融、知识产权及房地产等纠纷。在诉前、庭前、审中三个阶段，当事人均可选择启动非诉调解程序解决纠纷。当事人可从受托调解组织的调解员名册中选定调解员。非诉调解的期限一般为 25 个工作日。非诉调解适用受托调解组织现行有效的调解规则。“专业调解”、“意思自治”、“调判分离”、“程序规范”和“成本节约”是上海浦东法院在自贸试验区内进行“诉调对接”工作的五个主要特点③。截至 2017 年 1 月，已有近 500 起案件通过诉调对接机制得以成功

---

① 侯泉《论我国“诉调机制”的完善》，中央民族大学硕士学位论文，2015 年，第 18 页。

② 新浪司法《滨海新区法院涉自贸试验区商事纠纷诉调对接平台启动》，2015 年 11 月 13 日，http：//finance. sina. com. cn/sf/news/2015 — 11 — 13/111410486. html，2016 年 4 月 28 日。

③ 《非诉调解组织进驻自贸试验区法庭》，《法制日报》2014 年 5 月 28 日，http：//www. legaldaily. com. cn/Court/content/2014—05/28/content _ 5553348. htm? node＝53949，2016 年 4 月 29 日。

和解，调解成功率超过70%，调解成功标的额超过5亿元。而且基于自贸试验区法庭第三方调解机制的成功，当事人选择调解的意愿越发强烈。截至2017年1月，已有14个行业协会与25家大、中型企业通过调解组织，做出了优先调解承诺，在发生纠纷时优先选择调解①。南沙自贸试验区法院于2016年9月成立了首批调解队伍，包括12家特邀调解组织和45名特邀调解员。特邀调解组织单位性质包括政府机构、事业单位、行业协会、社会团体组织等多种成分，其中与经贸相关的组织占比达到67%。而特邀调解员则来自社会各个行业，如专家学者、资深律师、企业家等，绝大多数均有法律或商业背景。同时，该商事调解中心还吸纳了港澳组织和个人担任特邀调解组织、调解员，来自香港和澳门的特邀调解员共有7名，达到16%。同时，南沙自贸试验区法院还结合区域商事纠纷特点，在自贸试验区商事调解中心探索建立中立第三方评估程序，这是“诉调对接”机制中的一大创新②。前海法院通过引进港籍调解员主持调解，从而消除因制度理念和生活环境的差异对司法公信力的影响，能保护当事人的合法权益③。2016年4月19日，厦门湖里自贸试验区法庭与厦门六家机构签订一揽子多元化纠纷解决机制合作协议，凡是涉厦门自贸试验区的国际商事纠纷、知识产权纠纷、产品质量等商事纠纷、保险等金融纠纷发生后，只要当事人同意，不管是诉前还是诉中，都可以通过多元化纠纷解决平台，选择向厦门市贸促会调解中心、厦门市知识产权维权援助中心、厦门国际商事仲裁院和厦门国际商事调解中心、厦门市质量技术监督局稽查支队、保险纠纷调解委员会、厦门市银行业协会等申请调处纠纷。达成调解协议的，可以向自贸试验区法庭申请司法确认，若是调处不成，自贸试验区法庭则会及时启动诉讼程序，保障当事人诉权。

---

① 上海法院《上海浦东 自贸试验区司法保障的“精神内核”》，2017年1月23日，http://shfy.chinacourt.org/article/detail/2017/01/id/2536636.shtml，2017年2月1日。

② 《南沙自贸试验区法院首聘港澳调解员》，《南方日报》2016年9月9日，http://money.163.com/16/0909/10/C0H1277R002580S6.html，2016年9月29日。

③ 《前海法院改革优化审判机制》，《法制日报》2017年1月21日，http://news.ifeng.com/a/20170121/50609667_0.shtml，2017年2月1日。

上述自贸试验区对“诉调对接”机制的相关实践在诸多方面均有了较大的创新，如：引入行业协会、商会等调解组织，实现了较好的“调判分离”；设置调解组织名册、调解员名册，吸收具有外籍的调解员进行调解，较好地满足了自贸试验区纠纷当事人的需求；重视调解员的专业技巧，能够较好地为知识产权、金融等专业性较强的案件服务；制定专门的《商事调解中心工作规程》，完善“诉调对接”的程序；引入中立第三方评估等制度，更加有效地促进调解成功等等，对于我国进一步探索完善“诉调对接”机制具有十分重要的试验与推广意义。

三、我国“诉调对接”机制存在的问题

如上所述，我国“诉调对接”机制的相关立法已初具体系，各地司法实践也风生水起，自贸试验区创新也值得肯定，但是，笔者认为，仍存在以下问题：

1. 在尊重当事人意愿方面不够

调解作为一种替代性争议解决方式，一种与公力救济相对应的私力救济，当事人意思自治是其生存与发展的一大基础。在传统的调解解纷方式中，何时调解、如何调解等均是由当事人自主决定。之所以在诉讼中引入调解，也是奉行“当事人可以自己解决自己纠纷”的理念，这是“诉调对接”机制最初的初衷。但是，在我国现行的“诉调对接”机制运行过程中，却对当事人的意思自治不够尊重，出现了强迫甚至违背当事人意愿的“诉调对接”，主要有以下几个方面：

（1）存在变相强制调解的现象

我国立法中存在少量的强制调解的规定。比如：我国《婚姻法》第三十二条第二款规定：“人民法院审理离婚案件，应当进行调解”。最高人民法院的《关于适用简易程序审理民事案件的若干规定》第十四条规定，对于婚姻家庭纠纷和继承纠纷、劳务合同纠纷、交通事故和工伤事故引起的权利义务关系较为明显的损害赔偿纠纷、宅基地和相邻关系纠纷、合伙协议纠纷以及诉

讼标的额较小的纠纷，人民法院在开庭审理时应该先行调解。除此之外，我国立法未规定其他强制调解的纠纷类型。事实上，在“诉调对接”机制下，我国立法奉行的是自愿调解的原则，比如：《民事诉讼法》第九条明确规定：“人民法院审理民事案件，应当根据自愿和合法的原则进行调解”，该法第九十三条也规定：“人民法院审理民事案件，根据当事人自愿的原则，……进行调解”，最高人民法院印发的《关于进一步贯彻“调解优先、调判结合”工作原则的若干意见》明确指出应“切实贯彻当事人自愿调解原则”①，“不得违背当事人自愿去强迫调解”②。从我国 2012 年《民事诉讼法》第一百二十二条的制定过程我们同样可以感受到“诉调对接”机制中自愿调解的立法原则。《民事诉讼法修正案草案（2011 年）》一审稿规定，当事人起诉到人民法院的民事纠纷，适宜调解的，先行调解。这种表述引发了许多专家对于强制调解的担心，二审稿以及最后《民事诉讼法》定稿将该条确定为：“当事人起诉到人民法院的民事纠纷，适宜调解的，先行调解，但当事人拒绝调解的除外”。由此可见自愿调解的立法原则。

但是实践中，法院常常在“诉调对接”过程中违反当事人的意愿，强制或变相强制其进行调解。主要有两种情况：一是诉前强制调解，二是诉中强制调解。诉前强制调解通常是法院强行将案件移送诉调中心，如果当事人不同意调解，法院则不予立案，或者在诉前调解过程中，不尊重当事人的意愿，多次组织调解。诉中强制调解则是法官在审理案件的过程中对当事人进行调解，当当事人之间无法达成一致时，法官以可能的判决结果劝说当事人，从而实质上迫使当事人相互妥协，解决纠纷。实践中，常常有这样的情形：法官对调解不成的案件一再组织调解，迟迟不予判决，有的案件甚至拖延一至两年，最终迫使当事人改变意愿，达成调解协议，或者事先对当事人施加压力，告知其可能承担不利的判决结果，当事人为了避免不利的判决结果，从而退而求其次，只能达成调解。

---

① 参见《关于进一步贯彻“调解优先、调判结合”工作原则的若干意见》第十五条。

② 参见《关于进一步贯彻“调解优先、调判结合”工作原则的若干意见》第十六条。

造成实践中法院强制调解的原因主要是：第一，法院考核标准设置得不科学。由于推行“诉调对接”机制以来，在纠纷解决方面取得了显著的成效，于是全国各地都掀起了大调解的狂潮，有的法院为了调动审判人员开展调解工作的积极性，制定调解结案的比例指标，以此作为考核法官业绩的重要标准之一。所以，部分法官可能具有了前所未有的调解动机与热情。为此，许多法院不管案件是否适合调解、当事人是否愿意调解，甚至违背当事人明确表示不愿意调解的意愿，在当事人立案时直接由立案庭将案件移交到人民调解工作室或诉调中心，要求当事人先行调解。很多情况下，当事人在《民事纠纷委托人民调解征求意见函》上签署意见已经成为一种“走过场”的形式。当事人或迫于立案人员的推托，或迫于法院本身的威严，或基于对法律程序的模糊认识，从而违背自身意愿接受调解。同样，在案件审理过程中，为了完成所谓的调解指标或调解率，有的法官尽一切努力对当事人进行调解，甚至有的出现“调不成就不结案”的现象，由于法官职位的特殊性和法的形式价值所拥有对当事人潜在的影响力，无形中传输给当事人压力及隐形强制力，使得当事人在信息失真又慑于法官威权的情况下接受法官的建议，达成调解，由此调解协议形成一种判决式的调解。第二，以调解结案可以有效降低案件改判的风险。由于法院调解结案的民事案件当事人不享有上诉权，如此就有效地降低了案件被改判或发回重审的风险。同时对于以调解结案的案件只需当事人合意，法官没有引用法律的义务，可以规避法律判断，很大程度上回避了审判监督程序。另外法院调解结案的案件只要没有被证明是违背自愿、违法，损害国家利益与公共利益的，人民检察院就不得提起检察建议或抗诉[①]。如此，对于调解结案的案件就优如罩上了“金钟罩”，从此可以“高枕无忧”。第三，以调解结案可以有效简化法官的审判工作。近年来诉讼案件不断激增，法院不堪重负，正常的一个案件如果按照诉讼程序进行，必需一定时间去保障各项工作开展，而案件如果调解结案，主审法官则无可以节省研究案情，制作判决文书等大量的时间，从而大大减少工作量，如此不仅能够

---

① 参见《民事诉讼法》第二百零八条的规定。

减轻法官的工作压力，也能够提高法院的办案效率。第四，立法的缺陷导致变相的强制性调解。比如：我国相关立法并没有规定调解案件的次数、期限等，而且规定调解时间不计入案件的审理期限，致使法院可以在合法的前提下对案件多次调解，实质性地剥夺了当事人适时审判请求权，从而拖延纠纷解决，不利于保障当事人的权益。

(2) 对与调解结果有利害关系的第三人保护力度不够

针对与调解结果有利害关系的第三人，我国相关法律文件中主要以下几个条款：

一是《最高人民法院关于审理涉及人民调解协议的民事案件的若干规定》第五条，根据该条规定，损害第三人利益的调解协议无效。此处仅规定了调解协议的效力，当调解协议归于无效以后，当事人之间的纠纷仍然没有得到解决，而且如若只是调解协议中的一部分损害了第三人的利益，而根据该条规定，整个调解协议归于无效，不符合解决纠纷的效率原则，也不利于保护纠纷当事人的利益。

第二个条款是《最高人民法院关于人民法院民事调解工作若干问题的规定》第二十条，该条规定，调解书约定给付特定标的物的，调解协议达成前该物上已经存在的第三人的物权和优先权不受影响。第三人在执行过程中对执行标的物提出异议的，应当按照民事诉讼法有关执行异议的规定处理。此条规定虽然是从保护第三人利益不受调解协议的不利影响出发的，但是事实上该规定在保护第三人利益方面是极其不够的。比如：该条规定明确第三人在调解协议达成前对于标的物的物权与优先权不受调解书的影响，如果调解书当事人已经将该特定标的物进行交付，在第三人对该标的物享有物权的情况下，这一规定只能是赋予第三人向收受标的物的一方提起返还该标的物的请求，而不能阻止调解书当事人交付标的物这一行为，在第三人对该标的物享有优先权的情况下，此处的“优先权不受影响”，只能表明第三人对该标的物仍享有优先权，但并未明确调解书当事人通知第三人其已转移标的物的义务、通知的期限、内容以及第三人如果不同意转移交付享有何种权利，等等，可见，所谓的“物权与优先权不受影响”只是一种宣誓性的规定，缺乏相应的措施予以保障。该条后面一句赋予第三人执行异议权，能够在一定程度上对第三人的权利提供救济，但是与一开始就允许第三人参与当事人之间的调解相比，这种救济是被动性的，也是不完全的。

第三个条款是《最高人民法院关于进一步贯彻“调解优先、调判结合”工作原则的若干意见》第九条，该条规定，对在调解过程中发现案件涉及第三人利益的，应当终结调解程序，及时移送审理。同时，根据《民事诉讼法》第五十六条第一款与第二款关于诉讼第三人的规定①，第三人可以诉讼第三人的身份参加诉讼。这在一定程度上保护了第三人解纷的权利，但是，上述规定依然忽略了一些细节问题。比如：在调解中，已经达成的与第三人无关的调解内容是否依然成立，第三人成为诉讼第三人以后，尤其是无独立请求权的第三人以后，原当事双方是否可以请求调解，等等，相关法律均未给出明确答案。

第四个条款是《最高人民法院关于进一步贯彻“调解优先、调判结合”工作原则的若干意见》第十六条，该条要求人民法院确保调解协议的内容不损害第三人的利益，该条仅是一个宣誓性的规定，对于实践并无太大的指导意义。

第五个条款是《民事诉讼法》第五十六条第三款②以及第一百一十二条③。前者对于权益受到调解协议不利影响的第三人因为不能归责于本人的原

---

① 《民事诉讼法》第五十六条第一款和第二款规定：“对当事人双方的诉讼标的，第三人认为有独立请求权的，有权提起诉讼。对当事人双方的诉讼标的，第三人虽然没有独立请求权，但案件处理结果同他有法律上的利害关系的，可以申请参加诉讼，或者由人民法院通知他参加诉讼。人民法院判决承担民事责任的第三人，有当事人的诉讼权利义务。”

② 该款规定：“前两款规定的第三人，因不能归责于本人的事由未参加诉讼，但有证据证明发生法律效力的判决、裁定、调解书的部分或者全部内容错误，损害其民事权益的，可以自知道或者应当知道其民事权益受到损害之日起六个月内，向作出该判决、裁定、调解书的人民法院提起诉讼。人民法院经审理，诉讼请求成立的，应当改变或者撤销原判决、裁定、调解书；诉讼请求不成立的，驳回诉讼请求。”

③ 该条规定：“当事人之间恶意串通，企图通过诉讼、调解等方式侵害他人合法权益的，人民法院应当驳回其请求，并根据情节轻重予以罚款、拘留；构成犯罪的，依法追究刑事责任。”

因未能参加诉讼的，提供了针对调解书提起诉讼的救济渠道。该条规定对于保护第三人的权益具有一定积极意义，但是这种保护是滞后的，不彻底的。后者则规定了恶意以调解书侵害他人权益的，人民法院对于该恶意串通的当事人的处理，并未涉及第三人的权利。

六是《最高人民法院关于人民调解协议司法确认程序的若干规定》第七条、第十条①。这两个条款均对损害第三人利益的调解协议的司法确认问题予以了规定。根据该规定，对于这类调解协议，人民法院不予确认其效力，如果已经人民法院确认效力，第三人则可以在规定的时效内向作出确认效力的人民法院申请撤销确认决定。

七是《最高人民法院关于适用〈民事诉讼法〉的解释》第一百五十条②。该条与前面几个法律条文相比较，赋予了第三人对调解协议的否定权。如前所述，之前的条款赋予第三人的都是调解协议生效后，受到不利影响的第三人的补救权。该条则不同，根据该条规定，调解协议要生效，须得到第三人的同意，并且，如果第三人在调解书送达前反悔的，调解书不生效。从这个角度上看，该条实际上赋予了第三人等同于调解协议当事人的权利，比之前的条款保护程度都更高。但是，该条仍有以下不足：其一，该条只适用于无独立请求权的第三人，对于有独立请求权的第三人仍只能适用之前的条款；其二，该条只适用于人民法院调解的案件，对于人民法院以外调解的案件则没有适用的空间；其三，该条仅适用于需要无独立请求权的第三人承担责任的情形。事实上，与调解结果有利害关系并不仅止于承担责任，现有权利的减损亦在此列，显然，该条将适用情形限制在“承担责任”，对第三人的保护是不完全的；其四，该条赋予第三人的权利仅限于“调解需经其同意”以及

---

① 该规定第七条规定：“具有下列情形之一的，人民法院不予确认调解协议效力：……（三）侵害案外人合法权益的；……”第十条规定：“案外人认为经人民法院确认的调解协议侵害其合法权益的，可以自知道或者应当知道权益被侵害之日起一年内，向作出确认决定的人民法院申请撤销确认决定。”

② 该条规定：“人民法院调解民事案件，需由无独立请求权的第三人承担责任的，应当经其同意。该第三人在调解书送达前反悔的，人民法院应当及时裁判。”

“反悔权”，对于该第三人可否直接参与调解，并未明确规定。

从以上规定可知，我国相关法律文件虽然对于与调解结果有利害关系的第三人的权益予以了一定程度的保护，但是这种保护多是损害发生以后的救济手段，是滞后的、不彻底的，同时也不利于预防纠纷。

世界其他国家与地区的调停制度经过多年的发展，在保护利害关系人方面尤为注重。比如，《日本民事调停法》第十一条第一款规定：“对调停的结果有利害关系的人，经调停委员会许可可以参加调停程序。”我国台湾地区“民事诉讼法”也规定：利害关系人经法院许可后可以直接参加调解。可见，上述法律通过允许第三人直接参加调解，从而保障了第三人参与解决纠纷的权利，这与我国相关规定所提供的救济措施相比较，对第三人的保护更为有力。

（3）有关调解依据的问题

我国《民事诉讼法》第九条规定，人民法院审理民事案件，应当根据自愿和合法的原则进行调解。其他法律文件也将“合法原则”规定为“诉调对接”机制中调解的依据①。《民事诉讼法》第九十三条规定：“人民法院审理民事案件，根据当事人自愿的原则，在事实清楚的基础上，分清是非，进行调解。”可见，我国法律规定“诉调对接”机制中调解的依据是合法、分清是非。

对于将“合法”作为调解依据，笔者认为并不妥当。这一问题与前述的“是否允许友好仲裁”类似，在仲裁程序中，双方当事人的意思自治是程序的根本所在，只要仲裁裁决没有损害公共利益也没有侵犯第三人的利益，那么仲裁员没有必要恪守法律条款，而是依据公平正义原则予在裁判。同样的，调解作为当事人处理私权的一种解纷方式，当事人拥有对自己的私权具有完全的自治权，只要不违背国家强制性法律以及公共利益，司法不应强行介入。在这个方面，《上海市第一中级人民法院涉中国（上海）自由贸易试验区案件

---

① 比如：《关于深入推进矛盾纠纷大调解工作的指导意见》第一条规定：“坚持调解优先，依法调解，充分发挥发挥人民调解、行政调解、司法调解的作用。”《最高人民法院关于进一步贯彻“调解优先、调判结合”工作原则的若干意见》第十六条规定：“切实贯彻合法调解原则。”

审判指引（试行）》第八十二条的规定具有一定的借鉴意义，该条规定："在组织调解纠纷时，在不违反法律、行政法规强制性规定的前提下，可以参考行业惯例、商事习惯等，引导当事人达成调解协议。"根据该规定，在"诉调对接"机制的调解中，可以不依据法律，而是参考行业惯例、商事习惯，只要不违反强制性规定即可。这样的规定一方面较好地解决了自贸试验区存在的政策与法律不统一的问题，另一方面也维护了当事人的意思自治，符合调解的本质，值得肯定。

对于将"分清是非"作为调解的依据，笔者亦认为不妥。将"分清是非"规定为调解的依据，主要是因为"案件没有经过审理，事实没有查清楚，损失没有确定，责任大小没有经过划分，就进行调解缺乏严肃性。"[①]事实上，这一依据实质上是我国司法机关执法办案"以事实为根据，以法律为准绳"的司法原则在调解制度中的体现。但是，将上述原则放在民事调解的过程中是非常不适合的。因为：其一，民事司法案件的调解过程中，既然当事人自愿进行调解，并且当事人已经达成了调解协议，那么，法官就没有必要再坚持要查明事实、分清是非，完全可以按照当事人意思自治的原则下达调解书；其二，法院调解制度本身体现的就是对当事人诉权的尊重。如果在法院调解案件的过程中，连当事人都认为没有必要查明事实，那么，法官也自然没有必要查明事实，或者难实现查明事实的目的。对此，有学者认为，"调解不必像判决那样注意和强调程序保障，调解可以简便、灵活、非正式的程序"[②]。其三，如果法院在调解案件的过程中已经完全查明了事实，那么当事人就可以对案件判决进行预期，所以某方当事人可能不愿意进行调解，反而不利于司法调解解决矛盾纠纷的原意；其四，法院查明事实、分清是非的过程必定付出较高的时间成本代价，削弱了调解的效率性优势。

2. 促成调解成功的机制不完善

纵观一些发达国家与地区，在"诉调对接"机制中通过完善各种机制，

---

① 冀祥德《协商性纠纷解决机制比较研究》，民主法制出版社，2010年，第596页。

② 李浩《调解的比较优势与法院调解制度的改革》，江伟《比较民事诉讼法国际研讨会论文集》，中国政法大学出版社，2003年，第162页。

以促成双方当事人达成调解协议。

（1）诉讼费用激励奖惩机制

各国通过交纳更多的诉讼费用等合理施加财政负担的方式鼓励当事人有效调解纠纷。比如：美国在法院附设调解程序中就规定，一方当事人拒绝接受调解方案，如果其在嗣后的判决中获得的判决比之前的调解结果更不利，那么该当事人须承担拒绝调解以后对方当事人所支付的诉讼费用。这种带有惩罚性的措施增加了当事人选择诉讼的风险，很大程度上抑制了当事人滥诉的行为，促进了调解的可接受性。英国也规定了类似的制度，尤其是英国“补偿规则”的改革过程凸显了法院通过诉讼费用来激励当事人达成调解协议的意图。英国的“补偿规则”是指通常情况下，败诉方应向胜诉方支付其所支出的诉讼成本，包括专家费用、法院所收取的启动诉讼程序的费用、律师费用以及证人费用①。由于“补偿规则”下的补偿费用涵盖范围广阔，导致适用该规则会使赢得诉讼的一方几乎不用支出任何费用，几近“零成本”诉讼。所以，实践中有胜诉把握的当事人由于可以低成本甚至零成本参与诉讼，所以他们几乎没有任何和解的动力，他们不仅不会主动寻求和解，甚至当对方当事人提出了合理的解纷方案时也不予考虑。人们发现，“补偿规则”已经完全背离了其制定时的初衷：即减少滥诉，降低诉讼程序的总体运行成本，相反，该规则鼓励当事人尽最大努力增加诉讼投入以获得胜诉，使得本可以和解的案件必须走完所有的诉讼程序，浪费了司法资源，使解纷变得更加昂贵。20 世纪末，沃尔夫勋爵主导了英国的司法改革进程，将促进和解作为此次改革的主要目标之一。为此，英国通过立法从诉讼费用的负担上采取措施以激励和解。1998 年，英国公布的《民事诉讼规则》第 44.3 条和 44.5 条规定，在裁定诉讼费用时，法院可以考虑当事人的所有行为，特别是在诉讼程序前以及在诉讼程序进行中的所有行为，特别是当事人遵循任何有关诉前议定书的行为及在诉讼程序前以及在诉讼程序进行中，为试图解决争议所作的努力，

---

① ［英］阿德里安·A. S. 朱克曼《危机中的民事司法——民事诉讼法的比较视角》，傅郁林等译，中国政法大学出版社，2005 年，第 128 页。

比如提出和解要约或向法院付款[①]。这就意味着，对于寻求以和解的方式努力解决纠纷的当事人，将负担较少的诉讼费用，而拒绝合理和解方案的当事人则会因此而承担更多。英国法院在司法实践中积极践行这一规定，在2002年Dunnett v. Railtrack Plc案件中，英国法院首次对一名判决结果胜诉，但在诉讼过程中无正当理由拒绝调解的当事人予以诉讼费用和相关利息的惩罚[②]。另外，日本法律也有类似规定。根据日本相关法律规定，只要法院接受了一方当事人的调停申请，另一方当事人就必须接受调停程序，如果没有正当理由拒不接受调停的，法院可以对其处以5万日元以下的罚款。可见，各国通过诉讼费用的倾斜等方式，敦促当事人尽可能考虑调解程序，减少司法资源的浪费。

我国2006年国务院制定了《诉讼费用交纳办法》（国务院令第481号），该办法试图通过减少当事人在调解程序中的支出成本，同时赋予达成调解的当事人灵活负担诉讼费用的权利，从而达到促使当事人接受调解的目的，这主要体现在该办法第十五条[③]以及第三十一条的规定[④]中。其立法初衷为，通过减半交纳案件受理费，促使当事人出于减少诉讼费用的考虑放弃诉讼，接受合理的调解方案，促使调解达成。

但是由于该规定第二十九条规定，由败诉方承担诉讼费用，虽然如上所述，该规定也赋予了调解当事人协商诉讼费用负担的权利，但是，实践中，仍然存在案件受理费减半措施只对可能的败诉方产生激励作用的情况。在某些案件中，有把握胜诉的当事人并不会因为案件受理费减半而选择调解，甚至可能因为不调解可以使对方当事人支出更多的诉讼成本，所以出于惩罚、教训对方当事人的愿望而拒绝调解。2009年12月21日，中央电视台今日说

---

① 齐树洁《民事司法改革研究》，厦门大学出版社，2004年，第589—590页。

② 顾维遐《香港调解制度的发展——对2009年香港民事司法改革的初评》，徐昕《司法（第五辑：调解的中国经验专号）》，厦门大学出版社，2010年，第214—215页。

③ 该条规定："调解方式结案或者当事人申请撤诉的，减半交纳案件受理费"。

④ 该条规定："经人民法院调解达成协议的案件，诉讼费用的负担由双方当事人协商解决；协商不成的，由人民法院决定"。

法栏目报道的案例引起了法学界的巨大关注：消费者蔡建洲因为宝鸡市陈仓信用社联盟分社在其办理 50 元的汇款时多收了 49.5 元的手续费将对方起诉至法院。蔡建洲在信用社领导多次联系退款和道歉的情况下，拒绝和解和法院调解，坚持诉讼，最终毫无悬念获得胜诉①。

可见，虽然我国相关机构已经意识到用诉讼费用的激励惩戒机制来促成当事人之间的调解，但是相关制度设计还不够完善。从英国“补偿规则”的教训可以看出，只有当双方当事人都会因为接受合理的调解方案而受益，同时也都会因为无正当理由拒绝接受合理的调解方案而利益受损时，才能有效鼓励当事人对纠纷的解决提出调解方案并促使对方当事人对该方案进行审慎考虑并予以真诚的回应，从而促成调解方案的达成。

(2) 无异议调解方案认可机制

该机制是指当事人之间经调解未能达成调解协议，但当事人之间的分歧不大的，调解员在征得当事人各方书面同意后，提出调解方案。当事人在规定时间内提出异议的，即视为调解不成立，否则在规定期限届满时，该调解方案即视为双方自愿达成的调解协议。这一机制的建立对于避免调解实践中常常发生的当事人就纠纷解决已比接近达成合意，但又受阻于个别问题而功败垂成的情形具有积极的意义。我国台湾地区的《民事诉讼法》就作出了类似的规定，根据该法第四百一十七条第一项的规定，关于财产权争议的调解，当事人不能合意但已甚接近者，法官应斟酌一切情形，其有调解委员会者，并应征询调解委员会之意见，以职权提出解决事件之方案②。我国现有法律对这一机制没有规定，不能不说是一大遗憾。但是所幸的是，《最高人民法院关于扩大诉讼与非诉讼相衔接的矛盾纠纷解决机制改革试点总体方案》将这一机制作为纠纷解决的探索性改革内容。《上海市第一中级人民法院涉中国（上

---

① 李德恩《论双向度的“诉调对接”机制及其建构》，江西财经大学学报 2014 年第 5 期。

② 吴明轩《民事调解、简易及小额诉讼程序》，五南图书出版股份有限公司，2004 年，第 36 页。

海）自由贸易试验区案件审判指引（试行）》第八十四条对此机制予以了规定[①]，突出了自贸试验区“先行先试”的特色，是一大重要创新。

（3）早期中立评估机制

该机制是指在双方当事人达成调解协议之前，由中立的第三方具有丰富经验评估员或争议领域专家根据各方当事人的陈述、提供的证据等对该争议进行评估，出具中立评估报告，对判决结果进行预测。双方当事人可以通过该评估报告，衡量各自在争议解决中的地位与处境，进行促使其达成调解协议的目的。域外很多国家均采取了这样的机制，或者类似的机制（如：微型审判）。这样的机制向当事人传递了相关的审判信息，告诉当事人审判者可能会如何看待本案的事实与相关的法律问题，有利于当事人准确评估可能的诉讼结果，从而使当事人在调解过程中更加准确的评判自己的优劣势，从而更愿意尝试将对方的利益与主张纳入考虑范围之内。

我国立法没有规定这样的机制。但是，《最高人民法院关于扩大诉讼与非诉讼相衔接的矛盾纠纷解决机制改革试点总体方案》将这一机制作为纠纷解决的探索性改革内容。《上海市第一中级人民法院涉中国（上海）自由贸易试验区案件审判指引（试行）》第八十三条对此机制予以了规定[②]。而且，我国自贸试验区，如：广东自贸试验区南沙片区自贸试验区法庭已经在实践中运用了该机制，并促成纠纷的快速解决[③]，这是我国自贸试验区在“诉调对接”

---

① 该条规定：“探索建立无异议调解方案认可机制。经调解未能达成调解协议，但当事人之间的分歧不大的，调解员征得当事人各方书面同意后，可以提出调解方案并书面送达当事人。当事人在七日内提出书面异议的，视为调解不成立；未提出书面异议的，该调解方案即视为双方自愿达成的调解协议。当事人申请司法确认的，应当依照有关规定予以确认。”

② 该条规定：“探索建立民商事纠纷中立评估机制。涉自贸试验区案件可由当事人选择评估员协助解决纠纷。评估员应当是经验丰富的法律工作者或者相关专业领域的专家。评估员可以根据各方当事人的陈述、当事人提供的有关证据，出具中立评估报告，对判决结果进行预测。中立评估应当秘密进行，评估意见不具有法律效力。评估结束后，评估员可以引导当事人达成和解协议。”

③ 《南沙自贸试验区商事调解中心首宗案件成功调解》，《新快报》2016 年 11 月 22 日，http：//www.myzaker.com/article/58342d1a1bc8e0f360000704/，2016 年 11 月 26 日。

机制领域所进行的一项重大创新举措。

3. **调解主体的问题**

犹如仲裁员决定仲裁质量的好坏一样，在调解程序中，调解员所起的作用也非同小可。在调解主体方面，我国主要存在“调审合一”以及调解员专业素质不高等问题。

(1) 关于“调审合一”的问题

虽然《最高人民法院关于建立健全诉讼与非诉讼相衔接的矛盾纠纷解决机制的若干意见》第十六条将开庭前从事调解的法官与开庭审理的法官进行了分离，同时，相关的法律文件以及实践在“诉调对接”机制中引入了协助调解、邀请调解、委托调解等方式。《民事诉讼法》第九十五条规定了邀请调解、协助调解①，最高人民法院《关于人民法院民事调解工作若干问题的规定》规定了邀请调解、委托调解②，《最高人民法院关于建立健全诉讼与非诉讼相衔接的矛盾纠纷解决机制的若干意见》也对委托调解、邀请调解进行了规定③，其他法律文件均对上述调解形式予以了规定④。

根据上述规定，委托调解即在各方当事人的同意下，人民法院将案件委托给特定的单位或者个人进行调解，达成调解后人民法院依法予以确认其法律效力，从而纠纷得以解决。委托调解的委托方是人民法院，受托方主要是社会力量，一般是与当事人有特定关系或与案件有一定关系的企业事业单位、社会力体或者其他组织，也可以是具有专门知识、特定社会经验、与当事人有特定关系并有利于促成调解的个人，最近这些年还发展到了由行政机关、人民调解组织、商事调解组织、行业调解组织或者其他具有调解职能的组织、

---

① 该条规定：“人民法院进行调解，可以邀请有关单位和个人协助。被邀请的单位和个人，应当协助人民法院进行调解。”

② 参见《最高人民法院关于人民法院民事调解工作若干问题的规定》第三条。

③ 参见《最高人民法院关于建立健全诉讼与非诉讼相衔接的矛盾纠纷解决机制的若干意见》第十四条、第十五条以及第十六条。

④ 比如：《最高人民法院关于进一步贯彻“调解优先、调判结合”工作原则的若干意见》第十一条。

人大代表、政协委员等担任受托方[①]。委托调解既可以由当事人向法院申请，也可以由法院依职权启动，但前提是征得双方当事人的同意。调解人可以由当事人共同指定，也可以经双方当事人同意，由人民法院指定[②]。人民法院在委托调解过程中承担着管理与监督职能，包括对案件材料的初步审查、寻找适当的受托人、双方当事人达成调解协议后对调解协议进行司法确认。委托调解的期限可以与当事人协商确定，一般不超过 30 日，经当事人同意，可以顺延调解期间，但最长不超过 60 日[③]。实践中，各地法院还发展出了委托调解的多种形式，根据委托对象的不同，可以将委托调解主要分成以下几种形式：委托给法院内部法官调解、委托给社会非营利机构调解、委托给特邀人员调解。

协助调解是指由法院主导调解，并邀请其他人来协助参与调解的过程。协助调解与委托调解相同之处在于，通过引入非案件主审法官的主体对案件进行调解，实现“调审分离”，不同之处在于：第一，法院的角色不一样。在委托调解中，法院对调解程序的掌控较协助调解更小，通常在协助调解中，法院是调解的主导者并主持调解的全过程，对调解的过程、结果负全部责任。在协助调解模式下，法官和调解协助人的职责和分工是不同的，法官对整个案件的事实情况、法律关系、案件当事人之间的权利义务关系作出初步介绍和判断后，邀请调解协助人员发表看法，提出建议，最后法官综合各方面的意见和建议作出调解协议书，由双方当事人决定是否同意。正是由于在协助调解中法院的这种主导地位，我国相关法律文件规定了协助调解的地点原则上在人民法院的法庭或者其他办公场所，只有在当事人同意的情况下才可以

---

① 参见《最高人民法院关于人民法院民事调解工作若干问题的规定》第三条，《最高人民法院关于建立健全诉讼与非诉讼相衔接的矛盾纠纷解决机制的若干意见》第十五条，《最高人民法院关于进一步贯彻“调解优先、调判结合”工作原则的若干意见》第十一条。

② 参见《最高人民法院关于进一步贯彻“调解优先、调判结合”工作原则的若干意见》第十一条。

③ 参见《最高人民法院关于进一步贯彻“调解优先、调判结合”工作原则的若干意见》第十一条。

在法院以外的场所进行①，而对委托调解则没有这一要求。第二，适用的案件情况不同。我国相关法律制度并未对协助调解与委托调解的适用案件范围进行详细的规定。但是在司法实践中，协助调解的案件范围却比委托调解的大。这是因为在委托调解中，对案件的解决过程参与较少，对案件的控制度较低，对于事实争议稍大，法律关系相对较复杂的案件，一般均不会进行委托调解。但事实上，这些案件通常调解难度较大，有的还涉及许多专业问题，仅靠法院，调解难以达成，这时法院往往会采取以法院为主导的，辅之以调解人帮助的协助调解。

我国自贸试验区在实践中也发展了形式多样的委托调解与协助调解，尤其是在受托对象以及邀请对象方面予以了较大的创新。比如：天津滨海新区人民法院自贸法庭与贸促会、贸仲合作，共同搭建自贸试验区商事纠纷诉调对接平台，南沙自贸试验区法院特邀调解组织与特邀调解员均突出“专业性”，特邀组织多与经贸相关，特邀调解员则来自社会各个行业，如专家学者、资深律师、企业家等，绝大多数均有法律或商业背景。在特邀调解员方面，为了契合涉自贸试验区纠纷的“涉外性”的特点，各大自贸试验区法院（庭）均注重对外籍或港澳台调解员的吸纳，比如南沙自贸试验区法院吸纳来自香港和澳门的特邀调解员共七名，达到16%②。

尽管我国上述相关立法以及法律文件、司法实践对传统的“调审合一”模式进行了一定程度的突破，但是，这种突破是有限的，根据我国《民事诉讼法》第九十四条第一款的规定③，我国传统的“诉调对接”机制中，尤其是诉讼调解中，法官仍然扮演着既是案件的审判人，同时也是案件的调解人的角色。这种“调审合一”的模式具有以下弊端：首先，在“调审合一”的模

① 参见《最高人民法院关于建立健全诉讼与非诉讼相衔接的矛盾纠纷解决机制的若干意见》第十六条。

② 《南沙自贸试验区商事调解中心首宗案件成功调解》，《新快报》2016年11月22日，http：//www.myzaker.com/article/58342d1a1bc8e0f360000704/，2016年11月26日。

③ 该款规定：“人民法院进行调解，可以由审判员一人主持，也可以由合议庭主持，并尽可能就地进行。”

式下，法官作为中间调解人，与其代表国家强制力的身份容易发生冲突，常常会不自觉地对当事人实行“以劝压调”、“以判压调”、“以拖压调”等强制性的行为，极易对当事人的权利造成侵害。其次，“调审合一”模式较易与调解的自愿原则产生矛盾。由于法官自身的职权主义，在调解过程中让法官一直作为案件处理过程的主导，容易损害纠纷双方的自愿性。法官也很难把握自身中立者的调解身份，为了使双方当事人达成调解协议、结案了事，极易给双方当事人施加压力，在这种情况下达成的调解协议很难说是当事人的真实意思表示。同时，在调解的过程中，法官很难做到不表述个人对案件的看法与观点，即使这并不等同于判决，但由于法官的特殊身份，使得当事人容易将其理解为法官对该案件的倾向性意见，为了避免获得不利的判决结果，当事人可能勉强接受调解，这实质上是对当事人的一种变相的胁迫。另外一种情况是，如果判决的结果与法官在调解过程中所透露出来的对案件的个人看法与观点不一致，当事人可能因此对法官产生不信任，进而损害了司法机关的威信力，不利于司法公正的实现。所以，有学者认为，“调解人员的双重身份，不仅是法院调解所有问题的根源，同时也是调解本身一系列深层次矛盾得以爆发的导火线。”① 可见，改变“调审合一”的模式或者对该模式予以完善刻不容缓。

在改变“调审合一”模式方面，我们可以借鉴国外的一些做法，比如：美国的法院附设调解程序。法院附设调解是司法性 ADR 的一种形式，是指“调解机关设立在法院的一种调解制度。法院附设调解不同于法院调解，……本质上任然是一种替代性的纠纷解决方式。”② 美国 1990 年《民事司法改革法》（Civil Justice Reform Act）对法院附设调解进行了规定。在法院附设调解程序中，由中立第三人（调解人）采取比较灵活的调解方式，向双方当事人提出调解方案。如果双方当事人表示接受该方案，那么调解即成功，同时，调解人还可应当事人的申请做出正式的裁定，该裁定具有法律拘束力。目前，

① 章武生《民事简易程序研究》，中国人民大学出版社，2002 年，第 264 页。
② 范愉《ADR 原理与实务》，厦门大学出版社，2003 年，第 327 页。

该程序被广泛应用于抚养、离婚等家事纠纷中，取得了令人满意的效果，调解成功率非常高[①]。在各地法院所进行的试验中，较为著名的有“密歇根式调解”，又被称为“丝绒锤”（The Velvet Hammer），比喻调解像丝绒锤一样，打在要求过高的当事人身上，迫使其降低要求[②]。法院附设调解程序具有以下特征：第一，该程序的启动主要是由当事人申请，但是根据法律的规定，部分案件的法院附设调解是必经程序，具有一定的强制性；第二，该程序十分灵活。尽管如前所述，部分案件必须进入法院附设调解程序，但是这种强制性只是针对程序启动而言的，在程序进行过程中，当事人享有高度的自主权。比如，在调解人的指定方面，可以由当事人自主指定，也可以申请法院进行指定，法律对法院附设调解的程序进行规定较少，主要依靠当事人的意思自治进行。第三，采取“调审分离”的模式，调解人通常由社会工作者、律师等人员担任，也可以由法院的法官担任，但是，担任调解人的法官是不可以进入嗣后的审判程序的。第四，该程序具有权威性。当事人接受调解人提出的调解协议后，当事人可以请求法院对该调解协议予以确认，从而使该协议具有法律拘束力。应该说，法院附设调解制度将调解程序与审判程序进行了严格的分离，尤其是其将调解法官与审判法官相区别从而避免“调审合一”的做法，既能保证诉讼程序的独立公正运行，又能发挥调解的独特功效，实可为我国所借鉴。

解决“调审合一”所带来的弊端，除了上述借鉴美国的法院附设调解，设置“调审分离”模式以外，还可以对处于调解过程中的法官的行为予以规范，即规范调解中法官的释明权。事实上，全面地看，上述包括美国在内的发达国家，在大力推行“调审分离”模式的同时，也并未完全禁止“调审合一”的“诉调对接”机制。比如我国台湾地区的民事诉讼法以及日本的相关法律均规定，法官可以在诉讼的任何阶段进行和解程序，只要法官认为达成

---

① Michael Palmer & Simon Roberts “Dispute Processes：ADR and the Primary Forms of Decision Making”，Butterworths，1998，p. 259.

② 齐树洁《我国近年法院调解制度改革述评》，《河南省政法干部管理学院学报》2011 年第 4 期。

和解是可能的。日本的辩论准备程序以及美国的审前会议都是由审判法官主持的，所以，事实上禁止“调审合一”并非必选项，问题的症结在于是否有完善的制度对法官的释明权予以有效规范。所谓的释明权是指法官对当事人进行询问，要求当事人对案件事实、各自主张及理由等作出解释与说明的权力。法官的释明权不仅帮助法官在诉讼过程中厘清案件事实，在调解程序中对于法官知晓当事人的真实意愿，促使当事人之间达成调解合意也十分重要。但是，如果不对法官的该权力予以规范，则很可能出现前文所列的泄露法官个人对案件的看法，进而导致“变相”强制调解。所以规范释明权尤为重要。首先，应设置有限释明的原则，避免在释明过程中透露审判机密。其次，应充分尊重当事人的意思自治，法官不得以行使释明权为由介入当事人处分自身实体权利之中。再次，保证法官的中立性，不能在行使释明权的过程中向任何一方当事人有所偏袒。最后，建立对滥用释明权的法官的责任追究制度。

（2）调解员专业素质不高的问题

如上所述，虽然我国在处理“调审合一”模式带来的弊端方面做了很多努力，在诸多法律文件中对受邀主体和受托主体予以了广泛的规定，同时，各自贸试验区法院（庭）在拓展委托调解与协助调解的受托对象与受邀对象方面进行了多方面的创新，尤其在增强其专业素质方面取得了较好的成效。但是，这种仅以部分实践带动的创新是无法满足现实需求的。笔者认为，应在目前已有的实践基础上，将相关创新以制度的形式予以固定。建议将诉调对接的案件进行区分，对于那些专业性较强的案件的调解员应将调解员的专业素质作为必备条件，对于专业性较弱的案件，如邻里纠纷、婚姻纠纷等案件，对调解员的专业性要求并不需要太高，相反，调解员与当事人之间的关系等其他因素更显重要，所以，对于这类案件可以放宽调解员的专业素质要求甚至取消专业素质要求。

4. 调解协议的效力问题

调解相较于诉讼、仲裁的一大区别即是调解协议本身并没有诉讼判决、仲裁裁决的强制执行力。确认调解协议的效力，从而赋予其强制执行力，是“诉调对接”机制的重要问题。

（1）对调解协议效力的定性

在我国法律体系中，调解协议的效力到底如何？2002年《最高人民法院关于审理涉及人民调解协议的民事案件的若干规定》第一条明确规定：经人民调解委员会调解达成的、有民事权利义务内容，并由双方当事人签字或者盖章的调解协议，具有民事合同性质。可见，该规定将人民调解委员会调解达成的调解协议定位为民事合同。随后，在2009年《最高人民法院关于建立健全诉讼与非诉讼相衔接的矛盾纠纷解决机制的若干意见》中将上述“人民调解委员会调解达成的调解协议”扩大到了“所有具有调解职能的组织调解达成的调解协议”①。赋予调解协议以民事合同的效力具有以下意义：对于具有合同效力和给付内容的调解协议，债权人可以根据《民事诉讼法》和相关司法解释的规定向有管辖权的基层人民法院申请支付令②。如果债权人申请支付令以后对方对支付令提出异议，人民法院裁定终结督促程序的，或者对方当事人拒不履行调解协议或履行调解协议有瑕疵的，债权人可以依据调解协议向人民法院起诉，要求对方当事人承担违约责任，比如继续履行合同、赔偿损失等③。

（2）调解书生效的时间

根据《民事诉讼法》第九十九条的规定，如果调解书在送达当事人之前一方反悔的，即视作未调解成功，调解书不发生效力。作出这一规定，其初衷是为了尊重当事人的意思自治，体现调解的自愿性。但是，笔者认为，这一规定某种程度上违反民法的诚实信用原则。如果双方当事人基于自身真实

---

① 参见《最高人民法院关于建立健全诉讼与非诉讼相衔接的矛盾纠纷解决机制的若干意见》第十条：“人民法院鼓励和支持行业协会、社会组织、企事业单位等建立健全调解相关纠纷的职能和机制。经商事调解组织、行业调解组织或者其他具有调解职能的组织调解后达成的具有民事权利义务内容的调解协议，经双方当事人签字或者盖章后，具有民事合同性质。”

② 参见《最高人民法院关于建立健全诉讼与非诉讼相衔接的矛盾纠纷解决机制的若干意见》第十三条。《上海市第一中级人民法院涉中国（上海）自由贸易试验区案件审判指引（试行）》第八十一条。

③ 参见《民事诉讼法》第二百一十七条。

的意思表示，经过正当程序，且双方当事人没有民事行为能力方面的瑕疵，从而达成的调解协议，应如同双方当事人之间的民事合同一般，签署即生效。调解书只是依据双方达成的调解协议制作的法律文书，只要二者内容一致，没有理由再赋予一方当事人在达成调解协议以后对调解书的反悔权，这实际上就是对自己之前的真实意思表示的推翻，和民法上的诚实信用原则是相悖的。同时，这样的反悔权规定可能还会给存有恶意拖延诉讼程序的当事人以机会，故意以同意调解为由，暂缓进行相关诉讼程序，达到目的后又故意反悔，拒绝签署调解书。所以，以双方签署时间作为调解书的生效时间，是不科学的。

（3）调解协议的司法确认程序

调解协议本身在人民法院对其合法性、意思真实性等进行审查以前并不具有强制执行力，故人民法院对其进行的司法确认极其重要。2010年《中华人民共和国人民调解法》明确规定人民调解协议经过人民法院确认后，具有强制执行力①。2011年《最高人民法院关于人民调解协议司法确认程序的若干规定》对该司法确认程序作了详细规定，但是，遗憾的是，上述立法以及法律文件均将司法确认程序的适用对象限制为人民调解委员会调解达成的协议。2012年《民事诉讼法》在第十五章“特别程序”中对调解协议的司法确认程序进行了专门的规定，而且值得注意的是，该章规定的司法确认程序已不再局限于人民调解委员会进行调解的协议，而是将适用范围扩大到所有的调解协议，应该说，这样的规定将我国的“诉调对接”机制向前推进了一大步。

---

① 参见《人民调解法》第三十三条。

第三节　我国自贸试验区仲裁与调解相结合制度的创新

一、仲裁与调解相结合制度概述

仲裁与调解相结合制度是我国贸仲的首创，是我国仲裁实务界创造的仲裁制度史上的崭新的一页。它在实践中为我国仲裁事业的发展、当事人利益的保护作出了重要贡献，因而引起了世界各国及国际仲裁机构对这一问题的研究及实践，目前已发展成为主要国际组织、国家以及仲裁机构均予以规范的一项制度。

1. 仲裁与调解相结合制度的概念与类型

顾名思义，仲裁与调解相结合制度就是将仲裁与调解这两种独立的纠纷解决方式进行有机结合的制度，显然，这是一种复合型的纠纷解决方式。该制度有狭义与广义之分。

狭义的仲裁与调解相结合制度指的是仲裁程序中的调解（Arb-Med），即当事人先启动仲裁程序，在仲裁程序进行过程中，暂停仲裁程序转而由仲裁员对纠纷进行调解，如果调解成功，仲裁庭可以根据调解达成的和解协议制作裁决书，也可以根据当事人的撤案请求撤案。如果调解失败，仲裁庭则依法作出裁决书。这种方式最早起源于我国贸仲的实践，是所有仲裁与调解相结合的方式中使用最多的一种。这种方式的优点是通过仲裁，当事人对各自的权利义务关系已经比较明晰，避免了根本不可能调解成功的案子陷入无限期的调解过程中，拖延裁判时间，侵害当事人的权利。

广义的仲裁与调解相结合制度则不仅限于上述一种结合方式，而是各种形式的结合。根据结合的时间以及结合时仲裁人与调解人身份是否合一两个标准，主要有六类：

第一类是先调解后仲裁（Med-Arb），仲裁人与调解人分离。通常是当事人发生纠纷以后，根据事先的协议或双方当事人的共同同意，将纠纷提交给仲裁机构予以调解，通常是仲裁机构下属的调解中心等，调解程序由专门的调解员进行主持。调解不成功则转入仲裁程序，如果调解成功，则可由仲裁庭根据调解协议作出具有法律效力的仲裁裁决书。

第二类是先调解后仲裁（Med-Arb），仲裁人与调解人合一。当事人将纠纷提交仲裁后，由仲裁员先进行调解，调解不成的进入仲裁。

第三类是仲裁中调解（Arb-Med），仲裁人与调解人合一。即上述的狭义的仲裁与调解相结合制度。

第四类是仲裁中调解（Arb-Med），仲裁人与调解人分离。这种模式在美国也被称为“影子调解”（Shadow Mediation）。其含义是指在进入仲裁程序以后任何时候，均可启动与仲裁程序相平行的调解程序，由独立的调解员进行调解。如果调解成功，则可能通过撤诉或制作仲裁裁决书的方式结束仲裁，调解不成，则继续由仲裁员裁决。根据调解员是否参加仲裁庭审分为两种：一是调解人在仲裁程序之外调解，仲裁程序与调解程序几乎完全平行；另一种是“调解仲裁共存”（Co-Med-Arb），在这种程序中，调解员与仲裁员虽然相分了，但是调解员参加仲裁庭审，仲裁员不参加调解员私下会晤，调解员向仲裁员披露在调解中所获悉的秘密。随着仲裁程序的发展，调解员可旁听全过程，并可在适当的时候对当事人进行调解。另外，新加坡国际仲裁院（SIAC）在此基础上发展了仲裁一调解一仲裁（Arb-Med-Arb）的模式。根据新加坡国际仲裁院从 2014 年 11 月 5 日开始生效的《新加坡国际仲裁院一新加坡国际调解中心关于仲裁一调解一仲裁的规定》（SIAC-SIMC Arb-Med-Arb Protocol）的规定，在仲裁庭组成以后，启动由独立的调解员主持的调解程序，与上述的“影子调解”不同的是，在调解过程中，仲裁程序暂停①。为了避免过长的调解过程进而影响当事人之间纠纷的高效解决，上述规定还对调解程序的时间进行了限制②。

第五类是仲裁后调解（Med-Post-Arb），调解人与仲裁人分离。是指在仲裁程序终结以后，在作出仲裁裁决之前或之后，进入独立的调解程序。这一模式的优点是由于仲裁程序已经结束，双方当事人对各自的优劣已经有了较为清晰的认识，这比较有利于调解成功。事实上，这种方式更加接近于临时调解或者是独立的调解。

第六类是仲裁后调解（Med-Post-Arb），调解人与仲裁人合一。是指在仲裁程序结束以后，由仲裁员在作出仲裁裁决之前或即使作出了仲裁裁决也暂不公布的情况下对当事人进行调解。在这种模式下，通常仲裁员在庭审之后，制作仲裁裁决并将裁决封入信封中。在当事人并不知晓裁决内容的情况下，仲裁员对当事人进行一定期限的调解。这种方式在美国已经成一种日益流行的模式。

2. 仲裁与调解相结合的制度的特征

（1）复合性

仲裁与调解相结合的制度综合了仲裁、调解这两大纠纷解决方式，是仲裁与调解这两种独立解纷机制复合的产物，这一制度既保留了仲裁的优势，同时通过引入调解，使二者取长补短，互为支撑。

（2）整体性

虽然仲裁与调解相结合的制度是仲裁与调解这两种独立的解纷机制复合的产物，但是，二者并非简单地组合在一起，也并非完全平行的。该制度是

---

① 参见 SIAC-SIMC Arb-Med-Arb Protocol 第五条：“The Tribunal shall，after the exchange of the Notice of Arbitration and Response to the Notice of Arbitration，stay the arbitration……All subsequent steps in the arbitration shall be stayed pending the outcome of mediation at SIMC.”

② 参见 SIAC-SIMC Arb-Med-Arb Protocol 第六条：“The mediation conducted under the auspices of SIMC shall be completed within 8 weeks from the Mediation Commencement Date…….”

在以仲裁程序为依托的基础上，由当事人自由决定是否引入调解制度，而一旦引入，则调解方式完全融入仲裁程序，调解所特有的灵活性与珍贵主所特有的活力都融合进了仲裁与调解相结合制度之中。二者联合起来共同起作用，发挥整体功效，达到一加一大于二的效果。比如：调解成功后达成的和解协议在法律上并不具有强制执行力，但在仲裁与调解相结合制度中，其可以依托仲裁，通过仲裁程序根据各解协议的内容制定仲裁裁决书，从而获得法律上的执行力。而且，单纯的调解可能会因为当事人之间各种各样的原因导致“久调不决”的情况，通过仲裁与调解相结合的制度，可以及时终止调解转而仲裁，且通过调解达成的合意部分可不再通过仲裁程序解决，体现了纠纷解决的效率性，更受当事人的欢迎。比如：近年来我国贸仲处理的仲裁案件中，有三分之一至二分之一的案件，当事人同意由仲裁员进行调解，这个数量相当于中国国际商会下属的三十多个调解中心每年受理调解案件数量的总和①。在仲裁的过程中，即使当事人有调解的意愿，也可能会担心自己希望调解的意愿会被仲裁员和对方当事人看成是示弱和心虚的表现，而不愿意表明调解意愿，通过仲裁与调解相结合的制度，在该制度设计下，一般都会有仲裁机构、仲裁庭通过电话会议或电子邮件或寄发申请表格等多种方式向当事人征求调解意愿，从而将部分争议能通过调解予以解决。根据美国仲裁协会的实践，在仲裁庭组成之前的行政管理性电话会议中讨论调解的可能性，而这种调解的成功率往往能达到百分之十至百分之十五②。所以，事实上，仲裁与调解相结合的制度所创造出的活力比两种机制单独适用的效率总和更多③。

（3）灵活性

首先，是否将调解程序引入到仲裁程序中来，是当事人意思自治的体现。

---

① 乔欣《比较商事仲裁》，法律出版社，2004年，第299页。

② 该数据来源于美国仲裁协会副总裁 Richard W. Naimark 先生在2001年2月21日中国国际经济贸易仲裁委员会举办的仲裁研讨会上所作的介绍，转引自曾星《国际商事仲裁前调解制度研究》，浙江工商大学硕士论文，2013年，第9页。

③ R. H. Mclaren，J. P. Sanderson，Q. C. “Innovative Dispute Resolution：The Alternative”，Scarborough Carswell，1994，p. 323.

调解并不是仲裁的必经程序，是否将调解与仲裁相结合，完全取决于当事人的意志。其次，何时将调解程序引入仲裁程序中来，也是在尊重当事人的意思自治的基础上决定的。如上所述，调解程序融入仲裁程序可以是在仲裁前，也可在仲裁程序中，甚至仲裁程序后，何时引入，取决于当事人的意思表示。所以，仲裁调解相结合的制度的灵活性最大限度地满足了商事争议当事人对纠纷替代性解决方式的要求。

二、仲裁与调解相结合制度的理论分析

1. 支持与反对仲裁与调解相结合制度的理论

如上所述，虽然在仲裁中引入调解制度最初起源于我国贸仲的仲裁实践，但是现在却成了全球很多国家予以采纳的一种制度。伴随着这一制度在全球范围内的扩展，对这一制度支持与反对的声音也从未间断过。

总体而言，反对这一制度的理论观点主要有以下几种：

（1）侵害论

持这一观点的学者主要是批判仲裁人与调解人合一的情形。他们认为，由调解过纠纷的调解员在嗣后的仲裁程序中担任仲裁员，是违反自然公正原则以及正当程序原则的。因为在调解过程中，调解员很可能私访一方当事人，从而获得的信息，在程序上没有经过对方质证，而这些未经过质证的信息极有可能影响该调解员转换成仲裁员后的思维，导致其在裁决时难免会有感性的或实际的偏袒，进而构成对对方当事人的不利影响①，同时，调解员私访一方当事人的情况下很可能已经形成或透露他对各方当事人争议的实质问题的观点，这与自然公正原则是相悖的②。

（2）身份混淆论

---

① Bradbrook, Adrian "Section 27 of the Uniform Commercial Arbitration Acts－A New Proposal for Reform (1990)", *The Arbitrator*, 107.

② Charles, Stephen "Natural Justice and Alternative Dispute Resolution", *Law Institute Journal*, 1986 (3), p. 108.

持这一观点的学者认为与侵害论一样，主要批判的是仲裁人与调解人合一的情形。他们认为，仲裁与调解是两种独立的解决纠纷的方式，相对应的，仲裁员与调解员在两种程序中的功能、职责各不相同。仲裁员的功能是作为独立的第三方，对当事人之间的争议作出有拘束力的裁决，而调解员的职责则是作为争议双方当事人的中间人，帮助他们作出和解决定，调解员并不有权利为当事双方制定解决争议的方法。混淆二者的职能将损害调解的效力与仲裁的独立性①。

(3) 失控论

这种失控主要体现在两个方面：其一，对程序上的失控。由于调解程序并没有像仲裁、诉讼一样严格规定每一步程序的进行，相反，在调解程序中，当事人可以自由发言，仲裁员允许他们这样做并且很用心地倾听，这种对程序上的失控会给谙熟对抗程序的律师们所能控制的；其二，对实体内容的失控。由于调解员在调解程序中从当事人处获得的信息可能在调解不成功的情况下用于仲裁程序，所以会引发当事人对后继纠纷解决的实体内容产生担忧。事实上，有学者甚至认为，这种担忧会影响当事人在调解阶段达成合意。在调解程序中，原本当事人是打算向调解员坦诚相告案情，但是一旦他们意识到该调解员可能也会充当将来的仲裁员时，他们就会担心坦诚相告的案情会成为今后仲裁中不利于自己的依据，从而有所顾虑，对案情有所遮掩②。而当事人与调解员坦诚、诚实的私下交流通常被认为是调解成功的关键。故而，对实体内容的失控还可能导致调解的无效。

支持这一制度的理论观点主要有以下几种：

(1) 财富论

① Christian Buehring-Uhle "Co－Med－Arb Technique Holds Promise Best of Both Worlds", *World Arbitration and Mediation Report*, Vol. 2, No. 1 January 1992, p. 22.

Goldberg, "Green and Sander", *Dispute Resolution*, p. 246－267.

② Michael C. Pryles "Australia National Report on International Commercial Arbitration", speech delivered at the Symposium of International Commercial Arbitration in Asia-Oceania Region: Prospects and Comparison held on 22－23 February 2000 in Nagoya, p. 54 of the Consolidated Reports Bundle.

持财富论观点的学者主要是从仲裁人与调解人合一的角度进行分析的，他们认为，仲裁员在调解程序中以调解员的身份对案件事实的了解，在转入仲裁程序以后，并不是仲裁程序的障碍，相反，这种了解可以帮助仲裁员较未经历过调解程序的仲裁员更快也更容易接近双方当事人争议的核心，缩短争议解决的时间减少不必要的费用，是一笔财富。比如：施米托夫（Clive M. Schmitthoff）教授认为："在一些标的较大的商事争议中，生硬地区别调解人与仲裁员的作用可能不实际，会拖延争议的最终解决和增加不必要的费用。因为调解失败后，就要由不熟悉该争议的另一个人重新审理此案。……允许当事人约定，当调解失败后，调解人可以继续参与争议的解决，但他必须以仲裁员的身份出现。"① 该观点也得到了联合国国际贸易法委员会秘书长赫尔曼（Gerold Herrman）博士以及香港终审法院大法院 Hunter 等的支持。

（2）效益论

持这一观点的学者从解决纠纷的效益出发，分析仲裁与调解相结合的制度的优势。比如：英国大法官司 Michael Kerr 爵士认为，仲裁与调解相结合，能够大大减少单使用仲裁解纷的时间，更简单、快捷；McLaren 和 Sanderson 也认为，"将这两种争议解决方法融合起来而创制的纠纷替代性解决方式比单独使用其中一项技术更有效率"②。

（3）职责论

该观点是针对上述的"混淆论"提出来的。与"混淆论"相反，持"职责论"的学者认为，对案件进行调解是仲裁员的职责之一，并不会造成"混淆论"中仲裁员与调解员职能混淆的现象。比如，联合国 1958 年《纽约公约》的起草者之一、国际商事仲裁委员会的名誉主席 Pieter Sanders 教授就认为："当前，当人们寻求以仲裁解决争议时，他们也会考虑以其他争议替代性解决方式来解决他们之间的纠纷。有的国家在仲裁法里对调解进行了规定，

---

① 施米托夫《国际贸易法文选》，赵秀文译，中国大百科全书出版社，1993 年，第 665—666 页。

② McLare & Sanderson "Innovative Dispute Resolution: The Alternative", Scarborough Carswell, 1994, p. 323.

就是一个明显的例证……像荷兰法院程序一样，在荷兰仲裁程序中仲裁员可以在程序的任何阶段要求当事人出席提供信息或尝试达成和解协议……仲裁员在这一过程中就有可能与当事人会面讨论和解解决争议的可能性。如果仲裁员主动提出召集会议讨论和解的可能性，在我看来，并不排除仲裁员邀请当事人采用可行的 ADR 方法解决他们之间的争议。这种邀请并没超出仲裁员的职责范围。仲裁是维护当事人利益的一种服务行业，在适当的情况下，为什么仲裁员不能建议使用可行的争议替代性解决方法呢？当讨论和解时仲裁员自身处于一种微妙的地位。他们不能自由地发表有关仲裁结果的意见。调解员则可以享有更大的自由度，调解员可以提出和解建议并且就和解不成可能的结果发表中立的意见。当然当事人应当事先同意仲裁程序暂时中断而楔入一个根据完善的调解规则尝试和解的程序。无论如何仲裁庭的权限使得他们可以接受调解之邀。”①

（4）信任论

持这一观点的学者认为，当事人在调解阶段达成部分协议，并因此增加了对调解人的理解与信任，当事人可以指定同一调解人为他们之间的未决事项进行仲裁。也就是说，调解员获得当事人的信任之后，当事人更倾向于指定其对他们之间的未决事项进行仲裁。

2. 仲裁与调解相结合的正当性依据

如上所述，对仲裁与调解相结合制度持反对意见的学者与支持意见的学者对该制度各执一词，总结他们争议的焦点主要有三个方面：其一，该制度是否违反了正当程序原则；其二，该制度下，由同一人既担任仲裁员又担任调解员，会否造成职责的混淆；其三，该制度是否有助于高效解决争议。

（1）关于仲裁与调解相结合制度是否违反正当程序原则的问题

正当程序原则是英美法系的一项重要法律原则，其主要包含两方面的内容：其一，任何人不得自己做自己的法官；其二，任何人在受到公权力不利

① 转引自王生长《仲裁与调解相结合制度研究》，对外经济贸易大学博士学位论文，2001 年，第 109 页。

行为的影响（特别是刑事处罚或其他制裁）时，有获得告知、说明理由和提出申辩的权利①。所以，在讨论仲裁与调解相结合制度是否违反正当程序原则的问题方面，实质上需要讨论两个问题：即一，该制度是否损害了仲裁员的独立与中立性；二，仲裁员在调解程序中通过私访得到的信息是否给予了对方当事人平等的告知、说明理由以及提出申辩的权利。

针对第一个问题，调解员是否可以直接转换为仲裁员，是经双方当事人共同决定的。也就是说，双方当事人信任仲裁员的独立与中立性。由于仲裁与调解作为具有民间性质的解纷方式，其与诉讼制度最大的不同就在于其体现当事人之间的意思自治，这也是仲裁的根本属性。如果当事人认为调解员直接转换为仲裁员有损仲裁员的中立性，他们大可提出反对意见，所以，只要是建立在双方当事人一致同意基础之上的调解员仲裁员合一，均不损害仲裁员的独立与中立性。

针对第二个问题，如果仲裁员将运用在调解程序中通过私访得到的信息来对纠纷进行裁决，那么仲裁规则也会要求对这类信息给予对方当事人陈述理由的机会。如果仲裁员无视这种要求，也会导致以此作出的仲裁裁决被撤销或不予执行。所以，事实上，仲裁规则、仲裁法以及司法对仲裁的监督共同防范了这一现象。

（2）关于是否会导致仲裁员与调解员职责混淆的问题

一方面，仲裁与调解相结合制度要求仲裁员明确仲裁员与调解员之间的角色区别，同时也将其告知当事人。如上所述，仲裁员对当事人之间进行居中裁判，根据相关法律、案情以及获取的证据资料对争议作出裁决，而调解员则无须对当事人之间孰是孰非作出明确判断，其职责主要是在当事人之间进行调解，促成双方达成解决争议的方案。可见，二者之间的区别较大，界限分明，所以，实践中仲裁员完全可以清楚地区分二者的区别，不易混淆。

---

① Ronald Bernstein & Derek Wood "Handbook of Arbitration Practice", *Sweet & Maxwell in conjunction with the Chartered Institute of Arbitrators*, Second Edition, 1993, p. 86.

另一方面，仲裁与调解相结合的制度强调的是两种纠纷解决机制的有机结合，是一种具有复合性特点的纠纷解决方式。在仲裁员与调解员合一的仲裁与调解相结合制度中，仲裁与调解在程序上却是分离的，也就是说，调解进行时，仲裁程序暂停，这就使得仲裁员更好地掌握自身的角色功能，不易混淆。

所以，综上所述，通过仲裁调解规则、仲裁员的操守规则、司法对仲裁的监督以及当事人的意思自治等方面对仲裁与调解相结合的制度进行规范，可以将上述反对该制度的理由予以消除，事实上，这也是该制度近年来在世界各国以及主要仲裁机构获得认可的途径。

三、域外仲裁法以及仲裁规则对仲裁与调解相结合制度的规定与实践

如上所述，虽然仲裁与调解相结合的制度始源于我国，但是，随着商事仲裁的发展，该制度已经在国外生根发芽，得到了长足的发展，甚至于远远超越我国的相关规定与实践。总体而言，域外仲裁法以及仲裁规则在该制度方面的规定与实践有如下几个特点：

1. 规定了仲裁与调解相结合的多种形式

如前文所述，我国只发展了仲裁中调解（Arb-Med），仲裁人与调解人合一的形式，而域外的相关法律及仲裁规则则发展了上述另外五种形式的仲裁与调解相结合制度。比如：在新加坡国际仲裁院（SIAC）制定的仲裁规则中，规定了仲裁－调解－仲裁，仲裁人与调解人分离的形式，又如：美国的“影子调解”等等。

2. 在调解的启动、终止等程序方面均尊重当事人的意愿

无论是何时启动调解，均由当事人提起，经双方当事人共同同意，尤其在仲裁人与调解人合一的情况下，当事人双方共同同意更成为调解启动的重要必备条件。因为如上文所述，在仲裁人与调解人合一的情况下，在规范不完善的情况下极有可能违反正当程序原则，引发仲裁员与调解员职责混淆的

问题，当事人意思自治对于解决这些问题的意义重大，所以，几乎所有的仲裁法律或仲裁规则均对当事人意思自治赋予了高度关注，且大部分对此进行明确规定。比如：丹麦 2005 年《仲裁法》第十九条、印度 1996 年《仲裁和调解法》第三十条第一款、加拿大 2009 年《仲裁法》第三十五条、日本 2003 年《仲裁法》第三十八条、美国仲裁协会（AAA）仲裁规则第五条、2014 年 1 月 1 日起生效的国际商会调解规则第十条第三款，等等。

3. 针对仲裁人与调解人合一的情况，着重规定了仲裁员的一系列义务

针对这些义务，有的仲裁法专门指出在仲裁人与调解人合一的情况下仲裁员应遵守哪些规范，比如：新加坡 2002 年《仲裁法》第六十二条和第六十三条，新加坡 2009 年《国际仲裁法》第十六条与第十七条，文莱 2009 年《仲裁法令》第六十二条与第六十三条及《国际仲裁法令》第二十六条与第二十七条、澳大利亚新南威尔士 2010 年《商事仲裁法》第 27D 条，香港 2010 年《仲裁条例》第三十二条和第三十三条等，有的并未区分仲裁员是否曾经担任过调解员，对仲裁员应履行的义务统一规定，比如：联合国贸易法委员会 2006 年《国际商事仲裁示范法》、我国澳门特别行政区 1998 年的《涉外仲裁法规》、德国 1998 年的《民事程序法典》第 10 编、瑞典 1999 年的《仲裁法》、克罗地亚 2001 年的《仲裁法》、挪威 2004 年的《仲裁法》、丹麦 2005 年《仲裁法》、波兰 2005 年的《民事程序法典》第五部分、瑞典 1999 年的《仲裁法》、毛里求斯 2008 年的《国际仲裁法》、亚美尼亚 2006 年的《仲裁法》、爱尔兰 2010 年的《仲裁法》、塞尔维亚 2006 年的《仲裁法》等等①。这些规范大致包括：调解员转换为仲裁员参加仲裁程序之前应向所有当事人披露来自调解程序中的对仲裁程序有实质性影响的信息，履行平等对待所有当事人并给予陈述案情和评论对方观点与证据适当机会的义务，同时，还规定，任何一方当事人不得在其后的仲裁程序、司法程序等中援引对方当事人在调解过程中曾发表的意见、观点等作为其请求、答辩等的依据。这样的规定，

① 张圣翠《仲裁员与调解员身份互换规范的比较与借鉴》，《政治与法律》2012 年第 8 期。

一方面最大限度地避免了曾为调解人的仲裁员在仲裁程序中违反正当程序等原则，另一方面也排除了当事人在调解过程中的后顾之忧，有利于调解成功。

四、我国《仲裁法》关于仲裁与调解相结合制度的规定

我国《仲裁法》有关仲裁与调解相结合制度的规定集中在该法第五十一条①与第五十二条②。虽然仲裁与调解相结合制度起源于我国的仲裁实践，但是，这一制度在国外却得到了长足的发展，相较于此，我国上述《仲裁法》的两条规定严重滞后，规定粗糙，不能满足现实的需要，主要有以下问题：

1. 只规定了仲裁中调解（Arb-Med），仲裁人与调解人合一的情况。显然，这无法满足商事交易中当事人日益多样化的纠纷解决需求。近年来国外发展起来的仲裁前调解、影子调解均在实践中取得了长足发展，而我国的一些仲裁机构也开始探索新型的仲裁与调解相结合的方式，比如：包括贸仲在内的部分国内仲裁机构对仲裁庭外的调解的探索，上海自贸试验区对于仲裁前调解的探索，等等，但是，这些探索没有法律上的支持，仅靠仲裁规则予以规范远远无法满足当事人的需求。

2. 调解程序的启动未体现当事人的意思自治。从上述分析可知，当事人意思自治是防止仲裁人与调解人合一的仲裁中调解损害仲裁的中立性与公正性的一剂"良药"，而我国《仲裁法》第五十一条中的"仲裁庭在作出裁决前，可以先行调解"的规定完全忽视了当事人的意思自治，同时，该法未对仲裁员对案件进行调解时可采取的方式进行规定，对仲裁员的职业操守也规

---

① 该条规定："仲裁庭在作出裁决前，可以先行调解。当事人自愿调解的，仲裁庭应当调解。调解不成的，应当及时作出裁决。

"调解达成协议的，仲裁庭应当制作调解书或者根据协议的结果制作裁决书。调解书与裁决书具有同等法律效力。"

② 该条规定："调解书应当写明仲裁请求和当事人协议的结果。调解书由仲裁员签名，加盖仲裁委员会印章，送达双方当事人。

"调解书经双方当事人签收后，即发生法律效力。

"在调解书签收前当事人反悔的，仲裁庭应当及时作出裁决。"

定粗糙，在这样的情况下，很可能出现仲裁员与调解员合一损害仲裁的中立性的现象，事实上，这也是香港高等法院一审法庭2010年对西安仲裁委关于高海燕等诉Keeneye公司和New Purple公司案裁决不予执行的一大原因①，这也成为境外不少学者以及实务界人士经常指责我国的仲裁员无视其与调解员身份的区别而随意变换身份的法条渊源②。

3.《仲裁法》中的其他规定没有与仲裁与调解相结合制度形成呼应。比如：该法第五十一条第二款规定："调解达成协议的，仲裁庭应当制作调解书或者根据协议的结果制作裁决书"，而该法第七条规定："仲裁应当……符合法律规定……"。可见，仲裁裁决必须依法作出，而且如前所述，我国2006年的《刑法修正案（六）》规定在第三百九十九条下新增了"枉法仲裁罪"，那么，如果调解协议的内容与法律不相符，那么，仲裁员是应当仍然依据调解协议的结果制作裁决书还是拒绝制作裁决书？又如：该法第三十四条第（四）项明确规定："私自会见当事人、代理人"的，仲裁员必须回避。而在调解程序中，调解员难免会私访一方当事人，那么，此时上述的仲裁员回避的规定是否可以排除适用，该法没有明确。同时，该法没有针对仲裁与调解相结合制度中，仲裁员与调解员合一的情况下对仲裁员所特别需要规范的内容，比如：仲裁员应承担披露影响其独立性与公正性情况的义务。该法也没有针对调解程序中当事人所提供的陈述、主张等在嗣后的仲裁程序、司法程序或其他任何程序中免责的规定。事实上，这样的规定对于免去调解当事人的后顾之忧，全心全意进行调解是极为重要的，纵观国际上主要国家的仲裁法或仲裁规则均存在这方面的具体规定。

4. 有关仲裁调解书的问题。我国《仲裁法》第五十一条第二款规定，调

---

① 参见西安仲裁委2009第2232号仲裁裁决，http://www.xaac.org/culture/case_article_10.html，2016年10月20日。参见HCCT 2010第41号案件，http://legalref.judiciary.gov.hk/lrs/common/search/search.jsp，2016年10月20日。

② See Frances Van Eupen & Sylvia Ko "Hong Kong Court Refuses to Enforce a Foreign Arbitral Award Following 'Arb/Med' Procedure", *International Arbitration Law Review*, 14 (4), 2011, N27. See also M. Scott Donahey "Seeking Harmony", *Arbitration* 1995, 61 (4), p. 279-283.

解达成协议的，仲裁庭应当制作仲裁调解书或者根据协议的结果制作裁决书，同时还规定，调解书与裁决书具有同等法律效力。考察国际商事仲裁法律规定以及实践，可以发现，虽然很多国家发展了仲裁与调解相结合的制度，但是却没有任何国家规定以仲裁调解书结案的，可以说，仲裁调解书是我国仲裁所独有的一项制度①。由于仲裁调解书与仲裁裁决书形成的基础不同，加之我国相关法律对于该制度也仅简单的一两句话的规定，使得这一规定在实践中常会出现下列问题：其一，由于 1958 年《纽约公约》亦未对仲裁调解书作出规定，所以，规定“仲裁调解书与仲裁裁决书具有同等法律效力”，只对于国内仲裁有效，如果是涉外仲裁，该我国上述法律作出的仲裁调解书在国外是绝对不可能获得与仲裁裁决书同等的法律效力的。其二，有关涉及第三人权益的调解协议能否确认为仲裁调解书的问题。现实中有可能出现这样的情况：仲裁过程中，双方当事人达成了调解协议，调解协议约定由案外人为一方当事人提供担保，那么，此时仲裁庭能否依据该调解协议的内容制定仲裁调解书呢？如前文所述，我国《仲裁法》以及除自贸试验区所在地的一些仲裁机构的仲裁规则②均是按双边纠纷设计的，没有规定仲裁第三人制度，所以，这在我国《仲裁法》的框架下无法回答。但是笔者认为，鉴于我国诸如《上海自贸区仲裁规则》等一些创新度较高的仲裁规则已经引入了仲裁第三人制度，那么，上述的情况可以看作是案外人参与仲裁，且在仲裁的过程中运用仲裁与调解相结合的制度，与原当事人之间共同达成了调解协议，那么，只要上述案外人符合仲裁规则规定的仲裁第三人的条件，那么，仲裁庭可以依此调解协议的内容作出仲裁调解书。其三，该条赋予了仲裁调解书强制执行力，却没有配套规定什么样的情况下可以撤销或不予执行。根据 2006 年 9 月 8 日起施行的最高人民法院《关于适用〈中华人民共和国仲裁法〉若干问题的解释》（法释［2006］7 号）第二十八条的规定：“当事人请求不予执行仲

① 张圣翠《仲裁员与调解员身份互换规范的比较与借鉴》，《政治与法律》2012 年第 8 期。

② 比如：《上海自贸区仲裁规则》、《深圳国际仲裁院仲裁规则》等。

裁调解书或者根据当事人之间的和解协议作出的仲裁裁决书的，人民法院不予执行”，对于仲裁调解书，法律没有提供任何的救济手段，以至于实践中发生了非常难以救济的极端不公正的情况。比如：李宗武交通事故赔偿案中，案件当事人李宗武是一起交通事故的受害人之一，他在起诉肇事方对其提出赔偿请求时，肇事方向法院提交了一份仲裁调解书，在该仲裁调解书中，李宗武的“代理人”安跃东已与肇事方达成了赔偿协议，而李宗武称，他从未见过这份仲裁调解书，是安跃东偷拿其身份证，冒名顶替李宗武与肇事方签署了仲裁协议，参与了仲裁程序，最终达成了该调解协议。于是，李宗武与其诉讼代理律师向法院申请撤销该仲裁调解书，但法院依据上述司法解释，不予受理。而“如果不能撤销仲裁调解书，法庭就没有法律依据继续审理赔偿的案件”①。

5. 相关规定不清晰，可操作性较差。比如：该法第五十一条规定：“当事人自愿调解的，仲裁庭应当调解”，却没有明确什么情况下叫作“当事人自愿调解”，是双方明示同意，还是双方默示同意，这种同意有无形式要求，是口头同意即可还是必须以书面形式作出，由仲裁庭主动提出，双方当事人不反对的情况是否属于此处的“自愿调解”，还是必须由一方当事人提出申请，另一方当事人同意的才构成此处的“自愿调解”等等，法律仅“自愿调解”很难解决实践中出现的多种情况。该条中对仲裁庭调解使用了措辞“应当”，也是不恰当的。从法理上讲，仲裁员应当履行仲裁职责，而没有义务在仲裁过程中转换成调解员。又如：该法第五十一条规定：“调解不成的，应当及时作出裁决”，如何“调解不成”？是对所有争议均未调解成功，才叫“调解不成”，还是只要存在对部分争议未调解成功，均叫“调解不成”？对于调解程序何时应予结束转而进入仲裁程序，该条未进行任何限制，仅“调解不成”难以避免“久调不决”的情况，容易导致程序的拖延，进而损害当事人的利益。纵观国外的仲裁规则或仲裁法律，均对仲裁中均规定了一定情形下，必

---

① 廖永安，张庆霖《论仲裁调解书撤销制度的确立》，《烟台大学学报》（哲学社会科学版）2011 年第 2 期。

须终止调解，进入仲裁程序，比如：新加坡国际仲裁院（SIAC）规定调解必须在八周内完成或者在八周的期限到期之前任何时候无法通过调解解决争议，均应开始仲裁①。美国仲裁协会（AAA）国际调解规则也在该规则第十二条中对调解应予终止的条件予以了明确规定②。如果在调解程序中，双方当事人已对部分争议达成调解协议，那么继续进行的仲裁程序是否应尊重该调解协议？事实上，国外相关仲裁规则均规定此后进行的仲裁程序应只针对未达成调解协议的争议进行③，这一方面体现对当事人意思自治的尊重，另一方面也可以最大程度地实现争议解决的效率性。再如：该法第五十一条第二款规定："调解达成协议的，仲裁庭应当制作调解书或者根据协议的结果制作裁决书"，此处并未明确是否一定要按照调解结果制作调解书，该款也未明确什么情况下制作调解书，什么情况下制作裁决书，决定制作调解书还是裁决书的决定权是仲裁庭抑或是当事人。

---

① See SIAC-SIMC Arb-Med-Arb Protocol Article 7："At the termination of the 8-week period (unless the deadline is extended by the Registrar of SIAC) or in the event the dispute cannot be settled by mediation either partially or entirely at any time prior to the expiration of the 8—week period, SIMC shall promptly inform the Registrar of SIAC of the outcome of the mediation, if any."

② See AAA International Mediation Rules Article 12："The mediation shall be terminated: a. by the execution of a settlement agreement by the parties; or b. by a written or verbal declaration of the mediator to the effect that further efforts at mediation would not contribute to a resolution of the parties' dispute; or c. by a written or verbal declaration of all partiesss to the effect that the mediation proceedings are terminated; or d. when there has been no communication between the mediator and any party or party's representative for 21 days following the conclusion of the mediation conference."

③ See SIAC-SIMC Arb-Med-Arb Protocol Article 8："…… Upon the date of the Registrar's notification to the Tribunal, the arbitration proceeding in respect of the dispute or remaining part of the dispute (as the case may be) shall resume in accordance with the Arbitration Rules."

五、《贸仲规则》(2015 年版) 有关仲裁与调解相结合的规定

《贸仲规则》(2015 年版) 第四十七条专门规定了仲裁与调解的结合。相较于《仲裁法》，该规则有如下创新：

第一，该规则较《仲裁法》更注重当事人的意思自治。该规则第四十七条第（一）项明确规定调解程序的启动须由当事人有调解愿望，该条第（二）项在规定仲裁庭调解方式时也明确须“征得双方当事人同意”，在规定何时应终止调解时，该条第（三）项定“任何一方当事人提出终止调解”均可导致调解程序终结，等规定均反映出该规则更尊重当事人的意思自治，符合商事仲裁的发展趋势。

第二，仲裁与调解的结合方式较《仲裁法》有所创新。比如该规则第四十七条第（十）项实则规定了仲裁机构以外的调解，该条第（八）项则规定了仲裁员与调解员相分离的仲裁中调解，这些方式的创新无疑能够更好地维护当事人的利益。且该条第（十）项的“仲裁机构外的调解”，巧妙地结合了独任仲裁员制度，对其程序进行了灵活的规定，不得不说是《贸仲规则》的智慧的体现。

第三，对一些细节的处理较《仲裁法》更细腻，可操作性更强。比如：对于仲裁中调解，调解人应以何种方式进行调解，调解应予终止的情形，调解不成功转入仲裁程序的，在调解过程中当事人曾作出的陈述等不得作为后序程序的依据，等均在该规则第四十七条中予以了明确①。

虽然《贸仲规则》(2015 年版) 在仲裁与调解相结合的制度方面具备了上述创新之处，但是，仍然有下列问题没有解决：

第一，仲裁与调解相结合的形式仍不够丰富，且对于创新的“仲裁机构外的调解”以及“仲裁人与调解人分离的仲裁中调解”的规定十分简略，难以有效地指导实践。如上所述，该规则第四十七条第（十）项规定了仲裁机

① 参见《贸仲规则》(2015 年版) 第四十七条第（二）、(三)、(九) 项。

构外的调解，但是对具体内容规定并不太明确。比如：该项规定当事人可凭仲裁协议及其和解协议请求仲裁委员会组成仲裁庭，仲裁庭组成后，按照其认为适当的程序进行审理并作出裁决，此处的审理是否意味着裁决结果与当事人之间的和解协议内容可以不符，如果确是如此，那么，此处对当事人的意思自治置之不理是不恰当的。同时，该项还规定，仲裁庭审理时的具体程序和期限，不受该规则其他条款关于程序和期限的限制，应该说，作出这样规定的初衷是由于当事人已有和解协议，此时的程序和期限应可由仲裁员视情况缩略，不受其他条款的限制，可是，此处“不受限制”的表述可以理解为较其他条款有关程序和期限的规定更简便快捷，也可理解为较之更复杂冗长，该条对此未作出任何限制，而只是一味地授权给仲裁庭，显然是不科学的。该条第（八）项对仲裁人与调解人相分离的仲裁中调解予以了规定，但仅以“经双方当事人同意，仲裁委员会可以协助当事人以适当的方式和程序进行调解”这么简短的一句话予以规范，其中，什么方式和程序是适当的，这一决定权在于当事人还是仲裁委员会，这样的调解对仲裁程序的影响如何，仲裁程序是否应中止抑或继续进行，如果是中止，这样的调解有无期限限制，调解人如何产生，等等，我们无从得知。

第二，仍未对仲裁人与调解人合一的情况下仲裁员的特殊义务予以规范。比如：仲裁员是否因“私访”必须回避，仲裁员应当履行披露在之前调解程序中获得的可能影响仲裁程序的独立性与公正性的信息，等均未予以规范。

第三，对于仲裁调解书的问题，该规则较《仲裁法》亦无任何改善与创新。

第四，对于仲裁机构外的调解，该规则将其进行时间限定在仲裁程序开始之前。依此规定，对于仲裁程序开始以后，仲裁庭组成以前当事人自行达成的和解则无法适用该条规定，无助于高效快捷地解决当事人之间的争议。

六、《上海自贸区仲裁规则》关于仲裁与调解相结合制度的规定

《上海自贸区仲裁规则》第六章用专章一共四条对“仲裁与调解相结合”

予以了规定[①]。该规则规定了“调解员调解”、“仲裁庭调解”以及“仲裁机构外的和解”三种仲裁与调解相结合的形式。

1. 仲裁前调解

《上海自贸区仲裁规则》在继《贸仲规则》（2015 年版）的基础上进一步对仲裁与调解相结合制度予以了创新，主要表现在规定了仲裁前调解（Med—Arb），仲裁员与调解员相分离的方式。这主要体现在该规则第五十条“调解员调解”中。与《贸仲规则》（2015 年版）关于仲裁机构外的调解与仲裁员与调解员分离的仲裁中调解的方式的规定简略不同的是，该条对仲裁前调解，仲裁员与调解员相分离的方式予以了相对详细的规定，一共用七款对仲裁前调解的形式要求、时间要求、调解员的产生、调解与仲裁的关系以及调解的后果予以了规范。在这些规定中，有几点创新值得肯定：

其一，尊重当事人的意愿。仲裁前调解程序的启动完全取决于当事人的意志，须双方当事人书面同意方可启动调解。对于仲裁员是否可与调解员同一的问题，也全权授予双方当事人；

其二，以“规范加开放式名单”的形式对调解的方式予以了明确规定。尤其值得注意的是，在对调解方式列举的开放式名单中，明确规定调解员可以“单独或同时会见当事人及其仲裁代理人进行调解”，也即“私访”，这样的规定就解决了上述《仲裁法》以及《贸仲规则》（2015 年版）规定中调解员同为仲裁员的情况下可能违反其作为仲裁员的义务这一问题。

其三，对调解员的产生、回避、更换作出了详细规定。

其四，规定了调解与仲裁的关系。仲裁程序前的调解不影响仲裁程序的进行。仲裁前的调解程序，不影响仲裁庭组成之前的仲裁程序——包括仲裁申请和仲裁反请求的提出、临时措施的申请、仲裁员和仲裁庭的选择等。另外，除非得到当事人的书面同意，在同一案件中担任过调解员的人士不再担任仲裁员，这是程序公正的具体体现。

---

① 参见《上海自贸区仲裁规则》第五十条、第五十一条、第五十二条以及第五十三条。

尽管如此，对于仲裁前调解，《上海自贸区仲裁规则》仍有以下几点可以完善：

第一，对于双方当事人同意的前提下，曾为该案件调解员的仲裁员在嗣后的仲裁程序中的特殊义务没有予以规定。比如：该规则第五十条第（四）项规定调解员可以单独会见当事人及其仲裁代理人，那么由此得来的可能对仲裁程序公正性产生实质影响的信息是否有义务披露，在该规则中没有明确规定。显然，缺乏这样的规定对于保障当事人的权益是极其有限的。

第二，对于调解的时间范围的限制不甚合理。该规则第五十条第（一）项将仲裁前调解限定在“仲裁案件受理后至仲裁组成前”，且该条第（六）项进一步规定，“在任何情况下，调解员调解程序在仲裁庭组成之日终止”，如此僵化的时间限制可能损害争议的有效解决。比如，在调解员调解即将成功之时，就此武断地、不视情况地终止调解程序而启动仲裁程序，无疑并非明智之举。而且，对于调解过程中已经解决了仲裁请求中的部分争议，仲裁程序是否须对该部分争议予以解决，规则并未给予明确的回应。

第三，该规则规定调解程序不影响仲裁庭组成前的仲裁程序，但是在调解过程中，如果一方当事人提出暂缓组成仲裁庭申请，另一方当事人书面同意的，可以暂缓组成仲裁庭，但是，该规则并没有进一步规定什么情况下需要重启组成仲裁庭的程序，从字面上理解，如果不进行重启组成仲裁庭的程序的规定，那么极有可能由于调解程序导致仲裁程序的长期拖延，不利于保护当事人的权益。

第四，对于当事人对调解员提出回避、更换申请的规定，该规则也规定得较粗糙，比如：没有规定当事人可以因为何种原因申请调解员回避，也未规定仲裁委员会主任依何标准决定是否同意当事人对调解员提出的回避申请，且明确规定仲裁委员会主任在作出是否允许回避的决定时可以不说明理由，进一步赋予了仲裁委员会主任自由裁量权的空间，对于当事人的权益保障不够。

2. 仲裁庭调解

在“仲裁庭调解”方面，《上海自贸区仲裁规则》与《贸仲规则》（2015

年版）类似，所不同的是：

（1）规定在仲裁庭进行调解的过程中，双方当事人在仲裁庭之外达成和解的，应当视为是在仲裁庭调解下达成的和解。这样规定的好处是：避免了将仲裁调进行调解过程中双方当事人在仲裁庭之外达成的和解认定为仲裁机构外的和解，如果将此认定为仲裁机构外的和解，那么依据该规定第五十二条的规定，需要组成仲裁庭对和解内容制定裁决书予以确认，避免了实践中的模糊不清。

（2）在调解成功的结果方面，仅规定当事人可以撤回仲裁请求或反请求，也可以请求仲裁庭依照和解协议书的内容作出裁决书，没有规定以仲裁调解书的结案形式。笔者揣测，由于前述仲裁调解书的诸多弊端，《上海自贸区仲裁规则》刻意将这一结案形式避之不提，但是，笔者认为，这样的做法在实践中或许并不足以对抗《仲裁法》的规定。因为《上海自贸区仲裁规则》只是一部仲裁规则，其并非我国的仲裁立法，它须遵守我国包括《仲裁法》以及相关司法解释的规定。既然《仲裁法》已经对仲裁调解书的结案形式予以了规定，那么如果在上海国际仲裁中心进行仲裁的当事人要求以仲裁调解书的形式结案，那么相关仲裁庭是无权拒绝的。尽管如此，《上海自贸区仲裁规则》取消仲裁调解书这一结案形式或许仍是在我国现行仲裁立法的条件下所能做到的最佳的折中方案。

（3）该规则未对仲裁程序中当事人之间自行和解予以规定。如上所述，该规则只将仲裁庭进行调解过程中双方当事人在仲裁庭之外达成和解的视为仲裁庭调解，却遗漏了在仲裁过程中，仲裁庭未进行调解的情况下双方当事人自行和解的情形。如若当事人之间已经自行和解，当事人除了撤回仲裁请求或反请求外，是否可以要求仲裁庭依其和解协议的内容作出裁决书，该规则未予明确。

3. 仲裁机构外的和解

该条的规定与《贸仲规则》（2015 年版）第四十七条第（十）项关于仲裁机构外的和解的规定类似，所不同的仅仅是在和解的时间范围上，前者在字面上未作限制，而后者则明确限定在“仲裁程序开始之前”。笔者认为，结合

《上海自贸区仲裁规则》第五十二条上下文分析，从当事人达成和解协议后，“可以凭当事人达成的由仲裁委员会仲裁的仲裁协议及和解协议，请求仲裁委员会组成仲裁庭”这一规定可以看出，该和解协议的达成仍是限定在仲裁程序开始之前，与《贸仲规则》（2015年版）规定的仲裁机构外的和解并无二致。

七、《深圳国际仲裁院仲裁规则》以及深圳国际仲裁院下属调解机构的相关规定与实践

《深圳国际仲裁院仲裁规则》第七章“调解与和解”专章对仲裁与调解相结合的制度予以了规定。同时，深圳国际仲裁院成立了深圳国际仲裁院（SCIA）调解中心，该中心拥有自己的《调解规则》、调解员名册以及专门为当事人之间的调解提供服务与辅助性管理的调解机构。另外，深圳国际仲裁院还与中国证监会深圳监管局、深圳市总商会、深圳外商投资企业协会分别成立了证券与期货纠纷调解中心、深圳市总商会调解仲裁中心、深圳外商投资企业协会商事调解委员会，与香港中国企业协会商事调解委员会、中国进出口商品交易会知识产权与贸易合同纠纷投诉站、广东省工商联调解仲裁中心以及中国国际高新技术成果交易会权益保障中心等构建合作关系，共同推进仲裁与调解相结合的制度。上述实践为当事人提供多样化的争议解决方式提供了广阔的空间。

《深圳国际仲裁院仲裁规则》在仲裁与调解相结合制度方面主要有以下创新：

1. 规定了仲裁中调解（Arb-Med），仲裁人与调解人相分离的方式，即“影子调解”。该规则第四十六条第（一）款规定了当事人可以向仲裁院调解中心或仲裁院认可的其他调解机构申请调解，该条第（二）款进而规定了“在仲裁案件审理过程中，当事人根据本条第（一）款规定的方式达成和解协议的”，此即“影子调解”。

2. 对于仲裁前调解，该规则规定的调解的时间范围较《上海自贸区仲裁

规则》中的仲裁前调解更宽，其囊括了当事人尚未申请仲裁以及申请仲裁后仲裁庭组成之前[①]，更有利于当事人灵活运用仲裁与调解相结合这一制度。

3. 该规则第四十六条第（三）款赋予了仲裁庭对和解协议的合法性与真实性进行审查的权利。如前所述，我国《仲裁法》并未规定友好仲裁制度，同时，我国2006年的《刑法修正案（六）》在第三百九十九条下新增一款，规定了“枉法仲裁罪”，应该说，《深圳国际仲裁院仲裁规则》的该款规定是对我国上述法律的回应，实现了在我国现行立法下对仲裁员的合理保护。

---

① 参见《深圳国际仲裁院仲载规则》第四十六条第（二）款：“……当事人尚未申请仲裁或仲裁庭尚未组成的，如当事人请求依照和解协议作出裁决书或调解书，除非当事人另有约定，仲裁院院长应指定一名独任仲裁员组成仲裁庭，由仲裁庭按照其认为适当的程序进行审理并作出裁决书或调解书，具体程序和期限不受本规则其他条款限制。”

第七章 投资争议解决机制

第一节 投资争议解决机制概述

一、国际投资争议的含义

国际投资争议有广义与狭义之分。广义的国际投资争议一般有三种：一是外国投资者与东道国企业或公司、自然人之间的争端；二是外国投资者与东道国政府间由于国有化补偿或政府管理行为等发生的争端；三是有关国家之间由于对投资条约的解释及适用而发生的争端①。而狭义的国际投资争议则仅指第二种，即外国投资者与东道国政府间由于国有化补偿或政府管理行为等发生的争端。本书所讨论的“国际投资争议”即为狭义的国际投资争议。

我国几大自贸试验区承担着加快政府改革，促进投资自由化与便利化的重大任务。而完善的投资争议解决机制是达成这一任务的重要环节，可以更

① 董世忠《国际经济法》，复旦大学出版社，2009年，第411页。

好地增强投资者的预期和政策的稳定性，更多地减少投资的政治风险①，从而促进自贸试验区投资环境的稳定。同时，在外资准入方面实行“负面清单”的管理模式对政府的事中事后监管能力提出了更加严格的要求，在监管的过程中，政府很有可能为了公共利益，比如：绿色经济、生态发展等与投资者发生争端，如无完善的投资争议解决机制，我国很可能败诉而支付高昂的费用，从而使公共利益遭受重大损失，影响自贸试验区的发展。所以，建立完善的投资争议解决机制对于促进我国自贸试验区健康发展意义重大。

二、国际投资争议解决的常见方式

1. 国内司法解决方式

（1）东道国司法救济

19 世纪以来，一些资本输出国为了保护本国海外投资者的利益，往往凭借经济、军事实力，强迫一些弱小国家签订双边条约，使外交保护权在处理国际投资争议中合法化，甚至借口护侨，滥用外交保护权，进行武力干预。这种行径引起许多国家的强烈反对。

早在 1868 年，拉丁美洲著名国际法学家卡尔沃在其《国际法的理论和实践》一书中，坚持和发展了国民待遇原则。其主要论点是：第一，主权国家不分强弱，应处于平等的地位，一国国内法有关外国人的规定，不允许任何外来干涉；第二，外国人享有与内国人同等受保护的权利，当其受到侵害时，应依赖东道国权力的救济，不应由其母国出面求偿。这就是著名的“卡尔沃主义”（Calvo doctrine）。

卡尔沃主义受到发展中国家，特别是拉丁美洲国家的支持。许多拉美国家把它作为一项美洲国际法原则，在同外国签订的双边投资条约或同外国投资者签订的投资协议或合同中，都包括了体现卡尔沃主义的条款。此外，在

---

① “Bilateral Investment Treaties 1995－2006：Trends In Investment Rulemaking”，http：//unctad. org/en/Docs/iteiia20065 _ en. pdf. 2016 年 5 月 8 日。

一些拉美国家的宪法和外资法律中，也包括了卡尔沃主义内容。例如：阿根廷《外国投资法》第 6 条规定："下列情况不得进行新的投资：……2、新的投资使得阿根廷法院失去对可能发生的争议和冲突的管辖权，或允许外国或其他国际法人组织对外国投资人的合法行为及权利享有代位权。"又如，玻利维亚法律亦规定，在玻利维亚从事商务的外国人和外国企业受玻利维亚法律管辖，不能产生任何特殊地位、例外情况或要求外交保护。在争端当事人未达成协议的情况下，由外国投资制度的适用所产生的争端概由玻利维亚法院管辖。

从卡尔沃主义产生的历史背景看，其目的是为了反对帝国主义、殖民主义的干涉政策，特别是反对外国人蔑视东道国法律和法院、企图依靠其母国的外交干预来满足其非分要求。在这个意义上，它具有积极的作用。与此同时，也应看到拉美国家特定的社会经济条件。虽然在 19 世纪以后，拉美国家先后取得了政治独立，但在经济上仍受到外国资本不同程度的控制。在此情况下，管制外国投资与鼓励外国投资两者比较而言，前者显然重要得多。因此，我们肯定卡尔沃主义的积极作用，并非主张任何发展中国家都应采用。因为卡尔沃主义主张东道国对国际投资争议的专属管辖，反对其他解决方式，这可能在一定程度上阻碍了外资的进入。一些外国投资者认为，在东道国实行国有化或类似措施的多数情况下，东道国法院不能对其提供有效的救济。由于实行国有化或类似措施是以东道国法律为根据，东道国法院不可能对这类行动产生的后果提供救济。这些外国投资者希望以国际仲裁或国际司法方式解决其与东道国间的投资争议，并希望依靠其母国海外投资保证制度的保护。无条件地实施卡尔沃主义的结果，势必拒这类外国投资者于门外，与促进吸收利用外国投资的政策目标相悖。

（2）外国投资者母国或第三国司法救济

国家与他国国民间投资争议发生之后，外国投资者也可向其母国或第三国法院寻求救济，这样可避免投资国法院偏袒投资国相关机构。但是，向投资者母国或第三国寻求救济又可能产生国家主权豁免问题。

国际法上的国家主权豁免是指国家的行为和财产免受外国法院管辖。其内容包括：第一，一国的法院不受理以外国国家为被告的诉讼，除非得到后者的同意；第二，一国可以作为原告向法院起诉，在这个场合，法院就可以受理对方（被告）所提出的同本案有直接关系的反诉；第三，即使外国在法院败诉，它也不受强制执行。长期以来，国家主权豁免原则在国际法理论和实践方面受到普遍承认。

随着国家经济职能的不断加强，特别是19世纪末叶以来资本主义从自由竞争向垄断阶段过渡，国家控制了越来越多的重要经济部门，越来越多地卷入与私人的经济关系。针对这种情况，在一些国家的司法实践中，渐渐产生了对国家的活动具体分析、区别对待的要求。19世纪末叶，意大利、比利时法院首先把国家行为区分为公法行为和私法行为。这一区分导致了有限豁免主义的出现。有限豁免主义主张继续以国家主权豁免原则保护国家的公法行为，但不保护国家的私法行为。20世纪20年代以后，在一些国际性的专门条约中采纳了有限豁免主义，例如，1926年关于统一国家所有船舶的布鲁塞尔规约、1933年关于扣押飞行器的罗马公约、1940年蒙得维利亚海商公约和1958年日内瓦公海公约等。一些西方国家，如瑞典、挪威、美国、联邦德国、英国和加拿大等也先后在有关立法或实践中采纳或运用有限豁免主义。

尽管如此，有限豁免主义毕竟只有少数国家实行，并不能取代国家主权豁免原则。国家主权豁免原则是来源于国家主权的平等性和独立性，而不是来源于或取决于国家行为的性质。因此，基于区分国家的公法行为和私法行为的有限豁免主义在国际法理论上并无充分的根据，在实践中亦尚未被广大国家所接受。当前，在外国投资者以东道国为被告，投诉其母国或第三国法院时，只有得到东道国的同意，有关诉讼才能进行。

2. 仲裁解决方式

一些国家的外国投资法律规定，国家与他国国民间的投资争议通过仲裁方式解决。例如，希腊规定，希腊政府与外国投资者之间由解释和适用核准文件所产生的一切争端，均以仲裁方式解决。以仲裁的方式解决国际投资争议，通常有两种形式：

（1）临时仲裁形式

通常在条约中规定，如果发生投资争议，则提交临时仲裁，例如：《中华人民共和国和匈牙利共和国关于鼓励和相互保护投资协定》第十条第一款规定："缔约国一方与缔约国另一方投资者之间任何有关征收补偿款额的争议可提交仲裁庭。"该仲裁庭通常是特设仲裁庭，即根据争端当事人合意并按照一定程序组成，案件处理完毕即自动解散。仲裁规则通常选择 UNCITRAL、斯德哥尔摩国际商会仲裁规则等。

（2）ICSID 仲裁

解决投资争议国际中心（International Centre for Settlement of Investment Disputes，ICSID）系根据 1966 年 10 月正式生效的《关于解决国家和其他国家国民投资争议公约》（1965 年《华盛顿公约》）成立的国际组织，其办公地点设在美国首都华盛顿 D. C. 的世界银行内。截至 2017 年 2 月，已有 161 个国家签署了 1965 年《华盛顿公约》，其中已对 153 个国家生效。我国已于 1993 年成为该公约缔约国。ICSID 作为一个独立的第三方，其对投资争议所提供的仲裁与调解服务已成为各国普遍使用的一种争端解决方式。

比如：多哥规定，多哥政府与投资者之间有关投资法典条款解释的任何争端应友好解决，如果双方不能达成协议，就提交"解决投资争议国际中心"（ICSID）仲裁解决。1978 年斯里兰卡大科伦坡经济委员会第四号法律规定，由该委员会与外国投资者之间的协议所产生的争端，除非双方另有规定，必须提交 ICSID 解决。为了授予中心管辖权，设立于斯里兰卡的由外国人控制的企业尽管取得斯里兰卡国籍，亦视同他国国民。

但是，进入 21 世纪以后，国际社会不断有声音表示对 ICSID 不满，认为 ICSID 过于偏袒投资者，使东道国常常陷入繁重的讼累，背负过大的赔偿负担，等等。尤其是进入 21 世纪以来，在 ICSID 作为被告的国家一改以往绝大部分是发展中国家的状况，越来越多的包括美国、欧盟等发达国家与地区成为 ICSID 的被告，面对越来越多的针对发达国家的仲裁案件，同时，拉美国家的独立也使其更加注重自身的国家主权，这必然导致其不支持 ICSID 的态度，于是全球掀起了一场改革 ICSID 的浪潮。比如：拉美国家提出废除 ICSID，构建"巴西模式"，南部非洲共同发展体法庭（SADC）以及厄瓜多尔提出在南美国家联盟（UNASUR）建立新的投资仲裁中心以取代 ICSID，更多的国家则提出保留 ICSID，但是对 ICSID 进行多方面的改革。改革的内容主要表现为加强对东道国利益的保护，具体措施包括：东道国加强国内规制；缩小可仲裁事项的范围；增强仲裁的透明度；改变仲裁案件结果不一致的现状；解决仲裁员的道德与专业问题等。另外，一些国际组织也提出了改革 ICSID 的方向与措施。如：联合国贸发会议（UNCTAD）从 2010 年开始，每年均在《世界投资报告》中对投资争议解决机制予以了高度关注，并提出了改革的五个方面、四条路径以及六项原则。另外，国际组织还针对投资争议解决机制中的某些问题提出了解决方案，如：联合国国际贸易法委员会的《贸易法委员会投资人与国家间基于条约仲裁透明度规则》，联合国的《毛里求斯透明度公约》等。欧美等国家与地区在其双边以及区域性协定中已然开始对 ICSID 的相关方面进行了改革，比如：美国 BIT 范本（2012 年）为避免东道国遭遇过多的诉讼，规定仲裁庭将滥诉作为先决问题进行处置，并暂停对案件实体问题的审理；要求败诉方承担双方所支出的费用；为了避免由少数的与东道国无关的仲裁员决定影响东道国公共利益的事项，接受法庭之友，强调东道国国内规制，规定缔约方的联合解释对仲裁庭有约束力；为了避免不公平仲裁，欧盟设置投资上诉法庭等等。

第二节　我国自贸试验区投资争议解决机制

一、深圳国际仲裁院的创新

一般来讲，在我国自贸试验区内发生的投资争议，只能依我国与该投资者母国之间签订的相关协定进行解决。纵观我国签订的投资协定或自贸协定，多规定投资争议交由仲裁解决。而我国内地多数仲裁机构仅受理普通商事纠纷，国际投资争议不在其受理范围之内，故而，这种情况要么成立临时仲裁，要么交由国外仲裁机构（如 ICSID）进行解决。

《深圳国际仲裁院仲裁规则》进行了大幅度的创新，明确将一国政府与他国投资者之间的投资争议囊括在其受案范围内[①]。根据该仲裁规则的规定，深圳国际仲裁院受理投资争议，适用《深圳国际仲裁院关于适用〈联合国国际贸易法委员会仲裁规则〉的程序指引》，运用 UNCITRAL 仲裁规则进行处理。这是我国国内首家受理投资争议的仲裁机构中，确为一大进步。

但是，深圳国际仲裁院仅规定了投资争议可以受理，并未吸收国际社会改革投资争议解决机制的相关措施，不能不说是一大遗憾。

二、台商投资争议解决机制

1. 讨论台商投资争议解决机制的意义

之所以在此处专门讨论政府在管理台资过程中产生的投资争议，即台商投资争议，主要是基于以下几个原因：

（1）台湾是福建自贸试验区乃至整个福建省的第二大投资来源地[②]，福建自贸试验区的重要任务是“以上海自贸试验区试点内容为主体，结合自身区位特点和产业基础，立足于深化两岸经济合作，创新两岸合作机制”[③]，可见，台商投资争议解决机制的创新是福建自贸试验区的重要使命。

（2）台商投资争议具有与来自其他国家与地区的外商投资争议不同的性质。由于台湾并非主权国家，所以严格地讲，台商投资争议并不属于国际投资争议，而是一个主权国家内部两个不同法域间的投资争议。一方面，既然

① 参见《深圳国际仲裁院仲裁规则》第二条“受案范围”。

② 《福建统计年鉴 2014》，http：//www. stats－fj. gov. cn/tongjinianjian/dz2014/index－cn. htm，2015 年 6 月 3 日。

③ 《福建自贸试验区建设启动　对接台湾为主任务》，2015 年 6 月 3 日，http：//www. fujian. gov. cn/ggfwpt/zsyz/swxmdj/gat/201501/t20150105 _ 905654. htm，2016 年 12 月 3 日。

台湾与大陆是同属于一个主权国家内部的两个法域，则国际上重要的解决投资争议的条约，诸如1965年《华盛顿公约》，均要求其缔约方须为主权国家，故台商投资争议不能适用，同时，在解决机制上，也不能适用任何国际经济贸易争端裁处机制或准机制，不能照搬一般的国际投资争议解决模式；另一方面，台商投资争议在法院以及仲裁的管辖权、法院判决与仲裁裁决的相互认可与执行上，与来自其他国家与地区的外商投资争议解决本质上是一致的。所以，在研究中关注台商投资争议的上述性质，对于正确认识台商投资争议解决机制的现状及造成此现状的原因、完善的困难与方向，都具有十分重要的作用。

（3）台商投资争议解决对于两岸四地的投资争议解决具有可借鉴性，可复制可推广。所以，将其放在福建自贸试验区的背景下进行探讨具有重要意义。

2. 台商投资争议解决机制的现状及存在的问题

（1）立法方面

为了保护台商投资权益，促进台商来陆投资，我国先后制定了《国务院关于鼓励台湾同胞投资的规定》、《中华人民共和国台湾同胞投资保护法》及其实施细则，厦门市政府于2010年通过了《厦门经济特区台湾同胞投资保障条例》。上述立法仅对两岸平等主体之间的投资争议解决进行了规定，未涉及台资与大陆政府及主管部门间因投资管理而产生的争端。

直到2010年两岸签订ECFA，才对本文讨论的台商投资争议解决的问题有所触及。ECFA第十条未区分平等主体之间的争端抑或是台资与大陆政府之间的争端，统一规定为：“（1）双方应不迟于本协议生效后六个月内就建立适当的争端解决程序展开磋商，并尽速达成协议，以解决任何关于本协议解释、实施和适用的争端；（2）在本条第一款所指的争端解决协议生效前，任何关于本协议解释、实施和适用的争端，应由双方通过协商解决，或由根据本协议第11条设立的两岸经济合作委员会以适当方式加以解决”。另外，

ECFA第十一条还指定了海峡两岸经济合作委员会作为争端解决机构[①]。但是令人遗憾的是，ECFA的这一规定并未涉及争端解决的具体程序，除协商以外未规定具体的争端解决方式，而是将具体事宜留待今后谈判解决。

在ECFA的基础上，2012年8月两岸又签署了《海峡两岸投资保护和促进协议》（以下简称《投资协议》）。该协议将争端区分为“投资争议”与“投资商事争议”，第十三条还对海峡两岸投资争议的解决方式、机构以及“补偿”问题进行了规定，并且在协议之后以附件的形式规定了《投资补偿争端调解程序》，对调解解决投资补偿争端的实体方面以及程序方面的内容加以细化[②]。应该说，在投资争议解决机制方面《投资协议》有了较大的进步，但是仍然存在不足之处：

首先，相关规定粗糙，几种争端解决方式之间的关系不清晰。根据《投资协议》第十三条的规定，投资争议解决方式有五种，即协商、运用投资所在地或其上级的协调机制协调、由投资争议协处机制协助解决、调解（可适

---

① 该条第一款规定：“……海峡两岸经济合作委员会……负责处理与《海峡两岸经济合作框架协议》相关的事宜，包括但不限于：……（五）根据《海峡两岸经济合作框架协议》第十条规定，解决任何关于《海峡两岸经济合作框架协议》解释、实施和适用的争端。”

② 该条规定：“投资者与投资所在地一方争端解决

“一、一方投资者主张另一方相关部门或机构违反本协议规定的义务，致该投资者受到损失所产生的争端（以下称“投资争议”），可依下列方式解决：

“（一）争端双方友好协商解决；

“（二）由投资所在地或其上级的协调机制协调解决；

“（三）由本协议第十五条所设投资争议协处机制协助解决；

“（四）因本协议所产生的投资者与投资所在地一方的投资补偿争端，可由投资者提交两岸投资争议解决机构通过调解方式解决，两岸投资争议解决机构应每半年将投资补偿争端的处理情况通报本协议第十五条的投资工作小组；

“（五）依据投资所在地一方行政复议或司法程序解决。

“二、投资者根据本条第一款第四项解决投资补偿争端，适用本协议附件的规定。

“三、协议生效后，双方应尽快交换并公布本条第一款第四项规定的两岸投资争议解决机构名单。双方经协商可调整该机构名单。

“四、如投资者已选择依本条第一款第五项解决，除非符合投资所在地一方相关规定，投资者不得再就同一争端提交两岸投资争议解决机构调解。

“五、本协议生效前已进入司法程序的本条第一款所指的‘投资争议’，除非当事双方同意并符合投资所在地一方相关规定，不适用本条第一款第四项规定的调解程序。”

用于投资补偿争端）、投资所在地行政复议或司法程序。但是，该条对于何为“投资所在地或其上级的协调机制”并未明确规定，另外，该条也未明确除投资补偿争端以外的投资争议是否可适用调解这一争端解决方式，更未明确上述五种争端解决方式之间的关系。

其次，除调解以外，未规定其他几种争端解决方式的具体程序。比如：投资争议协处机制如何协助解决，双方友好协商有无时限限制，等等，均没有具体的规定。在没有具体程序规范的情况下，所谓的争端解决方式在实践中很容易流于形式，无法发挥其应有的作用。

最后，未将仲裁作为争端解决方式之一。事实上，在国际层面上，仲裁是解决投资争议最重要的方式之一。由于投资者与东道国政府之间的地位不平等，由独立的第三方——仲裁机构来裁决二者之间的争端，更能保证裁决的公平，更易获得双方当事人尤其是投资者的信任。而《投资协议》因为各方面的原因，放弃了仲裁这一重要的投资争议解决方式，对于有效解决争端并无益处。

可见，在立法方面，福建自贸试验区乃至我国的相关法律法规以及两岸相关协议都不能满足台商投资争议解决的需求。

（2）实践方面

在司法方面，2013 年厦门市中级人民法院成立涉台案件审判庭，实行涉台案件集中管辖①，取得了较大的成绩②。但是，值得我们注意的是，用司法的方式解决台商投资争议，在文书送达、调查取证以及对判决的承认与执行方面都存在很多现实中的障碍。比如：在对判决的承认与执行方面，虽然台湾的《两岸关系条例》采取了较为宽松的标准，但是在实践中台湾地区法院却对《两岸关系条例》的相关规定进行了缩小解释，如将大陆法院作出的民

① 《厦门中院成立涉台审判法庭　将推行集中管辖》，2013 年 1 月 29 日，http：//www. fjsen. com/d/2013－01/29/content _ 10490410 _ 2. htm，2016 年 5 月 8 日。

② 2014 年全年涉台审判庭受理涉台案件 1203 件，办结 907 起。《福建统计年鉴 2014》，http：//www. stats－fj. gov. cn/tongjinianjian/dz2014/index－cn. htm，2016 年 5 月 8 日。

事调解书和支付令排除在予以承认的范围之外①，并且即使是被承认的法院判决、裁定也不能在台湾地区获得不受实体审查的强制执行②。

在仲裁方面，上海、苏州等地成立了涉台仲裁中心，专门处理涉台争端，但是，实践中，仲裁并未成为台商解决投资争议的首要选择③。究其原因，一方面台商对大陆仲裁机构的仲裁不信任导致了仲裁受冷落，另一方面，实务中台湾地区法院将大陆地区仲裁机构作出的的仲裁裁决视为“特殊的仲裁判断”④，进一步加剧了仲裁在台商投资争议解决中无用武之地的状况。

在民间调解方面，我国贸促会成立了调解中心，台湾同胞投资企业协会或者律师事务所等中介机构也提供调解服务，但由于投资争议一般都涉及复杂的法律关系，且所涉金额巨大，仅仅依靠柔性的调解很难彻底解决问题。

另外，我国还创设了有关台商投资争议的独特解决方式——行政协调，中央以及地方政府均设置了解决台商投资争议的机构。中央方面，国务院台办是承担行政协调的主要部门，其下先后成立了台商投诉协调机构、台商投诉协调处、投诉协调局。地方政府方面，有的由政府的台湾事务部门负责协调争端，例如广东省、浙江省、南京市；有的设置专门的机构处理两岸投资争议。实践中，这些机构提供的行政协调在解决台商投资争议方面起到了较好的成效⑤。但是，行政协调的解决方式也存在一些缺陷：协调程序规定得太粗略，以致在实践中较为随意，使协调的效果大打折扣；各地的协调程序不统一；容易滋生地方保护主义，等等。

---

① 如：新竹地方法院在2008年度声字第995号案中，认定大陆法院作出的支付令不属于认可大陆裁判范围，不予承认与执行。

② 如：台湾地区“最高法院”2007年度台上字第2531号判决。

③ 彭莉《论ECFA框架下两岸经贸争端解决机制的建构》，《台湾研究集刊》2010年第6期，第43－53页。

④ 比如：台北地方法院95年度抗字第71号民事裁定认为：“在大陆地区做成之仲裁判断，依现在我国与大陆地区之关系，故难谓系外国仲裁判断，亦难认系我国仲裁判断，其许可与否之审查，纵不与外国仲裁判断等同视之，亦不应较我国仲裁判断为宽松。”

⑤ 比如：北京市台办于2003年成立台商投诉中心，专门受理台湾同胞投资的相关投诉，每年受理投诉案件的结案率都在90％以上。山东省台办系统自1998年至2009年共受理或接办台湾同胞投诉1242件，结案1221件，结案率达98.3％。

综上，在实践方面，无论是司法、仲裁还是调解、行政协调，由于解决方式自身缺陷，两岸特殊的关系、争端的性质等原因，无法有效解决台商投资争议。

3. 台商投资争议解决机制的完善

在完善台商投资争议解决机制方面，应充分注意到前述有关该类争端的特殊性。鉴于此，一方面，由于海峡两岸处于一国内部特殊的关系状态，无任何可类比和可拷贝的制度蓝本，另一方面，由于 ECFA 与《投资协议》的实践，在设计争端解决机制时，其他区域争端解决机制，如大陆与港澳间的 CEPA，北美自由贸易区等对其具有重要的参考价值。同时，上海自贸试验区已有的一些经验也可结合福建自贸试验区的具体情况进行复制推广。具体而言，笔者认为，可以从以下几个方面进行完善：

（1）完善相关立法，做到“有法可依”

福建自贸试验区在“先行先试”的授权下，率先制定地方性法规，对台商投资争议解决机制进行规定。立法时应注意与 ECFA 以及《投资协议》相衔接，对争端解决的范围、机构、程序、方式以及各方式之间的关系等进行明确规定。

（2）充分发挥仲裁在解决国际投资争议方面的独特作用

与诉讼相比，仲裁具有费用低、更加快捷、更尊重当事人合意等优势，尤其是仲裁由第三方独立机构负责，更可降低政治敏感度，理应成为国际投资争议解决的主要方式之一。所以，我们不应因为现实中的困难与障碍，放弃这一重要的争端解决方式，而应对其进行完善。具体而言，可从以下几方面着手：

其一，在仲裁机构的选择，仲裁规则的确定方面。如前文所述，仲裁在台商投资争议解决方面作为不大，主要源于台商以及台湾地区法院对大陆仲裁机构的不信任，所以，鉴于前述台商投资争议的独特性，福建自贸试验区应当借鉴 ICSID 模式，建立专门仲裁机构对此类争端进行仲裁。在这方面，有学者提出“联合仲裁”的观点，即设立专门的仲裁机构，仲裁员由两岸分别指派，仲裁规则由两岸共同制定。但是，笔者认为，这一模式还存在值得商榷之处：如果仅有两岸仲裁员介入，当事双方很有可能各自指定一名本地的仲裁员，在这种情况下，仲裁机构再指定任何一名仲裁员都存在“偏袒”之嫌。所以，笔者赞同陈力的观点，应将两岸四地统筹起来，由两岸四地共同协商设立专门的仲裁机构。由于投资者与投资地主管机构间的投资争议是两岸四地共同面临的问题，所以，构建由四个法域共同协商建立专门仲裁机构可以大大减少设立双边专门仲裁机构的成本，[①] 也可提升福建自贸试验区“先行先试”的价值，形成“福建经验”，向其他地方推广。另外，两岸四地共同组建专门仲裁机构还可以在更加广阔的范围内选任仲裁员，从而避免上述的“偏袒”之嫌，仲裁庭的组成也将更加中立，从而提高当事方对仲裁的信赖。

其二，在是否用尽当地司法救济方面，应充分考虑台商投资争议的特殊性，借鉴目前中国已签订的双边投资协定实践，投资者在选择仲裁解决争端之前，只需用尽投资地行政复议程序，不必用尽当地司法救济[②]。

其三，在仲裁监督机制方面，应设置裁决矫正机制。为防止裁决不公而给台商权益或大陆公共利益造成重大损害，福建自贸试验区可借鉴国际经验，设立相应的仲裁裁决审查机制。但是考虑到台商投资争议的特殊性以及当事一方是大陆政府相关管理部门，不宜由大陆法院对裁决进行司法审查，而应借鉴国际投资争议解决中心（ICSID）的实践，在仲裁机构内部建立仲裁裁决上诉机制，由独立的仲裁裁决审查部门对仲裁庭裁决是否予以撤销作出决定。

（3）构建多元化的争端解决机制

一方面，如前所述，各种争端解决方式都有其客观局限性，应注重发挥其制度优势。比如：协商方式不仅灵活，而且不伤和气，有利于排除政治影

---

① 陈力《海峡两岸投资争议解决机制之构建与完善》，《复旦学报（社会科学版）》2011 年第 6 期。

② 自 1998 年中国与巴巴多斯签订 BIT 完全接受 ICSID 管辖权以来，中国已在 28 个 BIT 中完全接受 ICSID 全面管辖。且一般均规定在提交 ICSID 进行仲裁前，须用尽缔约方国内法律法规所规定的国内行政复议程序。如：2005 年中国-芬兰 BIT 第 8 条，2004 年中国-德国 BIT 第 9 条。

响。实践中，据台湾工业总会调查，台商投资争议主要通过协商解决。所以，在构建多元化争端解决机制的过程中，应充分发挥协商的优势作用，将协商程序前置化，让协商成为解决争端的首要方法。同时，协商程序即使在进入仲裁或诉讼后，仍可以非正式地进行。协商程序不妨碍一方当事人在协商以外的后续程序中的权利。

另一方面，构建多元化的争端解决机制并非为了单纯的多样化，而应充分重视不同机制之间的内在融合度，追求合力效应。比如：在仲裁与其他争端解决方式的衔接方面，可借鉴上海经验，将调解前置，并且如果能够形成调解协议，当事人可以在和解协议中约定由仲裁机构指定一名仲裁员以简易程序做出同内容的裁决，以改变以往调解与和解协议执行效力不足的情形，如果调解不成，则自动进入仲裁程序，按正常的仲裁程序进行争端解决。

（4）注重建立争端预防机制

从争端解决的动态过程来看，争端可以涵盖三个阶段：前冲突阶段，冲突阶段和争端处理阶段①。所以，从广义的争端解决机制来看，预防争端是其应有之意，建立完善的争端预防机制对于有效地解决争端意义重大。为此，我们可以借鉴国际上的一些做法，提高透明度，增强政府管理部门之间以及政府管理部门与台商之间的沟通与交流，建立事前法律评估程序，等等②。同时，福建自贸试验区还可借鉴秘鲁的经验，通过立法建立台商投资争议协调应对体系，将与投资争议相关的部门纳入到该体系内，明确各部门在应对可能存在的投资争议方面的职责，加强各部门间的交流，并实行早期预警制度③。通过建立争端预防机制，尽可能减少台商投资争议，更加有利于两岸的合作交流，促进福建自贸试验区的健康发展。

---

① UNCTAD “How to Prevent and Manage Investor—State Disputes：Lessons from Peru”，http：//unctad. org/en/Docs/webdiaepcb2011d9 _ en. pdf，2016 年 6 月 1 日。

② UNCTAD “Investor—State Disputes：Prevention and Alternatives to Arbitration II”，http：//unctad. org/en/Docs/webdiaeia20108 _ en. pdf.，2016 年 6 月 2 日。

③ UNCTAD. “How to Prevent and Manage Investor—State Disputes：Lessons from Peru”，http：//unctad. org/en/Docs/webdiaepcb2011d9 _ en. pdf，2016 年 6 月 1 日。

综上所述，福建自贸试验区目前有关台商投资争议解决机制无论在立法上还是在实践运作上，都存在诸多不足之处。我们应从完善立法、改革仲裁、构建多元化争端解决机制、建立争端预防机制等方面进行完善，从而有效解决台商投资争议，为加快建设福建自贸试验区提供有力的法治保障。

主要参考文献

1. 陈立斌. 自由贸易区司法评论［M］. 北京：法律出版社，2014.

2. 陈立虎. 自贸试验区法律制度研究［M］. 北京：法律出版社，2016.

3. 池漫郊. 国际仲裁体制的若干问题及完善［M］. 北京：法律出版社，2014.

4. 范愉. 多元化纠纷解决机制［M］. 厦门：厦门大学出版社，2005.

5. 福建自贸试验区领导小组办公室等. 福建自贸试验区创新实践探索（2016）［M］. 福州：福建人民出版社，2016.

6. 梁平，杨奕. 纠纷解决机制的现状研究与理想建构［M］. 北京：中国政法大学出版社，2014.

7. 刘晓红，贺小勇. 中国（上海）自由贸易试验区法治建设蓝皮书［M］. 北京：北京大学出版社，2016.

8. 刘永强，蒋志如. 社会管理创新下的多元化纠纷解决机制研究［M］. 北京：中国政法大学出版社，2015.

9. 刘志云. 福建自贸试验区重大法律问题研究［M］. 厦门：厦门大学出版社，2016.

10. 沈恒斌. 多元化纠纷解决机制原理与实务［M］. 厦门：厦门大学出版社，2005.

11. 宋建立. 涉外仲裁裁决司法审查：原理与实践［M］. 北京：法律出

版社，2016.

12. 王琦. 非诉讼纠纷解决机制原理与实务［M］. 北京：法律出版社，2014.

13. 曾华群. 国际投资法［M］. 厦门：厦门大学出版社，1995.

14. ［英］维杰·K. 巴蒂亚，［澳］克里斯托夫·坎德林，［意］毛里齐奥·戈蒂. 国际商事仲裁中的话语与实务：问题、挑战与展望［M］. 林玫等，译. 北京：北京大学出版社，2016.

15. ［美］博恩. 国际仲裁：法律与实践［M］. 白麟等，译. 北京：商务印书馆，2015.

16. 涂卫. 仲裁机构监管与治理机制研究［M］. 北京：法律出版社，2015.

17. 袁发强. 中国商事仲裁机构现状与发展趋势研究［M］. 上海：复旦大学出版社，2011.

18. 陈燕红. "非内国化"理论及其对国际商事仲裁一体化的影响［M］. 北京：中国政法大学出版社，2016.

19. 齐湘泉. 外国仲裁裁决承认与执行论［M］. 北京：法律出版社，2010.

20. 杜新丽. 国际商事仲裁理论与实践专题研究［M］. 北京：中国政法大学出版社，2009.

21. 任明艳. 国际商事仲裁中临时性保全措施研究［M］. 上海：上海交通大学出版社，2010.

22. 罗楚湘. 英国仲裁法研究［M］. 武汉：武汉大学出版社，2012.

23. 北京仲裁委员会，北京国际仲裁中心. 中国商事争议解决年度观察（2016）［M］. 北京：中国法制出版社，2016.

24. 张圣翠. 国际商事仲裁强行规则研究［M］. 北京：北京大学出版社，2007.

25. 史飚. 商事仲裁监督与制约机制研究［M］. 北京：知识产权出版社，2011.

26. 任伊珊，张卫. 中国调解制度与最佳调解事例［M］. 北京：法律出版社，2015.

27. 汪世荣. 人民调解的“福田模式”研究［M］. 北京：北京大学出版社，2016.

28. 任雪原，程暄. 人民调解实务［M］. 北京：中国政法大学出版社，2016.

29. 史长青. 现代调解制度：法制与法治［M］. 上海：上海三联书店，2015.

30. ［英］努尼. 法律调解之道［M］. 杨丽华，于丽英，译. 北京：法律出版社，2006.

31. 常怡. 中国调解制度［M］. 北京：法律出版社，2013.

32. ［澳］亚历山大. 全球调解趋势［M］. 北京：中国法制出版社，2011.

33. ［美］麦圭尔，陈子豪，吴瑞卿. 和为贵：美国调解与替代诉讼纠纷解决方案（汉英对照）［M］. 北京：法律出版社，2011.

34. 赵旭东. 诉调对接的理论探索［M］. 北京：法律出版社，2015.

35. 闫庆霞. 法院调解制度研究［M］. 北京：中国人民公安大学出版社，2008.

36. 洪冬英. 当代中国调解制度变迁研究［M］. 上海：上海人民出版社，2011.

37. 刘敏. 原理与制度：民事诉讼法修订研究［M］. 北京：法律出版社，2009.

38. 齐树洁. 民事司法改革研究［M］. 厦门：厦门大学出版社，2004.

39. 吴明轩. 民事调解、简易及小额诉讼程序［M］. 台湾：五南图书股份有限公司，2004.

40. 韩德培. 国际私法新论［M］. 武汉：武汉大学出版社，1997.

41. 黄进. 国际私法与国际商事仲裁［M］. 武汉：武汉大学出版社，1994.

42. 赵秀文. 香港仲裁制度［M］. 河南：河南人民出版社，1997.

43. 李双元. 国际私法 [M]. 北京：北京大学出版社，1991.

44. 赵健. 国际商事仲裁的司法监督 [M]. 北京：法律出版社，2000.

45. 宋连斌. 国际商事仲裁管辖权研究 [M]. 北京：法律出版社，2000.

46. 朱克鹏. 国际商事仲裁的法律适用 [M]. 北京：法律出版社，2000.

47. 邵景春. 国际合同法律适用论 [M]. 北京：北京大学出版社，1997.

48. 陈安. 国际经济法专论 [M]. 北京：高等教育出版社，2002.

49. 杨良宜. 国际商务仲裁 [M]. 北京：中国政法大学出版社，1997.

50. 乔欣. 仲裁权研究——仲裁之程序公正与权利保障 [M]. 北京：法律出版社，2001.

51. 刘晓红. 国际商事仲裁的法理与实证研究 [M]. 北京：商务印书馆，2005.

52. 乔欣. 比较商事仲裁 [M]. 北京：法律出版社，2004.

53. 邓杰. 伦敦海事仲裁制度研究 [M]. 北京：法律出版社，2002.

54. 林一飞. 国际商事仲裁法律与实务 [M]. 北京：中信出版社，2005.

55. 屈广清，周清华等. 中国海商法年刊 [M]. 大连：大连海事出版社，2002.

56. [日] 高见泽磨. 现代中国的纠纷与法 [M]. 何勤华等，译. 北京：法律出版社，2003.

57. 苏力. 道路通向城市——转型中国的法治 [M]. 北京：法律出版社，2004.

58. 姚小林. 司法确认的诉调对接试验及法治完善 [J]. 法治研究，2010 年（第 8 期）.

59. 刘加良. 论人民调解的实效化 [J]. 法商研究，北京：2013 (4).

60. 宋明，彭箫剑. 人民调解的必由之路：迈向自治型纠纷解决机制

[J]．深圳大学学报：人文社会科学版，2013（3）.

61. 李婷婷，李亚. 人民调解实践：动向、问题和对策［I］．上海行政学院学报，2013（4）.

62. 宋连斌. 从仲裁与调解相结合到单独调解. 昆明理工大学学报：社会科学版，2009（11）.

63. 王吉文. 友好仲裁在国际经济争端解决机制中的运用（下），仲裁研究，第十七辑.

64. 马育红. “友好仲裁”制度在我国的借鉴与完善［J］．法学杂志，2010（1）.

65. 王吉文. 友好仲裁在国际经济争端解决机制中的运用（上）［J］．仲裁研究，第十六辑.

66. 陈力，田曼莉. 友好仲裁初论［J］．当代法学，2003（2）.

67. 钱陈丽. 中国采用友好仲裁制度的若干问题研究［D］．上海：华东政法大学，2015.

68. 郭益智. 论国际商事仲裁临时措施的执行［D］．上海：华东政法大学，2016.

69. 龙雨. 国际商事仲裁中的临时措施执行问题研究［D］．上海：华东政法大学，2014.

70. 周丰. 我国友好仲裁法律问题研究［D］．苏州：苏州大学，2015.

71. 沈云樵. 法域竞争与法律功能的再审视——中国（上海）自由贸易试验区如何创设争议解决机制？［J］．中国矿业大学学报：社会科学版，2014（2）.

72. 张虎. 关于《自贸区试验仲裁规则》适用的几个问题［J］．上海商学院学报，2014（6）.

73. 杨玲. 晚近中国仲裁制度的变革与发展趋势［J］．南通大学学报：社会科学版，2016（2）.

74. 袁发强. 自贸试验区仲裁规则的冷思考［J］．上海财经大学学报，2015（2）.

75. 黄炎.“一带一路”战略背景下中国自贸试验区仲裁纠纷解决机制创新研究［J］. 河北科技大学学报：社会科学版，2016 (2).

76. 孔霄萌. 国际商事仲裁中的临时保全措施［D］. 上海：华东政法大学，2015.

77. 张虎.《自贸试验区仲裁规则》临时措施实践的困境与出路［J］. 大连海事大学学报，2015 (6).

78. 丁新年. 论上海自贸试验区商事纠纷解决机制的完善［J］. 华中师范大学研究生报，2015 (4).

79. 丁夏. 仲裁员制度的比较与反思——以《上海自贸试验区仲裁规则》的人本化为视角［J］. 法学论坛，2015 (2).

80. 黄洁. 上海自贸试验区争端解决机构的建立与相关国内法制度创新［J］. 中山大学学报：社会科学报，2014 (5).

81. 黄荣楠. 中国（上海）自由贸易试验区仲裁规则述评［J］. 上海对外经贸大学学报，2014 (6).

82. 王丽. 我国商事仲裁制度的省思——以上海自贸试验区商事仲裁机制为视角［J］. 华中师范大学研究生学报，2016 (1).

83. 赖震平. 我国商事仲裁制度的阙如——以临时仲裁在上海自贸试验区的试建构为视角［J］. 河北法学，2015 (2).

84. 袁杜娟. 上海自贸试验区仲裁纠纷解决机制的探索与创新［J］. 法学，2014 (9).

85. 范愉. 中华人民共和国人民调解法评析［J］. 法学家，2011 (2).

86. 毋爱斌. 法院附设型人民调解及其运作——以“人民调解工作室”为中心的考察［J］. 当代法学，2012 (2).

87. 范愉. 人民调解与我国台湾地区乡镇市调解的比较研究［J］. 清华法学，2011 (1).

88. 刘敏. 人民调解制度的创新与发展［J］. 法学杂志，2012 (3).

89. 李德恩. 论双向度的“诉调对接”机制及其建构［J］. 江西财经大学学报，2014 (5).

90. 侯泉. 论我国“诉调对接”机制的完善［D］. 北京：中央民族大学，2015.

91. 潘剑锋. 民诉法修订背景下对“诉调对接”机制的思考［J］. 当代法学，2013（3）.

92. 于喜富. 国际商事仲裁市场竞争机制下国内法院对国际商事仲裁的支持［J］. 东岳论丛，2014（4）.

93. 张圣翠. 仲裁员与调解员身份互换规范的比较与借鉴［J］. 政治与法律，2012（8）.

94. Gray B. Bron. International Commercial Arbitration［M］. Nether lands：Kluwer Law International，2009.

95. Georgios Petrochios. Procedure Law in International Arbitration［M］. London：Oxford University Press，2003.

96. Hamid G. Gharavi. The International Effectiveness of the Annulment of an Arbitral Award［M］. Nether lands：Kluwer Academic Publisher，2002.

97. Howard M. Holtzman and Joseph E. Neuhaus. A Guide to the UNCITRAL Model Law on the International Commercial Arbitration—Legislative History and Commentary［M］. Nether lands：Kluwer Law and Taxation Publishers，1989.

98. Calvin Morill. Institutional Change Through Interstitial Emergence：The Growth of Alternative Dispute Resolution in American Law（1965－1995）. How Institutions Change［M］. Chicago：University of Chicago Press，2011.

99. Laura Nader & Harry F. Todd. The Disputing Process：Law In Ten Societies New York［M］. New York：Columbia University Press，1978.

100. Alan Redfren and Martin Hunter. Law and Practice of International Commercial Arbitration［M］. 4th ed. London：London Sweet & Maxwell，2004.

101. Michael J. Moser. Teresa Y. W. Cheng, S. C. , J. P.. Hong Kong Arbitration A User's Guide [M]. Hong Kong: CCH Hong Kong Limited, 2008.

102. Nadja Alexander. Global Trends in Mediation [M]. 2nd ed. Nether lands: Kluwer Law International, 2006.

103. K. Kressel, D. Pruitt. Mediation Research [M]. San Francisco: Jossey—Bass, 1989.

104. Gary Born. International Arbitration: Cases and Materials (Aspen Casebook Series) [M]. Nether lands: Aspen Publishers, 2012.

105. Margaret L. Moses. The Principles and Pracitice of International Commercial Arbitration by [M]. Dr. Anton Baier. London: Cambridge University Press, 2012.

106. Emmanuel Gaillard and John Savage. Fouchard Gaillard Goldman on International Commercial Arbitration, Kluwer Law International, 1999.

107. Mistelis l. International Arbitration-Corporate Attitudes and Practices Perceptions Tested: Myths, Data and Analysis Research Report [J]. American Review of International Arbitration, 2004.

108. Alan Scott Rau. the Culture of American Arbitration and the Lesson of ADR [J]. Texas International Law Journal, Spring, 2005.

109. Roy Goode. Rule, Practice and Pragmatism in Transnational Commercial Law [J]. International & Comparative Law Quarterly, 2005-7.

110. Francisco Ramos Mendez. International Arbitration in the New Spanish Arbitration Act [J]. International Arbitration Law Review, 2004.

111. John Linarelli [J]. The Economics of Uniform Laws and Uniform Lawmaking [J] . the Wayne Law Review, Winter, 2003.

112. Dora Marta Gruner. Accounting for the Public Interest in International Arbitration: the Need for Procedural and Structural Reform [J]. Columbia Journal of Transnational Law, 2003.

113. William Wang. International Arbitration: the Need for Uniform Interim Measure of Relief [J]. 28 Brooklyn Journal of International Law, 2003.

114. Tijana Kojovic. Court Enforcement of Arbitral Dicision on Provisional Relief-How Final is Provisional? [J]. Journal of International Arbitration, 2001, 18 (5).

115. Helmke, Gretchen and Levitsky. Informal Institutions and Comparative Politics: A Research Agenda [J]. Perspective of Politics, 2004 (2).

116. Klaus Peter Berger. the Implementation of the UNCITRAL Model Law in Germany [J]. 1998.

117. Koen Lenaerts. Interlocking Legal Orders in the European Union [J]. Comparative Law International & Comparative Law Quarterly, 2003-10.

118. Adede, A. O.. The Rule on Interlocutory Injunction Under Domestic Law and the Interim Measures of Protection Under International Law: Some Critical Differences [J]. Syracuse J. Int'l L. & Comm, 1976, 277 (4).

119. Mark Lin. Supreme People's Court Rules on PRC Arbitration Issues [J]. Journal of International Arbitration (Kluwer Law International), 2007, 24 (6).

120. Werbicki R J.. Arbitral Interim Measures: Fact or Fiction? [J]. Dispute Resolution Journal, 2002, 57 (4).

121. Owen M. Fiss. Against Settlement [J]. The Yale Law Journal, 1984-5, 93 (6).

122. Lon L. Fuller. Mediation-Its Forms and Functions [J]. Southern California Law Review, 1971 (44).

123. James a. Wall. Community Mediation in the People's Republic of

China, The Journal of Conflict Resolution, 2000, 35 (1).

124. Judith Resnik. Many Doors? Closing Doors? Alternative Dispute Resolution and Adjudication [J]. Cohio State Journal on Dispute Resolution, 1995.

125. D. Aaron Lacy. Alternative Dispute Resolution Or Appropriate Dispute Resolution: Will ADR Help Or Hurt The EEO Complaint Process? [J]. Cuniversity of Detroit Mercy Law Review, Fall, 2002.

126. William F. Coyne. Using Settlement Counsel for Early Dispute Resolution [J]. Negotiation Journal, 1999, 15.

127. Michael Bayles. Principles for Legal Procedure [J]. Law and Phylosophy, 1986, 5.

128. W. Laurence Craing. Some Trends and Developments in the Laws and Practice of International Commercial Arbitration [J]. 30 Tex. Int'l L. J., 1995.

129. Rona G. Shamoon & Irene M. TenCate. Absence of Consent Trumps Arbitral Economy: Consolidation of Arbitrations Under U. S. Law [J]. Am. Rev. Int'l L., 2003, 55 (12).

130. Haris P. Meidanis. Public Policy and Order Public in the Private International Law of the EU: the Traditional Positions and Modern Trends [J]. European Law Review, 2005.

131. H. L. E. Verhagen. The Tension Between Party Autonomy and European Union Law: Some Observations on Ingmar GB Ltd. v. Eaton Leonard Technologies Inc. [J]. International & Comparative Law Quarterly, 2002-1.

132. Martin Illmer & Ingrid Naumann. Yet Another Blow: Anti—Suit Injunctions in Support of Arbitration Agreements within the European Union [J]. Int'l Arb. L. Rev., 2007, 10 (5).

133. Filip De Ly. The Place of Arbitration in the Conflict of Law of In-

ternational Commercial Arbitration: An Exercise in Arbitration Planning [J]. Journal of International Law& Business, Spring / Summer, 1991, 48 (12).

134. Dr. Stephan Wilske. The Global Competition for the "Best" Place of Arbitration for International Arbitrations [J]. Contemp. Asia Arb. J., 2008, 21 (1).

135. Jay R. Sever. The Relaxation of Inarbitrability and Public Policy Checks on U. S. and Foreign Arbitration: Arbitration out of Control? [J]. Tulane Law Review, 1991-6, 1661 (65).

结 语

在本书的主体工程完成以后，我国的自贸试验区建设进入了进一步深化改革创新的阶段。2016 年我国分别在辽宁、浙江、河南、湖北、重庆、四川、陕西设立第三批自贸试验区，2018 年国务院又批准了在海南设立自贸试验区，即第四批自贸试验区。可以说，第三批自贸试验区与第四批自贸试验区既复制、推广了前两批自贸试验区在构建多元化纠纷解决机制方面的经验，也结合自身特点，进行了相关创新。同时，前两批自贸试验区也进一步将重要的制度创新付诸实践。

首先，大部分自贸试验区设立了专门的自贸区仲裁中心、自贸区法庭等，为涉自贸试验区纠纷解决提供专门平台。2017 年 11 月 8 日，中国国际经济贸易仲裁委员会四川分会、中国国际经济贸易仲裁委员会四川自贸试验区仲裁中心在成都成立；2018 年 4 月 24 日，中国海事仲裁委员会（浙江）自贸试验区仲裁中心、中国海事仲裁委员会计量争议仲裁中心在浙江舟山正式挂牌成立；2018 年 10 月 27 日，重庆自贸试验区仲裁中心正式成立并落户两江新区；2017 年 12 月 19 日，大连自贸片区辽宁自贸试验区审判庭正式挂牌成立，主要审理涉及自贸试验区内一审和二审的商事案件……这些自贸试验区仲裁机构、自贸区法庭对于进一步助推自贸试验区建立多元化纠纷解决机制，营造法治化、国际化、便利化营商环境具有重大意义。

第二，大部分自贸试验区均对标国际先进仲裁规则，如：在符合《仲裁法》关于仲裁员聘任条件的前提下，制定仲裁员开放名册制度，即当事人可以在仲裁员名册以内或以外选择仲裁员；增加紧急仲裁庭制度，弥补了传统仲裁规则在紧急仲裁制度方面的空白；引入友好仲裁制度；增设“小额争议程序”；明确临时措施制度；等等。但限于我国目前相关法律的规定，一些仲裁制度，如临时仲裁在自贸试验区仲裁规则中并未明确授权，而是通过具体规定使临时仲裁可以成为现实，可谓是“挂机构仲裁之名，行临时仲裁之实”。应该说，在现行的法律框架下，为了实现自贸试验区“先行先试”的功能，这不愧是相对较智慧的做法。

第三，大部分自贸试验区均重视仲裁、调解、诉讼这几大纠纷解决方式的结合。各个自贸试验区的仲裁规则均强调三者之间的衔接。自贸试验区所在地人民法院亦对司法支持仲裁、调解做出了相应安排。比如：2017 年 12 月 7 日大连市中级人民法院正式出台《关于为中国（辽宁）自由贸易试验区大连片区建设提供司法服务保障的实施意见》，其中包括 28 项具体举措，对辽宁自贸试验区的民事诉讼争端解决方式提出了具体的安排和部署。

第四，各自贸试验区结合各自特点，对多元化纠纷解决机制进行了创新。比如：浙江自贸试验区利用舟山作为全国大宗商品集散中心的优势，以计量相关争议为切入点，成立中国海事仲裁委员会计量争议仲裁中心，积极打造权威的、专业的第三方计量检测与研究机构，构建纠纷仲裁、产业服务、公正计量“三位一体”的计量支撑体系。该中心是目前全球首家大宗商品贸易领域的专业计量仲裁机构，将为自贸试验区建设国际大宗商品贸易自由化先导区和具有国际影响力的资源配置基地保驾护航。

第五，自贸试验区体现出与国家“一带一路”倡议相结合的态势，这一点在自贸试验区多元化纠纷解决机制方面同样有所体现。2017 年 9 月 26 日，四川自贸试验区成都天府新区片区双流区块同北京融商“一带一路”法律与商事服务中心正式签约，“一带一路”服务机制成都办公室、“一带一路”服务国际商事调解中心成都调解室两块牌子同时在双流区块挂牌，这是中国第一个由自贸试验区、法院、“一带一路”国际商事调解中心三家合作建设的项目。今后，遇到国际商事争议和纠纷，不用出自贸区，即可在专业人士的指导下，尽可能地通过协商、调解、仲裁的方式来解决问题。

第六，部分自贸试验区将部分制度创新付诸实践。如上所述，临时仲裁作为自贸试验区的一项重要制度创新，2018 年 4 月在自贸试验区予以实践。这是首例正式落地的跨自贸试验区临时仲裁案例，此次案例试验充分发挥了临时仲裁意思自治、程序简易、便捷高效的优势，与当事人快速化解纠纷的需求相契合，也表明我国自贸试验区的相关制度创新已经进入到了新的实践阶段。

综上所述，我国自贸试验区的改革创新还在不断深入中，多元化纠纷解决机制一方面可以为自贸试验区健康发展保驾护航，另一方面，其本身作为自贸试验区“先行先试”的重要创新内容在探索发展中，笔者希望本书能够为我国自贸试验区多元化纠纷解决机制的制度创新提供一定的借鉴与参考！